UNIVERSIDADE E ENSINO DE HISTÓRIA

UNIVERSIDADE E ENSINO DE HISTÓRIA

Marieta de Moraes Ferreira
ORGANIZAÇÃO

FGV EDITORA

Direitos desta edição reservados à
FGV EDITORA
Rua Jornalista Orlando Dantas, 9
22231-010 | Rio de Janeiro, RJ | Brasil
Tels.: 0800-021-7777 | 21-3799-4427
Fax: 21-3799-4430
editora@fgv.br | pedidoseditora@fgv.br
www.fgv.br/editora

Impresso no Brasil | *Printed in Brazil*

1ª edição – 2020

Preparação de originais: Dora Rocha
Projeto gráfico de miolo e diagramação: Abreu's System
Revisão: Michele Mitie Sudoh
Capa: Estúdio 513

Dados internacionais de Catalogação na Publicação
Ficha catalográfica elaborada pelo Sistema de Bibliotecas/FGV

Universidades e ensino de história / Organizadora Marieta de Moraes Ferreira. – Rio de Janeiro : FGV Editora, 2020.
252 p.

ISBN: 978-65-5652-043-8

1. História – Estudo e ensino. 2. Professores de história – Formação. 3. Historiadores. I. Ferreira, Marieta de Moraes. II. Fundação Getulio Vargas.

CDD – 907

Elaborada por Amanda Maria Medeiros López Ares – CRB-7/1652

Sumário

Introdução 7

1. Há ainda algo de novo a dizer sobre o curso de História da USP? 13
Aryana Costa

2. Eles e elas na gênese da institucionalização do curso de história da USP 35
Lidiane Soares Rodrigues

3. A formação em história na UFRGS: a pesquisa histórica como elemento distintivo entre licenciatura e bacharelado (1943-1973) 71
Mara Cristina de Matos Rodrigues

4. A história na Faculdade de Filosofia, Ciências e Letras do Instituto La-Fayette 95
Leonardo Faria Cazes

5. Um curso de História nos caminhos de uma herança: o mestrado em História da UFPR, de 1971 109
Bruno Flávio Lontra Fagundes

6. A formação superior em História na Faculdade de Filosofia da Universidade Federal de Minas Gerais (1941-1967) 133
Alessandra Soares Santos

7. Um divórcio em dois tempos: a separação do curso universitário de Geografia e História 153
Patricia Aranha

8. Universidade e ensino de história: o curso de História do IFCS/UFRJ (1968-1980) 177
Marieta de Moraes Ferreira

9. O curso de História da UFRN (1956-2016): alguns vestígios de memórias e pautas para a escrita de histórias 197
Margarida Maria Dias de Oliveira e Wendell de Oliveira Souza

10. Profissionalização do magistério sul-mato-grossense: os cursos de história e estudos sociais (década de 1970) 223
Tiago Alinor Hoissa Benfica

Sobre os autores 251

Introdução

Licenciatura e formação de professores: debates atuais

Em 2013, lancei o livro *A história como ofício*,[1] que tinha o objetivo de acompanhar e discutir o processo de profissionalização dos historiadores no Brasil por meio da criação dos primeiros cursos universitários de história com foco na Universidade do Distrito Federal (UDF) (1935-1939) e na Faculdade Nacional de Filosofia da Universidade do Brasil (1939-1968). Na ocasião, estava em pauta no Brasil o debate sobre a regulamentação da profissão do historiador em função do projeto de lei aprovado no Senado no ano anterior, e pesquisas sobre o percurso do campo do conhecimento da história se tornavam mais que oportunas.

O avanço do processo de profissionalização suscitou muitas críticas, dividindo as opiniões a favor e contra, e colocou com mais intensidade discussões acerca do lugar do ofício do historiador na sociedade e da própria relevância das graduações e pós-graduações em história como requisito para o exercício da pesquisa e ensino da disciplina.

Com concessões que levaram a mudanças no projeto anterior foi finalmente aprovada a Lei nº 14.038/2020, que regulamenta a profissão do historiador. Novamente, essa iniciativa, somada à própria conjuntura atual, produz debates importantes acerca do lugar da história e qual o papel do historiador diante de um sem-número de narrativas negacionistas que distorcem e omitem eventos e interpretações já consagrados pelas diferentes correntes historiográficas.

---

[1] Ferreira, Marieta de Moraes. *A história como ofício*. Rio de janeiro: FGV Ed., 2013.

A esse elenco de temas e desafios colocados para os profissionais de história, somam-se as últimas reformas educacionais, que põem em tela a questão da formação dos professores e o próprio formato das licenciaturas de maneira geral e das de história em particular.

Nos últimos tempos, as discussões concernentes à formação de professores voltaram ao centro das atenções com a aprovação da lei da Reforma do Ensino Médio, em 2017, a Nova Base Nacional Curricular (BNCC) e as resoluções que se seguiram. Um ponto que emerge a partir dessas novas iniciativas é a questão do formato das licenciaturas e o papel do docente, tendo em vista a desvalorização da carreira e a pouca atratividade que o magistério oferece.

Nesse sentido, os cursos de licenciatura no interior das instituições de ensino superior tornaram-se objeto de debates e reformulações "visando superar as dicotomias referentes aos binômios bacharelado-licenciatura" (Fernandes, Ferreira e Nogueira, 2020:18-19).[2]

Diante disso, produzir uma reflexão acerca das licenciaturas com o objetivo de repensar e valorizar a formação dos professores torna-se uma questão urgente. O diagnóstico dominante consiste numa crítica ao perfil atual das licenciaturas que não estimula uma reflexão sobre a prática docente, mas, ao contrário, concentra todas as atenções nas atividades de pesquisa e na preparação para uma pós-graduação acadêmica, indo na contramão do que, de fato, a maioria dos discentes fará após a conclusão de seus estudos: lecionar em escolas, públicas e privadas, do ensino básico.

Por outro lado, os licenciandos em geral se sentem pouco preparados para as tarefas que imaginam serem as suas no futuro: deslocar o que aprenderam na graduação para a complexa sala de aula de colégios, lidar com crianças e adolescentes e dialogar e se expressar diante desse público específico.

No caso particular das graduações de história, as questões em torno do formato do curso têm provocado acirrados debates e resistência à implementação da separação das entradas para o bacharelado e para a licenciatura, o aumento da carga horária e criação de disciplinas voltadas para o ensino de história.

Contudo, se a importância de pensar a licenciatura como o foco central da graduação em história está na ordem do dia e uma maior atenção na preparação dos licenciandos para a atividade docente tem se mostrado mais frequente, os professores de ensino superior que estão à frente das reformas

---

[2] Ver FERNANDES, José Henrique Paim; FERREIRA, Marieta de Moraes; NOGUEIRA, Jaana Flávia Fernandes (Org.). *O novo ensino médio e os itinerários formativos*. Rio de Janeiro: FGV, 2020, p.18-19.

associadas aos cursos da área parecem ignorar os debates que correm por fora do âmbito universitário.

Assim, a BNCC e as discussões relativas à reestruturação do ensino médio estão distantes das preocupações que norteiam as tentativas de reformulação das licenciaturas nas universidades, ficando as decisões concentradas nos gestores municipais e estaduais e representantes da rede pública de ensino básico.[3]

Nesse quadro se coloca a pergunta: como nossas universidades se confrontarão com essa nova realidade se nossos cursos não estiverem preparados para essa desafiadora tarefa? Frente a isso, é urgente que as licenciaturas estejam aptas a dar conta das mudanças que deverão ser implementadas nos próximos anos para atender às novas necessidades do ensino básico e do atual perfil de seus estudantes.

Diante desse quadro de enormes desafios e de imprevisibilidades das mudanças em curso nas licenciaturas em geral e na de história em particular, e no lugar do ensino de história na educação básica, este livro sobre o ensino de história nas universidades visa contribuir para o entendimento do percurso das graduações de história em diferentes universidades, em diferentes momentos e regiões. É objetivo também desta obra focalizar os embates produzidos no campo da historiografia e das memórias produzidas em torno de momentos fundadores dos respectivos cursos e seus professores.

Assim, este trabalho reúne 10 textos que analisam a trajetória de cursos de graduação em história em oito diferentes instituições de ensino superior: a Faculdade de Filosofia Ciências e Letras da USP, a Universidade Federal do Rio Grande do Sul, a Faculdade de Ciências e Letras do Instituto Lafayette, a Universidade Federal do Paraná, a Universidade Federal de Minas Gerais, a Faculdade Nacional de Filosofia da Universidade do Brasil e o Instituto de Filosofia e Ciências Sociais da UFRJ, a Universidade Federal do Rio Grande do Norte e a Universidade Federal de Mato Grosso do Sul.

Uma questão importante que emerge desse conjunto de textos é a constatação das dicotomias referentes aos binômios bacharelado-licenciatura, teoria-prática e escola-universidade. Tendo como objetivo maior formar professores para o nível secundário, as licenciaturas não proporcionavam uma preparação pedagógica capaz de habilitar os licenciandos para lecionar nas reais condições da escola básica. Por outro lado, os cursos de bacharelado também não ofereciam as ferramentas adequadas para o ofício de pesquisador.

---

[3] Ibid.

Ao longo no tempo, medidas foram sendo implementadas para alterar esse quadro, mas essas tentativas de mudanças estiveram longe de atingir plenamente seus objetivos, pois até os tempos atuais as licenciaturas continuam sob fogo cruzado por não solucionarem as insuficiências na preparação para as atividades docentes.

O primeiro capítulo, de autoria de Aryana Costa intitulado "Ha ainda algo de novo a dizer sobre o curso de história da USP?", analisa os primeiros momentos de criação do curso de história da Universidade de São Paulo, chamando atenção para a importância dos intelectuais paulistas, e do Instituto Histórico e Geográfico de São Paulo na formulação da estrutura e do currículo do que seria o novo curso. Partindo dessa análise, a autora problematiza e relativiza uma memória que atribui aos professores franceses, em especial Fernand Braudel, uma importância fundamental para o formato, a implantação e o funcionamento do curso de história, destacando a proeminência de outros atores.

O segundo texto, de Lidiane Rodrigues, "Eles e elas na gênese da institucionalização do curso de história da USP", apresenta uma discussão que envolve a questão de gênero e origem social no processo de recrutamento dos primeiros professores do curso de história da USP, estabelecendo uma comparação com o curso de sociologia. As análises produzidas demonstram como as professoras que eram oriundas das escolas normais foram preteridas em favor dos colegas do gênero masculino provenientes das escolas de direito. Com essa orientação, ficavam secundarizadas as experiências com a docência em favor das práticas jurídicas.

O texto de Mara Cristina de Matos Rodrigues focaliza a formação em história na UFRGS enfatizando as relações entre o bacharelado e a licenciatura no período de 1947 a 1968. O argumento principal da autora é que, embora as faculdades de filosofia devessem formar professores para o nível secundário, não havia uma preparação pedagógica para esse exercício, nem uma formação eficiente para o exercício do ofício de pesquisador. Nos anos 1970, mudanças significativas começaram a ser implementadas com a distribuição das disciplinas pedagógicas ao longo do curso no intuito de promover uma maior integração dos conteúdos de formação histórica com as práticas pedagógicas. Também foram buscadas mudanças no bacharelado com a introdução da monografia e a ampliação das disciplinas optativas no intuito de estimular a pesquisa.

O capítulo de Alessandra Soares Santos focaliza a Faculdade de Filosofia da atual Universidade Federal de Minas Gerais, o contexto de criação do seu curso de história e geografia e sua posterior evolução. Um ponto importante do texto é a análise das transformações do currículo do curso com ênfase nos desafios e dificuldades de articular a formação de professores e o desenvolvimento das habilidades para pesquisa dos alunos.

O texto seguinte, de Leonardo Cazes, analisa a criação da Faculdade de Filosofia Ciências e Letras do Instituto Lafayette em 1941, no Rio de Janeiro, com foco no curso de história. O ponto que merece destaque é a demonstração da importância da instituição, pouco conhecida e estudada, para o entendimento dos embates educacionais travados nos anos 1930-1940, por setores progressistas frente às imposições do ministério de Capanema e grupos católicos. A tese central do autor é demonstrar a criação da faculdade como um espaço de resistência ao Ministério da Educação no fechamento da Universidade do Distrito Federal (UDF) e no processo de esvaziamento do Colégio Pedro II, até então escola modelo que ditava as diretrizes para todas as escolas secundárias brasileiras.

O capítulo de Bruno Lontra tem como objeto de análise o curso de história da atual Universidade Federal do Paraná (UFPR) e, em especial, a criação de seu mestrado em história em 1971. O argumento que norteia o texto é o de que o curso de história da UFPR, diferentemente das outras licenciaturas voltadas para a formação de professores para a educação básica, já em 1971 desenvolvia atividades de pesquisa, buscando se colocar como espaço de produção científica e formação de professores para a universidade. De acordo com esse argumento, desde os anos 1960, ja se desenvolviam projetos de pesquisa voltados para a história do Paraná e a localização e a organização de documentos e arquivos que dessem sustentação à criação de um curso de mestrado. O sucesso dessas iniciativas deveu-se a uma sintonia de suas lideranças intelectuais com as novas políticas educacionais do regime militar implantado.

O capítulo de Patrícia Aranha, focado no curso de história e geografia da Faculdade Nacional de Filosofia (FNFi) da Universidade do Brasil, tem como objeto de análise os conflitos e as disputas em torno da separação das duas disciplinas em dois cursos distintos. Debate já antigo desde o momento da criação da FNFi, o tema volta à tona em 1955, colocando em campos opostos aqueles que defendiam a importância de manter as duas disciplinas num único curso voltado para a formação de professores (posição defendida especialmente pelos professores da USP) e aqueles que advogavam a separação e viam o curso de geografia voltado para a formação de geógrafos que pudessem atuar em órgãos técnicos. Esse processo de discussão passou por várias etapas e acabou sendo definido na Câmara dos Deputados, em 1956, por meio de uma lei que separou definitivamente os dois cursos.

O texto de Marieta de Moraes Ferreira dedica-se ao acompanhamento da trajetória do curso de história do Instituto de Filosofia e Ciências Sociais da UFRJ, recriado em 1968 com o desmembramento da antiga Faculdade Nacional de Filosofia (FNFi). O foco é analisar o processo de repressão que se abateu sobre o curso e sua consequente desestruturação com a cassação de seus principais professores.

O texto seguinte, de autoria de Margarida Oliveira e Wendell de Oliveira Souza, dedica-se à trajetória do curso de história da Universidade Federal do Rio Grande do Norte (UFRN). Partindo de um balanço dos trabalhos dedicados ao desenvolvimento da área de estudos de ensino de história, os autores defendem a ideia de que foi construída uma memória dos cursos de história no Brasil que prioriza especialmente o curso da USP, silenciando sobre outras expêriencias universitárias. O caso exemplar enfocado é a tentativa de recuperar a trajetória da licenciatura da UFRN por meio de publicações dos eventos comemorativos. Na análise dessas conjunturas, destacam a ausência de uma memória consolidada e de pesquisas que valorizassem as experiências locais e regionais, e defendem a urgência de trabalhos que priorizem outras realidades brasileiras.

O último texto deste livro, de Tiago Alinor Benfica, traça um quadro da criação das universidades e centros universitários nos estados de Mato Grosso e Mato Grosso do Sul, demostrando o processo de expansão de ensino universitário durante o regime militar. Seu foco principal é a criação dos cursos de história e estudos sociais voltados para a formação de professores e os embates que envolveram esse processo.

Neste momento de grandes transformações e crise na educação brasileira e de discussão do lugar da história e do papel dos historiadores, revisitar o percurso dos cursos de história pode trazer contribuições importantes. A proposta deste livro com tal conjunto de trabalhos enfocando diferentes conjunturas e regiões é estimular uma reflexão para o enfrentamento dos desafios na renovação da formacão dos professores, assim como levar o conhecimento histórico para um público mais amplo.

Marieta de Moraes Ferreira
Outubro de 2020

1

Há ainda algo de novo a dizer sobre o curso de História da USP?

Aryana Costa

Introdução

O curso de História da Universidade de São Paulo (USP) nasceu em 1934 conjugado com disciplinas da área de Geografia, e começou com as cadeiras de História da Civilização, História da Civilização Americana, História da Civilização Brasileira, Etnografia Brasileira, Noções de Tupi-Guarani e Geografia. Enquanto a cadeira de História da Civilização Brasileira foi sempre ocupada por professores brasileiros, a de História da Civilização é lembrada pelos seus professores franceses, dos quais o mais famoso é Fernand Braudel, que permaneceu no Brasil de 1935 a 1937 e retornou em 1947. Outros também vieram ocupá-la: Émile Coornaert, em 1934; Jean Gagé, de 1938 a 1946; e Émile Léonard, professor visitante, em 1948.[1] Foi a partir dessas presenças que a memória do curso de História da USP foi construída, sendo ressaltadas principalmente a relação próxima que os professores tinham com os alunos e suas aulas excelentes. Nessa constelação a estrela de Braudel é a que mais brilha, principalmente pela notoriedade que o historiador alcançou no cânone historiográfico após sua passagem pelo Brasil.

As aulas de Braudel são lembradas por Eduardo França com carinho, mas não só por ele. Alice Canabrava se refere a Braudel como *le prince*

[1] Mais tarde, entre 1957 e 1958, Jean Glénisson, autor do famoso manual *Iniciação aos Estudos Históricos*, foi o primeiro professor da cadeira de Metodologia e Teoria da História recém-inaugurada no curso de História, já separado do de Geografia.

charmant.[2] As vozes do período que nos chegam (ou melhor, as vozes selecionadas) são aquelas que de alguma forma compartilharam e/ou deram continuidade às dinastias acadêmicas: tanto Eduardo França quanto Eurípedes Simões e Alice Canabrava profissionalizaram-se no mesmo ofício de seu "mestre". Além da atenção a essa pré-seleção das fontes, é igualmente necessário relembrar os efeitos que sua própria produção lhes impõe: tão importante quanto a seleção dos sujeitos que podem falar pela USP são os assuntos que os entrevistadores e pesquisadores escolhem para serem abordados. Ao se tomar somente os depoimentos de ex-professores do Departamento de História (ou do ainda mais antigo Departamento de Geografia e História) da USP, o que se produz é uma visão *established* da experiência de formação acadêmica dos historiadores no início dos cursos universitários de História no país. A aparente homogeneidade construída sobre o início dos cursos de História acaba por destacar o quanto efetivamente as fontes são fragmentos de informação, filtradas pelo tempo e pelos sujeitos interessados na construção de memórias institucionais e historiográficas. Dessa narrativa foram excluídos aqueles que não seguiram carreira acadêmica e os professores que não vieram a alcançar a mesma notoriedade que Braudel.

Os fragmentos de informação que as fontes constituem se fazem passar pelo todo, representando a experiência da cadeira de História da Civilização no curso de Geografia e História da 5ª Subseção da Faculdade de Filosofia, Ciências e Letras (FFCL) da USP, até a cadeira, ou melhor, seus desdobramentos, serem completamente regidos por professores brasileiros. Como consequência, o tema atraiu uma produção já considerável, que orbita majoritariamente em torno da figura de Fernand Achille Braudel. Acreditamos que ainda há coisas a serem ditas sobre a questão, muito embora admitindo que não se consiga (e nem seja nossa pretensão) escapar do príncipe *charmant*.

Um conjunto de fontes composto por periódicos, referências bibliográficas e descrições de fichas catalográficas fornece um panorama das relações pessoais que configuraram o currículo do curso de Geografia e História da USP no momento de sua proposição. E, à luz das discussões oriundas da his-

---

[2] "Vivíamos em permanente estado de encantamento, todos os estudantes, sem distinção, a justificar o designativo que muito depressa firmou-se com respeito ao professor de História: *le prince charmant*" (Canabrava in Blay e Lang, 2004:92) O apelido que Braudel ganhou de fato deve ter sido popular na época. Já em 1991, sua esposa Paulette Braudel, em correspondência com a própria Alice Canabrava, queixa-se de que "*vous semblez nous avoir complètement oubliés, moi et le 'prince charmant*'" (IEB. APC-CD-P3, 6).

tória das disciplinas escolares, surge a necessidade de repensar algumas das formas como se costuma considerar a experiência acadêmica de um curso de graduação e a leitura dos Anuários da FFCL como fontes para essa história. É o que se tentará fazer nas duas seções a seguir.

1. 1931-1935: as articulações para montar o curso de História e Geografia

Os primeiros debates a respeito da criação da USP ocorreram ainda em 1932, a mando do então secretário de Educação do estado de São Paulo, Antonio de Almeida Prado. Uma comissão foi formada com Julio de Mesquita Filho, Fernando de Azevedo, Alcântara Machado, Raul Briquet e Lúcio Rodrigues. Essa comissão teve, porém, curta duração, e poucas reuniões foram realizadas na biblioteca da Escola Normal, na Praça da República, já que a revolução de 9 de julho interferiu no seu andamento.[3]

Os trabalhos para a fundação de uma universidade em São Paulo, com uma faculdade de filosofia, foram retomados em 1933 a partir da nomeação de Armando de Salles Oliveira para o cargo de interventor no estado. Fernando de Azevedo (s. d.:131) lembra que Armando Salles o convocou "ainda uma vez para a mesma luta", incumbindo-o de pronto da elaboração de um projeto de decreto-lei, que parece ter sido feito a toque de caixa. Ainda segundo Azevedo, tendo o convite sido feito em dezembro de 1933, o interventor queria o projeto pronto para assinatura na data comemorativa da fundação da cidade: 25 de janeiro. E assim foi: "[...] em menos de uma semana, estava concluído o projeto do decreto-lei que nos pareceu conveniente e do maior interesse político submeter ao exame de uma comissão, judiciosamente escolhida, antes de o encaminhar à apreciação do Interventor do Estado" (Idem:131). Nessa comissão encontravam-se, além do próprio Fernando de Azevedo, Julio de Mesquita Filho, Vicente Rao (Faculdade de Direito), F. E. Fonseca Teles (Escola Politécnica), Teodoro Ramos (Escola Politécnica), A. F. de Almeida Júnior (Instituto de Educação e Faculdade de Direito), Raul Briquet (Faculdade de Medicina), Rocha Lima (Instituto Biológico), André

[3] Estas informações foram retiradas do depoimento em que Fernando de Azevedo rememora a fundação da USP, publicado no jornal *O Estado de S. Paulo* em 25 de janeiro de 1954, na edição comemorativa do IV Centenário da fundação da cidade de São Paulo, ou seja, 20 anos depois da fundação da universidade. O depoimento foi reeditado no livro de Azevedo *A educação entre dois mundos* (s. d.).

Dreyfus (Faculdade de Medicina) e J. A. Bittencourt (Instituto Biológico). Fernando de Azevedo acrescenta ainda o nome de Valdemar Ferreira, da Faculdade de Direito.

A USP foi afinal criada pelo Decreto Estadual nº 6.283, de 25 de janeiro de 1934. Este primeiro documento desenhava a composição de suas faculdades, escolas e institutos, e dispunha sobre seu patrimônio e sua administração, sobre o regime de trabalho dos professores e a contratação das missões estrangeiras. Dos artigos 6º ao 10º, o decreto descrevia a estrutura da FFCL e de seus cursos, trazendo a divisão destes por ano e por conteúdos.

Observando-se a comissão que examinou o projeto do Decreto nº 6.283, vê-se que dela fizeram parte pessoas que pertenciam às escolas e faculdades preexistentes e que seriam, a partir da fundação da USP, reunidas sob sua direção. *Grosso modo*, estavam representadas as áreas de Medicina e Biologia, das Engenharias, do Direito e da Educação. Muito embora seja inexato afirmar que a FFCL tenha sido projetada do zero — outras iniciativas de Faculdades de Filosofia haviam sido tomadas anteriormente[4] —, deve-se ao menos levar esta particularidade em consideração: a de que suas seções e cursos tenham sido projetados por profissionais extemporâneos aos novos cursos. Isso não significa que fossem alheios às referidas áreas de saber, mas sim que, ao contrário de cursos como Direito, Medicina, Biologia e Engenharia, os currículos propostos pelo novo decreto para a FFCL não tinham experiência anterior em que se basear. O que suscita a seguinte questão: a partir de que experiências ou de que sujeitos foi pensado o curso de Geografia e História previsto pelo decreto de fundação da USP em 1934? O quanto de novo e o quanto de velho tinha o curso que se iniciou em julho de 1934? Esta pergunta nasce da percepção de que, nas pesquisas que trabalham com este curso, há uma ênfase significativa nas cadeiras ministradas pelos professores franceses e uma leitura muito crédula dos Anuários que a FFCL publicou nos seus anos iniciais.

Se até o momento não há notícia de um curso anterior que licenciasse somente o historiador ou o geógrafo no Brasil, há indícios de que ao menos cadeiras de História para o nível superior tenham existido em São Paulo antes de 1934. E provavelmente tais cadeiras serviram como base para pensar a configuração do curso vindouro.

---

[4] Esta informação foi encontrada em artigo de Eduardo Tuffani (2011) sobre a Faculdade Paulista de Letras e Filosofia. Conferir mais adiante neste capítulo.

Ainda no ano de 1930, o jornal *O Estado de S. Paulo* publicou notícias de uma Faculdade Paulista de Letras e Filosofia, oriunda da Sociedade de Filosofia e Letras de São Paulo, criada em 27 de novembro de 1930.[5] É interessante observar que essa Sociedade funcionou, segundo a notícia do jornal, em local cedido pelo Instituto Histórico e Geográfico de São Paulo, que tinha Afonso Taunay e Plinio Ayrosa como membros. Em junho de 1931, *O Estado de S. Paulo* anunciou a cerimônia de instalação da Faculdade no mesmo Instituto Pedagógico onde mais tarde seria instalado o Instituto de Educação da USP e onde funcionariam, provisoriamente, alguns dos cursos da FFCL. Eram dois os grupos de cursos oferecidos pela Faculdade Paulista em 1931 e 1932:

> [...] literário e filosófico, compondo o grupo literário as cadeiras de: literatura luso-brasileira, língua e literatura latina, língua e literatura grega; *geografia e etnografia, introdução à história e crítica histórica*, glotologia, *história antiga, medieval e moderna*, línguas novo-latinas, literaturas novo-latinas, arqueologia e paleografia, arqueologia americana, *história da América e em particular do Brasil*, estética literária; e pertencendo ao grupo filosófico as cadeiras de biologia, psicologia, lógica, estética, sociologia, história da educação, história da filosofia, história das religiões. Além das obrigatórias, haverá cadeiras livres, como as de fisiologia, história e filosofia do direito, línguas e literaturas orientais e modernas, psicanálise etc. [...] A congregação dos lentes da Faculdade não está ainda completa, sendo já providas, porém, as cadeiras do primeiro ano, como segue: literatura luso-brasileira, dr. Arthur Motta; língua e literatura latina, dr. Antonio Piccarolo; língua e literatura grega, dr. Othoniel Motta; *geografia e etnografia, dr. Sud Mennucci*; literatura universal, dr. Francisco Azzi; introdução à *h*istória e crítica histórica, dr. Francisco Isoldi; história das instituições primitivas, dr. Spencer Vampré; biologia, dr. Ulysses Paranhos; e psicologia, dr. Lourenço Filho. Serão, em seguida, providas as outras cadeiras, para as quais já têm a adesão de nomes ilustres, como os de *Afonso Taunay*, Alcantara Machado, Ricardo Severo, Américo de Moura, Henrique Geenen, Mario de Andrade, Mario de Souza Lima, Guilherme de Almeida, Roldão Lopes de Barros, Carlos da Silveira, Oscar Stevenson, e outros [*O Estado de S. Paulo*, 25 mar. 1931, p. 4, grifos nossos].

[5] Os dados sobre a Faculdade Paulista de Letras e Filosofia foram encontrados graças ao artigo publicado por Eduardo Tuffani na revista *Soletras* em 2011. As informações foram conferidas nos originais do jornal *O Estado de S. Paulo* digitalizados e disponibilizados em http://acervo.estadao.com.br/.

Destacadas as cadeiras diretamente relacionadas com o campo do conhecimento histórico, vislumbra-se um esboço daquilo que viria a ser praticado mais tarde no curso de Geografia e História da USP. Vê-se que lá está a base do curso, os três eixos principais sobre os quais ele vai se organizar: Geografia, Etnografia e História, esta última subdividida em História Antiga, Medieval e Moderna, História da América e do Brasil. Só não estará no futuro curso a cadeira de Introdução à História e à Crítica Histórica (que será criada somente em 1957, ministrada por Jean Glénisson).

Digna de nota é a presença do nome de Afonso Taunay. Muito embora Taunay esteja arrolado como um dos professores que ainda não tinham cadeira designada, sendo ele membro do IHGB, da Academia Paulista de Letras e do IHGSP desde 1911, e diretor do Museu Paulista desde 1917, a probabilidade de que estivesse encarregado da cadeira de História do Brasil ou de História Antiga, Medieval e Moderna desde já era alta.[6]

O outro nome grifado é o de Sud Mennucci, educador e jornalista que possuía certa projeção no estado de São Paulo, do qual foi Diretor Geral de Ensino de 24.11.1931 a 26.5.1932 e de 5.8 a 23.8.1933, quando substituiu o próprio Fernando de Azevedo (Limongi, 1988:128). Uma ficha descritiva do *Vocabulário da Língua Brasílica* de 1622,[7] coordenado e prefaciado também por Plinio Ayrosa em 1938, indica uma dedicatória sua a Sud Mennucci, demonstrando a relação entre o primeiro, futuro professor de Etnografia e Tupi-Guarani,[8] e o segundo. A conexão entre os dois nos ajuda a entender uma pergunta que inquieta: por que uma cadeira de Etnografia e Tupi-Guarani durava três anos no curso de Geografia e História?

O próprio IHGSP havia oferecido um curso semelhante em 1925 (Ferreira, 2002:143).[9] E para conectar ainda mais o grupo originário do IHGSP à

[6] Essa probabilidade é ainda reforçada pelo fato de Taunay possuir um texto publicado em 1914 na *Revista do IHGSP* intitulado "Os princípios gerais da crítica histórica moderna", conferência proferida na Faculdade Livre de Filosofia e Letras de São Paulo (que existiu entre 1908 e 1917, segundo Itamar Freitas, nas dependências do Mosteiro de São Bento), o que confirmaria sua experiência anterior como catedrático de História em nível superior. Cf. Itamar Freitas: http://www.sbhe.org.br/novo/congressos/cbhe2/pdfs/Tema4/0457.pdf. Acesso em: 11 fev. 2016, 18h40.

[7] http://www.fflch.usp.br/dl/documenta/fichas_descritivas/Ayrosa_1938.htm. Acesso em: 12 fev. 2016, 17h23.

[8] Essas notas foram encontradas no site do projeto Documenta, Grammaticae et Historiae, desenvolvido pelo Centro de Documentação em Historiografia Linguística do Departamento de Linguística da hoje FFLCH/USP. http://www.fflch.usp.br/dl/documenta. Acesso em: 12 fev. 2016, 17h24.

[9] Conferir a nota de rodapé nº 77 do livro de Ferreira (2002:143) para informação e referência sobre a nota de louvor do IHGSP ao curso de Tupi-Guarani oferecido pelo Centro do Professorado Paulista.

Faculdade Paulista de Filosofia e apontar o que isso pôde refletir no futuro curso da USP, foi Plinio Ayrosa quem ocupou o cargo de secretário do Instituto em 1932, ano em que a Faculdade Paulista funcionou, como já dito, em local cedido pelo IHGSP.[10]

Os círculos de sociabilidade entre Sud, Plínio e Taunay levam a crer que o momento de concepção do futuro currículo do curso de Geografia e História da USP tenha partido da experiência da Faculdade Paulista de Filosofia e Letras, já extinta na época da criação da FFCL, e carregado bastante ingerência do IHGSP. Muito embora a presença dos Institutos Históricos — o Brasileiro e o Paulista — tenha sido considerada evidente no curso de Geografia e História da USP, essa ligação era geralmente estabelecida *a posteriori*, a partir da concretização do curso, com a presença de Taunay e posteriormente de Alfredo Ellis Junior na cadeira de História da Civilização Brasileira.[11]

A ligação entre esses personagens e os espaços por onde circulavam nos permite entender melhor a partir de onde nasceu a proposta de disposição das cadeiras que vemos no decreto de criação da USP — ou seja, o momento de sua concepção. Localizamos, assim, os sujeitos que estiveram presentes num momento do qual pouco se fala, anterior ao de seu desenrolar, uma vez que a notoriedade tem se voltado especialmente para os franceses e seus herdeiros, numa fase em que o currículo já seria implantado e remodelado.

Em janeiro de 1934, antes, portanto, da contratação dos professores estrangeiros que vieram lecionar no curso de História, o capítulo II, art. 10

---

[10] Segundo Schwarcz (1993:128): "O presidente era sempre a figura de fachada e de apresentação, sendo o secretário o verdadeiro 'artesão' do estabelecimento. [...] Outros exemplos de secretários foram: Couto Magalhães, José Torres de Oliveira, Afonso de Freitas e em 1932, Plínio Ayrosa." Em outro artigo, apresentamos como o próprio IHGSP diz ter indicado o nome de Plinio Ayrosa para a cadeira de Etnografia. Cf. Costa, 2019.

[11] É interessante lembrar ainda que esta não seria a primeira iniciativa de organizar uma Faculdade promovida ou ligada aos Institutos Históricos e Geográficos no país. Sabe-se que entre 1916 e 1921 o IHGB promoveu uma série de cursos para o nível superior no Rio de Janeiro: a Academia de Altos Estudos, que oferecia cursos e seminários destinados à formação de quadros para postos burocráticos, transformou-se em 1919 na Faculdade de Filosofia e Letras do Instituto Histórico e Geográfico Brasileiro, que encerrou suas atividades em 1921. Entre as habilitações oferecidas pelo Curso Normal Superior, figurava a de Ciências Históricas e Geográficas, dividida em três anos, com disciplinas no campo da História, Geografia, Etnografia, Línguas e Literatura e Pedagogia. Esse curso, porém, parecia mais evidentemente conectado a uma preocupação de formação para o magistério do que o paulistano. Cf. Guimarães (2007:105-114).

do Decreto nº 6.283 previa a seguinte organização para o curso, que nascia conjugado com a área de Geografia:

> VI — Geografia e História:
> 1º ano — Geografia geral, Geografia econômica, História da Civilização (antiga e medieval);
> 2º ano — Antropogeografia, Geografia econômica do Brasil, História da Civilização (moderna e contemporânea), História da América (inclusive pré-histórica);
> 3º ano — Antropogeografia (especialmente do Brasil), História da América, História da Civilização Brasileira.[12]

Essa foi a primeira configuração do curso, antes mesmo de as aulas começarem. A continuação das concepções anteriores de cadeiras dentro da área da História e da Geografia, que também incluíam a Etnografia dentro dos saberes necessários à formação do futuro profissional no curso da FFCL, é consoante com a preocupação do então IHGSP em demarcar uma identidade regional (Ferreira, 2002:130).[13] As ações do IHGSP, dentro de "[...] áreas de conhecimento [que] não só se apresentam pouco distintas entre si, como também presas aos modelos da retórica e sob a capa literária" (Idem:121), incluíam um esforço para estimular as pesquisas sobre etnografia e etnologia indígenas (Idem:138). Essas pesquisas teriam a função de buscar os elementos indígenas que constituíram uma história paulista, composta pela ação civilizatória portuguesa e as qualidades guerreiras das populações nativas. Não à toa, segundo Ferreira, uma das grandes controvérsias dentro do Instituto se deu em torno da filiação linguística da tribo Guaianá (Idem:141-149). Após a confirmação de que era dos Tupi e não dos Tapuia que os Guaianá descendiam (reafirmando, pois, a dignidade dessa descendência), "estava desobstruído, portanto, o caminho para o resgate das várias contribuições dos indígenas tupi, de um modo geral, à civilização paulista" (Idem:143). Tanto Ferreira (2002:143) quanto Schwarcz (1993:130) destacam a presença relevante de estudos etno-geo-linguísticos e antropológicos, respectivamente, na produção

---

[12] http://www.leginf.usp.br/?historica=decreto-n-o-6-283-de-25-de-janeiro-de-1934. Acesso em: 16 set. 2015, 21h25.

[13] Antonio Celso Ferreira estuda a *Revista do IHGSP* entre 1895 e 1940, "para acompanhar de perto a produção historiográfica ou intelectual paulista num sentido mais amplo, nos anteriores à criação e à consolidação dos estudos humanísticos da Escola de Sociologia e Política e da Universidade de São Paulo" (Ferreira, 2002:114-115).

do IHGSP.[14] Tal preocupação se estendeu à primeira proposta de formação acadêmica de historiadores e geógrafos em São Paulo.

Entre janeiro de 1934 e junho daquele ano, quando a direção dos trabalhos foi entregue a Reynaldo Porchat e começaram as aulas na Faculdade de Filosofia, o curso ainda sofreu rearranjos. Sobre a efetiva concretização das cadeiras, a primeira fonte de que se dispõe é o Anuário da FFCL de 1934-1935, que no entanto — e isso é importante destacar — só foi impresso em 1937.[15] Antes de 1937, todavia, há um outro documento que traz os rearranjos de que se fala acima: trata-se do Decreto nº 6.533, de 4.7.1934, que aprova os Estatutos da Universidade de São Paulo, publicado na Secretaria da Educação e da Saúde Pública e também assinado por Armando de Salles Oliveira.

Aqui se encontra um elemento que não se consegue ainda definir: segundo Fernando de Azevedo, essas modificações foram realizadas por ele próprio, Almeida Junior e Sampaio Dória, reunidos em uma comissão nomeada novamente por Armando Salles, sob a direção de Teodoro Ramos na FFCL e a reitoria de Reinaldo Porchat (Azevedo, s.d.:132), de forma que ainda fica indefinido se a comissão de Azevedo ouviu alguém da História ou da Geografia para definir os rearranjos sofridos pelo curso entre o decreto de criação da USP (janeiro de 1934) e a instalação das cadeiras (julho de 1934).

Este novo estatuto, de julho de 1934, ou seja, do momento em que os cursos se iniciaram na Universidade, já trazia as cadeiras reorganizadas e renomeadas da forma como seriam implantadas até a reformulação do currículo em 1942. Entre o projeto de Fernando de Azevedo e colaboradores, de janeiro de 1934, e a ratificação pelo decreto de julho do mesmo ano, a cadeira de Geografia perdeu a divisão entre Geral e Econômica; a distribuição de História da Civilização sofreu um rearranjo cronológico e foi adicionada ao terceiro ano (de onde saiu História da América); e Antropogeografia virou Etnografia Brasileira e Tupi-Guarani. Esta também ganhou a indicação de que poderia vir a ser subdividida.[16] Além disso, o curso de Ciências Sociais e

---

[14] "Dentre tais legados, despertou maior paixão a pesquisa da língua, abordada de um prisma etno-geolinguístico, o que corresponderia a 2,1% dos artigos" (Ferreira, 2002:143) e "Nessa revista (do IHGSP), os artigos de antropologia são numericamente superiores, constituindo um total de 11%" (Schwarcz, 1993:130).

[15] O fac-símile reimpresso pela FFLCH/USP em 2009 reproduz a versão original, com uma assinatura datada de março de 1937. A folha de rosto também traz a data de 1937.

[16] "Art. 20. Parágrafo único — Poder-se-á desdobrar a 5ª cadeira da V sub-secção em duas partes: a) Etnografia brasileira; b) língua tupi-guarani." In.: http://www.al.sp.gov.br/repositorio/legislacao/decreto/1934/decreto-6533-04.07.1934.html.

Políticas também teria aulas de História da Civilização no primeiro ano e de História da Civilização Brasileira (interpretação econômica) no segundo.[17]

Outro decreto, o de nº 7.069, já em 6.4.1935,[18] ou seja, decorrido um semestre de funcionamento do curso de Geografia e História, aprovou o Regulamento da Faculdade de Filosofia, Ciências e Letras e trouxe, por sua vez, a seriação dos cursos. As mesmas cadeiras de julho de 1934 se encontram aí, distribuídas ao longo dos três anos de curso — ou seja, o documento de abril de 1935 apenas distribui as cadeiras do Estatuto de julho de 1934. Um quadro comparativo entre os dois documentos permite ver as modificações realizadas.

Quadro 1: Comparação entre decretos regulamentando os cursos na USP, 1934/1935

	Decreto de Fundação da USP (janeiro de 1934)	Decreto de Aprovação do Regulamento da FFCL (abril de 1935)
1º ano	Geografia geral Geografia econômica História da Civilização (antiga e medieval)	Geografia História da Civilização Etnografia brasileira e noções de tupi-guarani
2º ano	Antropogeografia Geografia econômica do Brasil História da Civilização (moderna e contemporânea) História da América (inclusive pré-histórica)	Geografia História da Civilização História da Civilização Americana (inclusive pré-história) Tupi-Guarani
3º ano	Antropogeografia (especialmente do Brasil) História da América História da Civilização Brasileira	Geografia História da Civilização História da Civilização Brasileira

O que o Anuário de 1934-1935 traz, em verdade, é uma reprodução do decreto de 1935, que, por sua vez, é apenas a distribuição das cadeiras previstas no Estatuto de julho de 1934, e *não aquilo que foi praticado* nas disciplinas em 1934. E perceber isso faz com que se coloque, desde já, a exigência de reler o Anuário de 1934-1935 levando em consideração o momento de sua publicação e o seu cotejamento com as demais fontes: legislação e anuários posteriores.

---

[17] Quando efetivamente implantado, o curso só tinha a cadeira de História da Civilização Brasileira oferecida para o segundo ano. Decreto nº 6.283 de 25.1.1934.

[18] http://www.al.sp.gov.br/repositorio/legislacao/decreto/1935/decreto-7069-06.04.1935.html. Acesso em: 17 fev. 2016, 18h50.

2. O curso de História da USP — uma crítica de fontes

Após a legislação, a principal porta de entrada que os pesquisadores possuem para estudar um curso qualquer, da educação básica ao nível superior, são os seus respectivos currículos. É por meio deles que temos acesso ao ordenamento dos conteúdos e à distribuição da carga horária, o que nos permite evidentemente acessar as matérias eleitas como prioridade para o processo de ensino/aprendizagem em questão e os critérios de organização dessas matérias no conjunto de um curso, especialmente porque hoje já pomos em cheque a naturalização da organização dos conteúdos de uma instituição escolar.[19]

O curso de São Paulo, de acordo com o Anuário da FFCL, começou com uma proposta de cinco cadeiras distribuídas em três anos:[20]

Quadro 2: Distribuição de disciplinas para o curso de Geografia e História na USP, 1934

Disciplinas / Ano	1º ano (1934)	2º ano (1935)	3º ano (1936)
	Geografia	Geografia	Geografia
	História da Civilização	História da Civilização	História da Civilização
	Etnografia brasileira e noções de tupi-guarani	Tupi-Guarani	Tupi-Guarani
		História da Civilização Americana	História da Civilização Brasileira

Fonte: Anuário 1934-1935 (2009:288).

Esta foi a estrutura que vigorou até o ano de 1942, quando o curso ganhou o quarto ano, que distinguiria a licenciatura do bacharelado. Foi desta forma, portanto, que os professores franceses, brasileiros, e o norte-americano (Paul Vanorden Shaw) formaram as primeiras turmas de profissionais de História na FFCL/USP.

Em São Paulo, as disciplinas pedagógicas que os alunos porventura viessem a cursar eram ministradas no Instituto de Educação da Universidade de

[19] Para um panorama mais amplo sobre as teorias do currículo, ver Silva (2005:14-15).

[20] Os cursos da FFCL/USP foram escrutinados por Diogo da Silva Roiz em sua dissertação de mestrado, transformada depois no capítulo "Os Annales no Brasil: a institucionalização do ensino universitário de Geografia e História na Faculdade de Filosofia, Ciências e Letras da Universidade de São Paulo entre 1934 e 1956" (2012). Aqui desenvolvemos algumas ideias que nos pareceram ir um pouco além das discussões que Roiz já levantou em um primeiro momento.

São Paulo (IEUSP), que não teve vida longa. O IEUSP funcionou entre 1934 e 1938 e foi, segundo Olinda Evangelista (2002), a primeira experiência de formação do professor em nível universitário no Brasil. Criado pelos decretos estaduais nº 5.846, de 21.2.1933, e nº 5.884, de 21.4.1933, foi incorporado à USP quando da criação desta em janeiro de 1934.[21]

À primeira vista, o curso de História e Geografia da USP parece resguardar uma divisão cronológica, pois História da Civilização está genericamente dividida pelos três anos letivos. No entanto, o estudo dos Anuários nos revela que esta não foi a regra para o caso paulista.

O Anuário da FFCL para os anos de 1934 e 1935 publica a previsão dos conteúdos das disciplinas, assim como fariam todos os seguintes até o ano de 1939. Já a partir de seu exame é possível constatar que a divisão de História da Civilização não segue, rigorosamente, uma divisão cronológica linear.

Quadro 3: Comparação entre conteúdos das disciplinas no curso de Geografia e História da FFCL/USP, 1934

	Geografia	Civilização	Tupi-Guarani	Civilização Americana	Civilização Brasileira
1934	Relevo/População	Antiga e Moderna — Contemporânea	Desconhecido	Não oferecida	Não oferecida
1935[22]	Clima e Vegetação; Geografia da Circulação	Moderna e Medieval — Contemporânea	Desconhecido	Desconhecido	Não oferecida
1936[23]	Hidrografia econômica; Geografia da energia; Os grandes produtos.	História Antiga e Medieval	Desconhecido	Não oferecida	Indefinido

Fonte: Anuário 1934-1935:288-294.

[21] A sua relação com o Curso de Geografia e História se dá na oferta de disciplinas de caráter pedagógico, frequentadas no terceiro ou quarto anos de curso dos alunos e que lhes concedia o diploma de licenciados em Geografia e História. Eram elas: Biologia Educacional Aplicada ao Adolescente; Psicologia da Adolescência; História e Filosofia da Educação; Educação Secundária Comparada e Metodologia do Ensino Secundário. Esse curso foi oferecido nos anos de 1936, 1937 e 1938 e formou também todos os personagens mais conhecidos do início do Curso de História da USP: Eurípedes Simões de Paula, Astrogildo, Alice Canabrava, Branca Caldeira da Cunha e Eduardo d'Oliveira França, entre outros. Suas conexões com o curso na FFCL também se deram por meio de outros intercâmbios, como em palestras proferidas pelos professores desta no IEUSP.

[22] Por suposição a partir do previsto para o primeiro ano de 1935.

[23] Conteúdo previsto nos anais de 1934-1935. Comparar com o que o Anuário de 1936 mostrou.

Para os alunos que entraram na turma de 1934 (e que naquele ano só tiveram um semestre de aulas), o curso de História da Civilização Geral supostamente começou com História Antiga, Moderna e Contemporânea, seguiu com Moderna, Medieval e Contemporânea no segundo ano, e recuou para Antiga e Medieval. Mas comparando-se o Anuário de 1934-1935 com o de 1936, em que Braudel relata o que ensinou, de fato constata-se que os alunos que entraram em 1934 não estudaram História Medieval no terceiro ano do curso.

No Anuário e no Decreto de abril de 1935, Geografia e História da Civilização são as duas cadeiras do curso ministradas por professores estrangeiros. Etnografia Brasileira e Tupi-Guarani, História da Civilização Brasileira e História da Civilização Americana, por sua vez, não têm os seus conteúdos amarrados pelo Decreto. Destas, as duas primeiras seriam ocupadas por professores nacionais e a terceira teria seu professor contratado somente em 1936.

A partir das particularidades dessas fontes, o que acontece é que não é possível precisar a prescrição dos conteúdos no Anuário de 1934-1935 da FFCL: eles não foram determinados por Coornaert e Deffontaines (professores do primeiro semestre do ano letivo de 1934). No caso de Braudel, o decreto é anterior à sua chegada ao Brasil e podemos saber, portanto, que não foi ele a sugerir os seus conteúdos. A coincidência da prescrição dos conteúdos entre o decreto de abril de 1935 e o Anuário de 1934-1935 faz com que saibamos então que, quanto ao ensino de História e Geografia na USP, estes não foram os conteúdos ministrados por Deffontaines (professor de Geografia do primeiro ano do curso, 1934), Monbeig (professor de Geografia que assumiria os anos de 1935 e 1936 desse quadro), Coornaert (professor de História da Civilização em 1934) e Braudel (1935 e 1936) para as turmas de Eurípedes Simões, Rozendo Sampaio Garcia, Astrogildo Rodrigues de Mello, João Dias da Silveira (1934) e Eduardo França (1935).[24]

A respeito dos conteúdos efetivamente ministrados por Coornaert, somente sabemos que, ao menos dentro do programa de História Antiga, Moderna e

---

[24] Uma possibilidade para determinar esta autoria é a consulta aos documentos do arquivo diplomático do Ministério de Assuntos Estrangeiros da França, Serviço de Contratação. Patrick Petitjean utilizou essa documentação para o seu capítulo "As missões universitárias francesas na criação da Universidade de São Paulo (1934-1940)" no livro *A ciência nas relações Brasil-França (1850-1950)*. No entanto, nenhuma fonte utilizada pelo autor está reproduzida integralmente, e a documentação produzida por Coornaert e Braudel, da qual fazem parte cartas e relatórios, só é utilizada parcialmente. Conferir suas notas n. 1; 39; 40; 41; 42; 56; 147; 193; 210.

Contemporânea, foram tratados ao longo daquele semestre de 1934 a História da Terceira República (1871-1940) e a Corte de Luís XIV (século XVIII) (Petitjean, 1996:270).[25]

Nos Anuários, somente Geografia e História da Civilização são descritas de alguma maneira e, mesmo assim, diferentes daquelas dos brasileiros. Diferentemente das disciplinas de Geografia e História da Civilização, as de Etnografia e Tupi-Guarani, História da Civilização Brasileira e História da Civilização Americana não se encontram organizadas por séries no Decreto nº 7.069/35. O que à primeira vista pode parecer uma maior organização ou preocupação pedagógica da parte dos estrangeiros pode ser somente fruto da própria estruturação curricular. Isto porque, da parte dos nativos, somente a cadeira de Etnografia Brasileira e Tupi-Guarani foi ministrada nos anos de 1934 e 1935. Civilização Brasileira estrearia no curso de História e Geografia por último, em 1936: Taunay só foi contratado em 1935. E quanto à Civilização Americana, que deveria começar em 1935, seu professor titular foi contratado somente em 1936, tanto que nem o seu relatório, nem o seu programa se encontram no Anuário de 1934-1935.

Faz-se portanto necessário ressaltar que a primeira experiência de ensino de História do Brasil na FFCL não foi no curso de História e Geografia, mas sim no de Sociologia, onde a cadeira pertencia ao segundo ano de formação. Em 1935 ela foi ministrada aos alunos de Sociologia, e somente em 1936 aos alunos do curso de Geografia e História. Também sobre esta cadeira não se pode afirmar que os conteúdos publicados no Anuário de 1934-1935 tenham sido ministrados para a turma de Eurípedes, João Dias, Astrogildo, Rozendo etc. No máximo, pode-se acreditar que eles foram implantados para os discentes da Sociologia.

Esse é provavelmente o motivo pelo qual os relatos de Monbeig e Braudel, de um lado, e Taunay, do outro, diferem tanto. Enquanto os dois primeiros comentam a experiência do ensino e consequentemente têm fundamentos para fazer um balanço do que foi seu primeiro ano como professores da FFCL, o texto de Taunay caracteriza-se por comentários acerca da escrita da História no Brasil.

A formatação dos programas dos dois grupos (franceses e brasileiros) também difere sensivelmente. E aqui já não se pode afirmar se o caso é de diferença

---

[25] Essas informações foram retiradas de excertos reproduzidos por Petitjean da correspondência entre Coornaert e Jean Marx, diretor do Service des Oeuvres Françaises à l'Étranger (SOFE).

didática, como suspeitávamos de início, por mais de um motivo. A começar pelo fato de que, como afirmado acima, não há ainda como estabelecer a autoria dos programas de Geografia e História da Civilização. A segunda hipótese aventada era justamente a de que, no momento da confecção do Anuário de 1934 e 1935, a cadeira de História da Civilização Brasileira ainda não havia sido ministrada para o curso de Geografia e História. Talvez isso justificasse a organização sucinta em 39 tópicos feita por Taunay, recém-contratado (p. 285-286). Mas aí também se cai em um outro detalhe: o programa previsto em 1935 é repetido em 1936, quando indubitavelmente o professor Taunay já havia ministrado seu curso ao menos uma vez para o último ano do curso de História. Um elemento, no entanto, precisa ser levado em consideração: o fato de esta cadeira durar somente um ano na composição geral dos cursos. Por isso certamente ela não é (e nem poderia ser) seriada em anos como a dos franceses (porém tampouco o é por semestre).

A cadeira do outro professor brasileiro, Etnografia Brasileira e Tupi-Guarani, apresenta uma organização ainda menos evidente: apesar de durar três anos, no Anuário de 1935 ela está subdividida em duas (Etnografia primeiro, e Língua Tupi-Guarani segundo — como no Decreto de Fundação). Os tópicos abordam essencialmente um recorte nacional e americano (p. 281-285). E a parte de Etnografia é finalizada com a seguinte informação: "Em suas linhas gerais este programa segue a orientação de Haberlandt" (p. 283). Comparada com a obra *Etnografía: estudio general de las razas*, de Michael Haberlandt, cuja primeira edição é de 1926, a organização dos conteúdos na introdução e na segunda parte do programa de Etnografia de Ayrosa é idêntica ao índice do livro.[26]

Em 1936, Plínio Ayrosa só apresenta a parte de Etnografia, organizada em Geral e Brasileira. Muito embora haja três partes tratando de Etnografia Geral, aquela dedicada à Etnografia Nacional apresenta-se mais detalhada do que no programa anterior. Plínio divide os grupos indígenas que extrapolam os limites da família tupi-guarani proposta no programa de 1935. O programa se encerra com o registro do seu método de avaliação: a escrita de pequenas memórias sobre um tema em Etnografia Geral e outro em Etnografia Brasileira (p. 259). Da forma como foi publicado, o programa não permite saber para

---

[26] São eles: "Introdução: I — Conceito e objeto de Etnografia; II — Postulados da Etnografia Moderna; III — Forças Evolutivas da vida étnica; Segunda Parte: I — Cultura Material das Tribus (sic); II — Tecnologia; III — A Sociedade; IV — Cultura espiritual." (Anuário 1934-1935 [2009]:290).

quais alunos esta estrutura estava destinada, e o fato de os alunos precisarem escolher entre Geral e Brasileira para seus trabalhos finais parece indicar que era programa para um ano só.

A polarização relembrada pelos alunos da época/professores de hoje em torno das cadeiras de História da Civilização Geral e História da Civilização Brasileira indica o quão pouco impacto parece ter tido Etnografia e Tupi-Guarani, muito embora a cadeira fosse, junto com os professores franceses, a mais longeva do curso de História — durava os três anos. O seu recorte temático não coincidia com o de Taunay, mas tampouco estava completamente desconectado das discussões historiográficas nacionais da época. Plínio Ayrosa afirma em seu relatório que: "[...] a Universidade de São Paulo, com elevação e coragem respeitáveis, realiza o velho sonho de Varnhagen — a criação da Cadeira de Tupi-Guarani" (Anuário 1934-1935 [2009]:150) com o fim, segundo o professor, de "se iniciar no estudo detalhado de alguma de suas categorias; poderão dela dispor para estudos de filologia comparada, e poderão, com firmeza, aprender a exprimir seus pensamentos em tupi-guarani, oral ou graficamente" (Idem:153.) Mesmo citando Varnhagen, a utilidade da matéria está mais vinculada aos estudos filológicos do que historiográficos. Em 1935, Plínio Ayrosa inclusive previa a transferência da cadeira para a Seção de Línguas. O saber a ser ensinado dessa disciplina para a formação do profissional de História é revestido de uma ambiguidade interessante, pois ao mesmo tempo que é voltado para um campo filológico, não é tratado como ciência auxiliar — pelo contrário, ganha vida longa dentro da estrutura curricular, estendendo um traço do perfil do IHGSP no novo campo de produção em História.

O que se percebe é que a própria estruturação do currículo privilegiava sobejamente as cadeiras de recorte mais geral: Geografia, História da Civilização e Etnografia Brasileira e Tupi-Guarani. É interessante pensar se, junto à correlação que se faz entre o perfil dos professores que ocuparam as cadeiras de História da Civilização Brasileira e a baixa ou má qualidade da produção daí oriunda, não se poderia acrescentar o fato de que, ao longo de sua experiência acadêmica, os discentes só tinham contato com História da Civilização Brasileira no último ano de seus estudos, quando já haviam saído em excursões, ido a arquivos e participado de seminários em sala de aula. Enquanto a memória nivela as experiências por igual, a estrutura curricular mostra que o tempo destinado às disciplinas dos professores estrangeiros é muito maior do que o destinado às disciplinas dos nativos, sem contar a convivência extracurricular relatada por tantos dos alunos.

3. Documentos de identidade

O termo "documentos de identidade" foi usado por Tomaz Tadeu Silva para argumentar que não é possível interpelar um currículo somente pelo que ele ensina, mas que também se deve fazê-lo pelo quê e sobre quem ele pretende agir.[27] A atenção aos diferentes estágios de ação de um currículo, por sua vez, nos permite entrevê-lo (na medida do que as fontes o possibilitam) mais do que como um registro de um determinado momento prescrito, e sim, por estar encerrado no papel que lhe dá suporte (passível de análise majoritariamente pelo lado de seus conteúdos), como um processo também vivo, para o qual concorrem as dinâmicas pessoais e institucionais que moldam ou reconfiguram o que foi previsto.

A respeito do currículo do curso de Geografia e História da USP nos seus momentos iniciais, que fora mais do que foi monumentalizado como sua história, é possível delimitar algumas outras dinâmicas que fizeram parte de sua concepção.

Verifica-se uma presença definitiva do IHGSP na sua urdidura, por meio das interações pessoais à época da elaboração do decreto de fundação da Universidade e dos primeiros estatutos da Faculdade de Filosofia. Os sujeitos envolvidos em sua elaboração frequentavam os mesmos círculos: os órgãos de gestão do ensino paulista, o jornal *O Estado de S. Paulo*, o Instituto Histórico e Geográfico de São Paulo e a Academia Paulista de Letras. É o que explica a presença ostensiva de uma cadeira primeiramente pensada como Antropogeografia e depois reelaborada como Etnografia e Tupi-Guarani, inclusive em detrimento de História da Civilização Brasileira. Ainda que não possamos definir se essa distribuição foi consensual ou não, podemos afirmar que ela

---

27 "Talvez mais importante e mais interessante do que a busca da definição última de 'currículo' seja a de saber quais questões uma "teoria" do currículo ou um discurso curricular busca responder. [...] A questão central que serve de pano de fundo para qualquer teoria do currículo é a de saber qual conhecimento deve ser ensinado. De uma forma mais sintética a questão central é: o quê? [...] Nas teorias do currículo, entretanto, a pergunta 'o quê' nunca está separada de outra importante pergunta: 'o que eles ou elas devem ser' ou, melhor, 'o que eles ou elas devem se tornar?'. Afinal, um currículo busca precisamente modificar as pessoas que vão 'seguir' aquele currículo" (Silva, 2005:14-15).

foi feita entre conhecidos, uma vez que tanto Taunay quanto Plínio Ayrosa pertenciam ao IHGSP, assim como o Museu Paulista[28] fazia parte do mesmo universo de interesse dos dois.

O conhecimento histórico já havia sido transformado em saber a ser ensinado em nível superior por alguns desses intelectuais que futuramente viriam a compor os quadros da nova Universidade, de forma que não é possível dizer que o curso de Geografia e História foi algo inteiramente inédito. A presença desses sujeitos na esfera de criação do curso de Geografia e História organizou os saberes necessários à formação acadêmica do profissional ainda dentro de uma lógica semelhante àquela que se praticava nos Institutos Históricos e Geográficos, em especial o paulista. Assim nasceu, no papel, um curso que conjugava Geografia e História, e que muito bem poderia receber ainda o apêndice da Etnografia e Língua Tupi-Guarani em sua denominação, numa tentativa de extensão do projeto de um determinado grupo de intelectuais paulistas para reafirmar seu espaço dentro da escrita da História à época. A coexistência das três áreas de saber, hoje dotadas de certa tranquilidade na demarcação de seus territórios, é condizente com o tipo de produção intelectual do campo à época, "artesanal e eclética" e tributária ainda das experiências anteriores de seu ensino organizadas por outras associações.[29]

A concretização do curso traz consigo desdobramentos outros para além daqueles oriundos da produção somente bibliográfica. A operação historiográfica precisava então ser organizada não só para fins de escrita e compartilhamento nos Institutos Históricos, onde os sujeitos já entravam praticando as regras consensuais do saber histórico, mas para fins de "reprodução" pro-

---

[28] Segundo Schwarcz (1993:79), a essa altura na década de 1930, o Museu Paulista estava passando por uma reconfiguração de seu perfil original, "tendo como base um saber evolutivo, classificatório e pautado no modelo das ciências biológicas [...] um perfil profissional, adaptado aos grandes centros europeus e conforme com eles" quando inaugurado em 1894. Quando Taunay assume em 1917, "o museu continuará a desenvolver pesquisas em história natural, mas abrirá mão de seu antigo projeto mais globalizante" (Schwarcz, 1993:95).

[29] É assim que Antônio Celso Ferreira se refere à produção da *Revista do IHGSP* no período entre 1870 e 1940. "A leitura desses textos aponta para a coexistência de áreas de conhecimento de velha data, ainda que em processo de mudança e especialização (História, Geografia, História Natural, Etnografia, Estudos da Linguagem) [...]. No fim das contas, elas apenas demonstram a arquitetura artesanal e eclética do conjunto. Desse modo, reafirma-se a inexistência de um campo científico moderno na produção cultural paulista da época [...]. As áreas de conhecimento não só se apresentam pouco distintas entre si, como também presas aos modelos da retórica e sob a capa literária, típica do universo intelectual oitocentista no Brasil" (Ferreira, 2002:121).

fissional em escala.[30] Some-se a isso o fato de ela se dar em uma instituição, "um lugar", em que ela coabitava com outras áreas, sob a ingerência de órgãos de gestão que lhe impunham regras outras que não as da pesquisa, como a alocação de carga horária.

A organização do curso, que privilegiou os saberes da História da Civilização, da Geografia e da Etnografia e Língua Tupi, propiciou que seus mestres convivessem por mais tempo com seus alunos e se projetassem continuamente ao longo dos três anos de sua formação, ao contrário das cadeiras de História da Civilização Brasileira e História da Civilização Americana. Estas duravam somente um ano, o que também pode ser colocado na balança junto com a já consagrada justificativa do perfil tradicional de seus catedráticos para o seu lento deslanchar enquanto campo consolidado de produção historiográfica dentro da universidade.

A transformação do saber histórico e geográfico em algo a ser ensinado em nível superior levou o campo a passar por reconfigurações atreladas aos desenvolvimentos curriculares — e àquilo que eles implicaram (seleção de conteúdos, sujeitos envolvidos, dinâmicas inter e intrainstitucionais). Enquanto o ensino de História e Geografia se limitasse ao nível primário e secundário, era suficiente uma metodologia que se dava por satisfeita em transmitir conteúdos. A partir da sua presença em um curso superior, os objetivos de seu ensino neste nível levaram a que a disciplina acadêmica fosse pensada para formar pesquisadores e/ou professores de História e Geografia. Junto às diferentes lógicas que imperaram sobre a organização dos conteúdos, é preciso investigar como a metodologia de ensino também concorre para a configuração do saber histórico.

O caso do curso de Geografia e História da USP nos permite ampliar o sentido de documentos de identidade de Tomaz Tadeu Silva, de que lançamos mão para encerrar este capítulo. Silva usa a expressão para chamar atenção para os elementos que norteiam a feitura de um projeto curricular: mais do que o quê se quer ensinar, aqueles conteúdos delimitam comportamentos e legitimam saberes.

Os saberes legitimados antes até da concretização do curso de Geografia e História foram sofrendo transformações à medida em que se vivia aquele

---

[30] Muito embora a escala fosse limitada, como atestam os números de formados nas primeiras turmas, ainda assim a quantidade de pessoas formadas concomitantemente seguindo um mesmo curso, os mesmos programas e horários, era algo até então inédito no país.

currículo, tanto pela qualidade de seus professores, como atestado nos testemunhos de ex-alunos, quanto por fatores que dizem respeito a outras escalas, como a institucional. A memória também cristaliza a experiência do curso de Geografia e História, desconsiderando as suas transformações, o espaço de cada disciplina e as condições de formação de seus herdeiros. A memória, neste caso, transformou-se no currículo, incidindo inclusive sobre as leituras que se fizeram sobre ele em pesquisas posteriores. O currículo lembrado virou documento de identidade.

Referências

Anuário da Faculdade de Filosofia, Ciências e Letras 1934/1935. São Paulo: FFLCH/USP, 2009.

Anuário da Faculdade de Filosofia, Ciências e Letras. São Paulo: USP, 1936.

Anuário da Faculdade de Filosofia, Ciências e Letras. São Paulo: USP, 1937-1938.

AZEVEDO, Fernando. *A educação entre dois mundos*. São Paulo: Melhoramentos, s.d.

BLAY, Eva e LANG, Alice. *Mulheres na USP*: horizontes que se abrem. São Paulo: Associação Editorial Humanitas, 2004.

BRAUDEL, Paulette. Carta. Acervo Alice Piffer Canabrava. IEB. APC-CD--P3. 10/06/1991.

Decreto nº 6.283 de 25.1.1934. Cria a Universidade de São Paulo e dá outras providências. Secretaria de Estado da Educação e da Saúde Pública. In: http://www.leginf.usp.br/?historica=decreto-n-o-6-283-de-25-de-janeiro-de-1934.

Decreto nº 6.533 de 4.7.1934. Aprova os Estatutos da Universidade de São Paulo. Secretaria de Estado da Educação e da Saúde Pública. In.: http://www.al.sp.gov.br/repositorio/legislacao/decreto/1934/decreto-6533-04.07.1934.html.

Decreto nº 7.069 de 6.4.1935. Approva o Regulamento da Faculdade de Philosophia, Sciencias e Letras da Universidade de São Paulo. Secretaria de Estado da Educação e da Saúde Pública. In.: http://www.al.sp.gov.br/repositorio/legislacao/decreto/1935/decreto-7069-06.04.1935.html.

EVANGELISTA, Olinda. *A formação universitária do professor. O Instituto de Educação da Universidade de São Paulo (1934-1938)*. Florianópolis: NUP/CED/UFSC/Editora Cidade Futura, 2002.

Faculdade Paulista de Letras e Philosophia. *O Estado de S. Paulo*. 25 mar. 1931, p. 4.

FERREIRA, Antônio Celso. *A epopeia bandeirante: letrados, instituições, invenção histórica (1870-1940)*. São Paulo: Ed. Unesp, 2002.

GUIMARÃES, Lúcia P. *Da escola palatina ao silogeu: Instituto Histórico e Geográfico Brasileiro, 1889-1938*. Rio de Janeiro: Museu da República, 2007.

LIMONGI, Fernando. *Educadores e empresários culturais na construção da USP*. Dissertação de mestrado, UNICAMP, 1988.

ORLANDI, Eni. Entrevista com Aryon Dall'Igna Rodrigues. In: *Entremeios: Revista de Estudos do Discurso*, v. 6, jan. 2013.

PETITJEAN, Patrick. As missões universitárias francesas na criação da Universidade de São Paulo (1934-1940). In: HAMBURGUER, Amélia et al. (orgs). *A ciência nas relações Brasil-França (1850-1950)*. São Paulo: EDUSP, FAPESP, 1996.

ROIZ, Diogo e SANTOS, Jonas. Os Annales no Brasil: a institucionalização do ensino universitário de Geografia e História na Faculdade de Filosofia, Ciências e Letras da Universidade de São Paulo entre 1934 e 1956. In.: ___. *As transferências culturais na historiografia brasileira*. Paco Editorial, 2012.

SCHWARCZ, Lilia Moritz. *O espetáculo das raças. Cientistas, instituições e questão racial no Brasil, 1870-1930*. São Paulo: Companhia das Letras, 1993.

SILVA, Tomaz T. *Documentos de identidade: uma introdução às teorias do currículo*. Belo Horizonte: Autêntica, 2005.

TUFFANI, E. A Faculdade Paulista de Letras e Filosofia (1º jun. 1931). In.: *Soletras*, ano XI, nº 21, jan.-jun. 2011. São Gonçalo: UERJ, 2011, p. 22-29.

2

Eles e elas na gênese da institucionalização do curso de história da USP

Lidiane Soares Rodrigues

Introdução

> "Isso de faculdade com catedráticas femininas não me parece coisa séria."
> João Cruz Costa a Eurípedes Simões de Paula, São Paulo, 28 jan. 1945

O presente artigo trata da cátedra de História da Civilização do setor de Geografia e História da Faculdade de Filosofia, Ciências e Letras da Universidade de São Paulo, ocupada pelo historiador Fernand Braudel entre os anos de 1935 e 1937. Em um primeiro momento, o artigo coloca em relevo os agentes centrais, as alianças e conflitos que animaram a vida da instituição: as elites mentoras, as missões francesas de professores contratados e os segmentos do corpo discente. Em segundo lugar, foca a análise em dois casais concorrentes, saídos da configuração social constituída em torno da cátedra mencionada: Olga Pantaleão/Eduardo D'Oliveira França e Alice Canabrava/Astrogildo Rodrigues de Mello. A fim de caracterizar as especificidades da institucionalização da historiografia universitária, o artigo vale-se do comparativismo, apontando o contraste entre esses dois pares e um terceiro par, que figurou em competição similar na gênese da área de Sociologia na mesma instituição: Gilda de Mello e Souza/Florestan Fernandes.[1] A título exploratório, esboça as condições da

[1] A escolha destes casos subordina-se aos propósitos do presente artigo — caracterizar as oposições estruturantes na gênese da historiografia universitária em São Paulo nas frentes de ensino e pesquisa. Os dois casais de concorrentes (Olga Pantaleão/Eduardo D'Oliveira França e Alice Canabrava/Astrogildo

longevidade simbólica das historiadoras e historiadores em questão. Ao longo da exposição, articulando discussão teórica e análise empírica, discute o caso da historiografia universitária em São Paulo, focando em particularidades capazes de suscitar a discussão conceitual a respeito de três processos, nem sempre diferenciados, com acuidade na bibliografia: a *institucionalização* de um curso, a *profissionalização* de uma área e a *autonomização* de um campo.

Três grupos e uma instituição: divergências produtivas

No limiar da década de 1940, o Brasil apresentava uma configuração cultural resultante da rotinização do modernismo e das mudanças que a ele se atrelavam — no curso das transformações engendradas em décadas anteriores. As

---

Rodrigues de Mello) estiveram no centro dos conflitos em torno da passagem das missões francesas (e particularmente de Fernand Braudel) com os quadros nativos, ocuparam posições decisivas da reprodução institucional (seja na própria capital do estado, seja no interior dele), e o anedotário a seu respeito é dotado de uma extraordinária longevidade simbólica, atestando a permanência do sentido investido pelas gerações seguintes nos fundadores. A título preliminar, importa assinalar que se adotará aqui um enquadramento diverso do da discussão convencional, observada nos estudos de história da historiografia. Vale circunscrever os termos do que tem sido feito e do que este artigo pretende fazer. Recentemente, em resenha, Fabio Franzini (2013) apontou a fragilidade das "pistas" mobilizadas por Diogo Roiz (2012) para sustentar a hostilidade masculina às mulheres nas cátedras. Em seguida, Otávio Erbereli (2016; 2016a) realizou uma reconstituição *factual* mais completa possível, diante da documentação disponível, das derrotas e vitórias de Alice Canabrava — tornando impossível qualquer crítica daquele tipo. A despeito da divergência entre Franzini e Roiz, e da resposta talvez indireta de Erbereli Jr., os três historiadores raciocinam dentro de um regime disciplinar dependente de comprovações documentais e de uma reconstituição factual "completa". Desde já, aliás, sublinhe-se a dívida da proposta a seguir em relação ao trabalho de Erbereli Jr., a quem agradeço pelo envio de textos não publicados enquanto eu redigia. Este artigo adota outra abordagem e trabalha em registro teórico, metodológico e epistemológico diverso do destes pesquisadores. Cumpre esclarecer que, para além do compromisso com a verdade factual encontrada nos documentos, importa a reconstituição da *lógica do espaço social*, capaz de conferir inteligibilidade mesmo aos episódios que só deixaram fragmentos e resíduos frágeis nas fontes. Daí a centralidade tanto do conceito de "campo" quanto da noção de "espaço" — aqui preferida em detrimento do primeiro. O argumento é armado em função desses conceitos, extraídos da obra de Pierre Bourdieu — notadamente, *As regras da arte* (1996). Para uma discussão sobre a noção de espaço, em detrimento da ideia de campo, remeto à referência norteadora da reconstituição e análise a seguir: Gisèle Sapiro (2013). Espero que a área seja suficientemente aberta para contribuições que não sigam à risca seus termos mais rotinizados e seja cordata em avaliar o logro da proposta em seus próprios termos, isto é, nos termos da Sociologia e da história das Ciências Sociais e Humanidades — tal como o desdobramento da obra de Bourdieu tem animado atualmente seus herdeiros. Para uma visão panorâmica desta perspectiva, aplicada a diversas áreas do conhecimento, ver: http://interco-ssh.eu/en/.

transformações sociais eram atestadas pelas greves operárias, pela fundação do Partido Comunista, pelo movimento tenentista (Candido, 1984). No plano político, a Revolução de 1930 e o subsequente estabelecimento do Estado Novo (1937-1945) implicaram a condução centralizadora de conflitos sociais que a política econômica industrialista concorria para intensificar (Novais, Mello, 1998). A centralização, a modernização e a reconfiguração do Estado empregavam nos escalões burocráticos alguns membros de frações da elite dirigente em declínio, em função de seu capital social familiar e político, além de camadas emergentes, que ascendiam graças às suas competências técnicas adequadas às novas funções que o aparelho estatal exigia (Miceli, 2001). Em São Paulo essa efervescência assumiu uma dinâmica particular, e um de seus epicentros foi a Universidade de São Paulo. Ela foi oficialmente estabelecida no aniversário da cidade, em 25 de janeiro de 1934, pelo decreto que determinou a reunião das escolas tradicionais já existentes (Direito, Engenharia e Medicina) e a criação de uma Faculdade de Filosofia, Letras e Ciências Humanas (doravante, FFCL-USP).

A convergência de três agentes, animados por interesses distintos, conferiu fisionomia própria à FFCL-USP. São eles: a) as elites mentoras do experimento institucional (vanguarda de educadores e empresários culturais como o grupo Mesquita, circulando em torno do jornal *O Estado de S. Paulo* e do Partido Democrático); b) os professores estrangeiros — notadamente os franceses — por ela contratados para inaugurar os cursos; c) a clientela discente, segmentada entre, de um lado, um minoritário grupo cultivado, com distinto capital cultural adquirido domesticamente, mas em descenso econômico, e, de outro, camadas médias, em titubeante ascensão social, com escassos capitais culturais, adquiridos por meio de instituições escolares (Miceli, 2001a; Limongi, 2001). A caracterização dos interesses diferenciados que motivavam esses agentes permite esquadrinhar tensões e alianças que deram contornos inconfundíveis à instituição como um todo e às seções disciplinares em particular.

No que tange às elites mentoras, cumpre assinalar que o experimento institucional é indissociável da posição a que o estado de São Paulo foi relegado, no quadro dos desdobramentos da Revolução de 1930. Em meio à efervescência urbana, às estratégias para escapar do risco da desclassificação econômica, oriunda da crise de 1929 e da recomposição do Estado, e aos conflitos com o governo central, as elites paulistas idealizaram a constituição da USP. Tratava-se de uma alternativa compensatória à derrota militar sofrida na chamada "Revolução Constitucionalista de 1932", quando as elites do estado desafiaram o governo do presidente Getúlio Vargas, que as reposicionou no pacto federativo, retirando-as da posição vantajosa desfrutada nas décadas precedentes. Portanto, a instituição consistia numa nova trincheira de causa antiga — o nobre papel da "locomotiva" em face da Federação —, além de ser o resultado da recomposição das elites dirigentes do estado. Elas se haviam segmentado, desde os anos 1920, no Partido Democrático, uma cisão do antigo Partido Republicano Paulista, e disputaram o controle do setor educacional no estado e na Federação, tomado em seu conjunto (Cardoso, 1982; Limongi, 2001; Prado, 1986).

Desse modo, a FFCL-USP foi projetada como o celeiro de uma nova elite dirigente, esclarecida e depurada das práticas corrompidas das quais acusava a política nacional. Ademais, modernas sem deixar de ser provincianas, as elites da capital paulista rivalizavam com o cosmopolitismo do Rio de Janeiro, a capital do país, da qual emanavam as interferências oriundas do governo federal — ao qual se opuseram desde 1930 (Rodrigues, 2017). Por isso, a exibição de força econômica e simbólica perante a capital e os demais membros do pacto federativo condicionou a importação de uma mão de obra docente estrangeira (Peixoto, 1991).[2] Daí as chamadas "missões francesas", destinadas notadamente à inauguração dos cursos da FFCL-USP.

No que tange aos missionários franceses, cumpre localizá-los frente aos compromissos que assumiram, aos conflitos em que se envolveram, assim como apresentar os interesses que os moviam. O primeiro grupo de professores franceses caracterizou-se por ser uma "delegação transitória": "a maior parte dos contratados não tinha, na realidade, a intenção de ficar três anos, e somente aceitaram o cargo em razão da inauguração tardia da USP" — o que reduziu a estada para apenas seis meses (Petitjean, 1996:268). A segunda missão foi menos improvisada. Os professores tinham "estudantes a formar e a continuar acompanhando", e a eles cabia selecionar quadros que dessem continuidade ao trabalho de construção institucional.[3] Além de Fernand Braudel e Pierre Monbeig, nessa missão encontravam-se também Jean Maugüé e Claude Lévi-Strauss (Idem:277).

---

[2] Valeria lembrar, posto que a memória institucional cristalizou-se em torno da exclusividade das missões francesas em São Paulo, que elas também foram atuantes no Rio de Janeiro (Ferreira, 2012).

[3] Os compromissos assumidos por essa missão levaram Patrick Petitjean (19996) a defender que ela rompeu em definitivo com o perfil dos "embaixadores culturais". Já Hugo Suppo acredita que ela também se ligava a uma série de empreendimentos da política de Estado da França que tinha por objetivo precípuo a propaganda da cultura francesa pelo mundo (Suppo, 2009).

Numerosos conflitos marcaram essa segunda missão. As escolas "profissionais" — Engenharia, Medicina e Direito — entendiam que ela era um instrumento simultaneamente dos "paulistas contra Vargas" e da FFCL-USP contra elas. Em contrapartida, as expectativas dos franceses e as dúvidas contratuais — salário, horas de aula, tempo disponível para pesquisar e viajar, validade do contrato, possibilidade de retorno — os mantiveram em negociação com as elites contratantes. Essa instabilidade, adicionada à hostilidade local, estimulava a agitação dos missionários — sob a tutela e liderança de Fernand Braudel, reconhecido como o mais experiente do grupo. A segunda e "mais agitada" das missões teve também a substituição mais truncada. Os trâmites para a vinda da terceira sofreram do acúmulo dos conflitos mencionados, galvanizados pela instauração do Estado Novo em 1937 e por manifestações nacionalistas refratárias aos professores estrangeiros (Petitjean, 1996:280).

No que tange ao terceiro grupo de agentes, o corpo discente, cumpre salientar que seu conjunto se diferenciava daquele encontrado nas escolas tradicionais (Limongi, 2001; Adorno, 1988). A urbanização e a industrialização da cidade de São Paulo atraíam imigrantes (estrangeiros e do interior do estado) e rearranjavam o padrão de dominação dos grupos estabelecidos, atingidos pela crise de 1929, em face dos grupos emergentes, ávidos por aproveitar as novas chances (Novais, Mello, 1998). A FFCL-USP reuniu esses dois estratos sociais no conjunto de suas carreiras: as camadas em declínio e as emergentes (notadamente, mulheres e imigrantes) — segmentos sociais para os quais as carreiras das escolas de Direito, Engenharia e Medicina eram relativamente fechadas.

Contudo, a abertura a novos grupos foi resultado do cálculo de um dos mentores da instituição, Fernando de Azevedo, com relação ao problema da constituição do corpo discente. Inicialmente, a FFCL-USP não contou com alunos regulares, posto que atraía uma "plateia" grã-fina, habituada aos salões, mas não à disciplina das aulas, que frequentava sem assiduidade. Para contornar a dificuldade de não ter matrículas regulares, nos primeiros anos da FFCL-USP, o educador Fernando de Azevedo criou a possibilidade de "comissionamento": professores primários, com dispensa de tarefas didáticas e sem perda dos rendimentos, poderiam bacharelar-se nos cursos oferecidos (Limongi, 2001:187-218).

Emparelharam-se, desse modo, estratos plebeus, como Florestan Fernandes, Mario Wagner Vieira Cunha, e frações da elite cultivada em descenso econômico — alguns mantiveram-se como frequentadores esporádicos (como Caio Prado Jr.) e outros se tornaram alunos regulares (como Antonio Candido e Bento Prado Jr.). Enquanto os últimos buscavam arranjos para contornar sua desclassificação, os primeiros vislumbravam a chance de se remediar. O ambiente evidencia-se cioso de sua modernidade e encalacrado no acanhamento, considerando a rígida fronteira social que nele se estabeleceu. É o que se depreende do depoimento do comissionado: "(o professor) achava que eu era um dos pobretões da classe. Quando contei para ele o meu ordenado, que era maior que o dele, ele disse: 'Mas, como?' [...] Era um jogo assim" (Cunha, 2008:262).

Desse modo, a realização do projeto institucional da "comunhão paulista" processava-se numa "faixa crescente de desencontro" entre as expectativas dos mentores, dos professores e do corpo discente (Miceli, 2001a:105). Enquanto os mentores idealizaram uma escola de formação de elites, para viabilizá-la recrutaram plebeus; enquanto os franceses eram contratados como missionários, uns viajaram em busca de terreno para pesquisa (Lévi-Strauss), outros, em busca de tempo para redigir sua tese de doutoramento (Braudel); enquanto eles lecionavam reproduzindo conteúdos e práticas do sistema de ensino francês, de que eram portadores, suas lições eram incorporadas por portadores de outro sistema de ensino e referências;[4] enquanto os comissionados foram idealizados como quadros que justificavam as atividades da instituição, ao adentrarem nela, foram atiçados por ambições mais altas do que a prevista para eles pelos mentores. Essas motivações desencontradas conduziram a relações conflitivas e dinâmicas que instigaram a produção intelectual das primeiras gerações.

A seguir, trataremos da configuração particular assumida por elas numa seção específica da FFCL-USP: a de Geografia e História.

Fernand Braudel, seus contratantes, os juristas e as comissionadas

No setor de História e Geografia, os três tipos de agentes caracterizados acima estabeleceram relações de colaboração e de competição. Importa caracterizá-los a fim de esquadrinhar o espaço social que tais relações engendraram na gênese da institucionalização da prática de ensino e da pesquisa historiográfica em moldes universitários.

---

[4] Um estudo aprofundado a respeito do desencaixe das categorias de entendimento e dos princípios de apreciação escolares em conflito nesse período na área de Filosofia pode ser encontrado em Rodrigues (2017).

Em 1934, a FFCL-USP possuía três seções: Filosofia, Ciências e Letras. Dentro da segunda, havia cinco subseções, sendo a quinta a de História e Geografia. Ela era composta, por sua vez, de cinco cadeiras, das quais três eram ocupadas por brasileiros e duas por franceses. Os brasileiros eram responsáveis por: a) História da Civilização Brasileira; b) História Americana; c) Etnografia Brasileira e Língua Tupi-Guarani; e os franceses, por: a) Geografia Física e Humana; e b) História da Civilização.[5]

Fernand Braudel (1902-1985), na qualidade de missionário da segunda safra de contratados, deveria lecionar na cadeira de História da Civilização e selecionar os quadros nativos para o trabalho de reprodução institucional. Diferentemente de outros missionários — como Roger Bastide (Sociologia), Jean Maugüé (Filosofia), Pierre Monbeig (Geografia) — que permaneceram mais de uma década em São Paulo, o historiador permaneceu no Brasil apenas os três anos previstos no contrato e, concomitantemente, redigiu sua tese de doutoramento e gerenciou seu retorno à França por meio de contínuas viagens a seu país nas férias. A pressão do tempo escasso e o traquejo já trazido da experiência prévia como docente em território estrangeiro/colonial (Argélia) lhe deram o jogo de cintura junto às elites contratantes e orientaram seus critérios seletivos (Rodrigues, 2013). Assim, observava seus alunos orientado pelas obrigações de seu contrato: "O acaso — sempre benéfico — favoreceu a secção de história, dando-lhe, como estudantes, alguns juristas. Não é de espantar que [...] se tenham regular e automaticamente posto à frente dos seus companheiros." O historiador, em face desta "ligação fortuita, eficiente para o recrutamento de estudantes de valor", defendia: é "necessário que a ponhamos ao abrigo de uma ruptura tão fortuita como o seu estabelecimento" (Braudel, 1935:126). Como se infere disso, a seleção de Braudel não foi aleatória. Ela resultou da pressão da gestão de sua própria carreira, da sensibilidade a respeito das demandas da elite e de cálculo para aproveitamento máximo dos recursos humanos num mínimo de tempo disponível. Daí mirar alunos cujo capital cultural era mais elevado do que o dos demais, isto é, os juristas "automaticamente adiantados", em detrimento dos comissionados.[6]

---

[5] As informações morfológicas da instituição e de sua população podem ser encontradas nos Anuários institucionais (listados na bibliografia ao final deste artigo).

[6] Nos anos seguintes à sua estada, Braudel continuou ativo no espaço: orientou, por meio de cartas, seus escolhidos; escolheu seus sucessores franceses e indicou-lhes conselheiros locais a respeito de como lidar com os conflitos políticos; colaborou com a organização do acervo bibliográfico da faculdade, e com a realização da *Revista de História* (Alves, 2011; Costa, 2018; Rodrigues, 2015).

Os juristas permitiram a Braudel cumprir sua tarefa em tempo hábil e sem divergências políticas com seus mentores contratantes. Em contrapartida, ele oferecia aos juristas a possibilidade de conversão da formação anterior ao ingresso na FFCL-USP em trunfo profissional, e a oportunidade material e simbólica de se salvarem do descenso econômico e social. É o que se constata quando são caracterizadas as posições e as expectativas de futuro e sucesso social masculinos desse grupo: ex-alunos da Faculdade de Direito do Largo São Francisco, ex-combatentes da "Revolução de 1932", entretanto, sem carreiras políticas, burocráticas ou jurídicas em vista (Rodrigues, 2013). Num quadro mais amplo, trata-se de casos particulares que correspondem às estratégias das camadas decadentes para assegurar suas posições (Miceli, 2001).

Os nativos escolhidos por Braudel foram Eurípedes Simões de Paula (1910-1977), Astrogildo Rodrigues Mello (?) e Eduardo D'Oliveira França (1917-2003).[7] Oriundos da Faculdade de Direito, em que eram alunos *típicos*, com origens em extratos elevados em decadência, na FFCL-USP eles foram *atípicos* em meio aos demais comissionados e outros, de origens modestas. Esse perfil circunscreve a peculiaridade sociogenética dos mentores da área de História na instituição. Situados na comparação com outros setores da FFCL--USP, trata-se de desvios singulares — posto que em áreas como Sociologia os primeiros catedráticos tiveram origens plebeias (o caso típico ideal é Florestan Fernandes, tratado a seguir) (Arruda, 2001; Pontes, 1998).

A escolha de Fernand Braudel reproduziu uma fronteira entre os sexos e as origens socioeconômicas de seus alunos — e, do ponto de vista da gênese do espaço, objeto deste trabalho, pouco importa se intencionalmente ou não. Sendo a cifra de mulheres reduzidíssima nos cursos tradicionais de Direito, eleger os juristas como métrica de qualidade implicava a eliminação delas. Ademais, o depoimento de Alice Canabrava, aluna comissionada do setor de

---

[7] O quarto dos "três mosqueteiros" (como ficaram conhecidos posteriormente) era Pedro Moacyr Campos, que se licenciou em Geografia e História em 1940 e também se bacharelou em Direito na Faculdade de Direito do Largo São Francisco em 1944. Foi assistente extranumerário sem vencimentos da cadeira de História da Civilização Antiga e Medieval em 1943 e primeiro assistente substituto da mesma entre 1944 a 1946, em função do deslocamento de Eurípedes para a guerra. Cf. *Anuário da FFCL-USP, 1939-1949*, p. 55. Como já se disse, o presente trabalho esquadrinha as condições históricas e sociológicas deste espaço para verticalizar a análise em figuras estratégicas que estiveram no centro da competição institucional. Por esta razão, nem todos os personagens são tratados com a mesma profundidade. Para os fins desta exposição, seria redundante a consideração da "trajetória" de Campos.

Geografia e História, torna patentes os efeitos dessas assimetrias: "imagine, eu [...] almoçando na casa de Braudel, onde cada prato tinha um talher diferente. Um dia, ele me perguntou por que eu nunca aceitava e confessei a vergonha"; "devo muito a Armando de Salles Oliveira. Se ele não tivesse convidado as professoras primárias para cursarem a faculdade, eu seria sempre a caipirinha do interior" (Canabrava, 1988). A vergonha, como se sabe, consiste na incorporação da hierarquia social e simbólica e, simultaneamente, implica o reconhecimento dela, pressuposto da cumplicidade ativa dos dominados na reprodução de sua própria posição diminuída (Elias, Scotson, 2000). O discernimento a respeito das suas chances ("isso é"/"isso não é para mim") implica a eliminação de si próprio dos espaços, como fica evidente na sua conduta: "aquela mesa não é para mim".

Os limites incorporados inibiram e impulsionaram os agentes também no âmbito de suas pretensões intelectuais. Em geral, elas são condicionadas pela dotação de capital econômico, social e cultural, cujas tendências são reproduzidas ou subvertidas por condicionantes do gênero e do padrão de competição e/ou colaboração (Bourdieu, 2015:226). Portanto, tratar das inibições/ambições dos agentes pressupõe esquadrinhar o espaço social. Por isso, a seguir, caracterizam-se os conflitos de portadores de propriedades sociais opostas, que entraram em modalidades distintas de competição. Trata-se das condições que impulsionaram Alice Canabrava a competir com Astrogildo Rodrigues Mello em concurso institucional por uma cátedra, e que inibiram Olga Pantaleão a desafiar Eduardo D'Oliveira França. Cumpre sublinhar que as propriedades opostas estão assim distribuídas: de um lado, mulheres/comissionadas/derrotadas e, de outro, homens/juristas/vitoriosos. A próxima seção, *Mulheres disciplinadas, homens sem profissão*, ocupa-se da descrição do conteúdo específico dessas propriedades e dá suporte à caracterização analítica da gênese do espaço — tratada subsequentemente na seção *Magia da historiografia: indisciplina e dominação masculina*. As duas seções demonstram como a oposição estruturante, que resulta da distribuição desigual e polarizada das propriedades, condiciona práticas e tomadas de posição a respeito do *trabalho* (intelectual e institucional).

Mulheres disciplinadas, homens sem profissão (reconstituição)

O doutoramento, instituído e regulamentado em 1942, era reservado a futuros catedráticos — no caso em questão, os juristas em processo de conversão a historiadores. Contudo, outros alunos — majoritariamente professoras comissionadas —, tacitamente não destinados a esse posto, interessaram-se pela realização da tese de doutoramento. Suas motivações são tangíveis: o comissionamento levou à FFCL-USP professores que se encontravam nas piores condições no magistério público, razão pela qual se sentiam atraídos pela oportunidade e se empenhavam com afinco nos estudos (Limongi, 2001). Some-se a isso a conduta de Jean Gagé, sucessor de Braudel na cadeira de História da Civilização, que desarranjou acordos, instando esperanças não previstas no cenário — notadamente, as das comissionadas. Enquanto Braudel orientava seus ex-alunos juristas por correspondência (pois só voltaria ao Brasil depois da Segunda Guerra Mundial), Gagé, além de aceitar as comissionadas como assistentes — algo nada desviante do padrão e do limite em que eram aceitas —, aceitou também ser diretor de doutoramento delas, algo impensável dentro dos parâmetros de destino social previsto para homens e mulheres naquele cenário.

Dois anos mais nova que Eduardo D'Oliveira França, formada no mesmo curso e instituição um ano depois dele (1938), Olga Pantaleão defendeu sua tese de doutoramento sob a orientação de Gagé em 1944: "A penetração comercial da Inglaterra na América Espanhola, de 1713 a 1783." Segundo Eduardo D'Oliveira França, Gagé preteriu-o em benefício dela, desrespeitando a indicação braudeliana de seu nome (França, 1993:192). Com efeito, ela trabalhou como assistente na cadeira de História da Geral da Civilização entre 1939 e 1947.

Eduardo D'Oliveira França, que assumiu a cátedra logo após sua defesa de doutoramento (Rodrigues, 2013), não foi desafiado por Olga Pantaleão em concurso. O desencorajamento do espaço foi mais forte, e a convicção de sua competência não foi o bastante para que Olga Pantaleão se dispusesse a entrar na concorrência pela cátedra — contra França ou qualquer outro homem. Ela construiu sua carreira ocupando posições dominadas no interior do estado, ganhando projeção menor e mais lentamente do que seus concorrentes homens. De modo típico, ela compensou essa posição dominada com as vantagens da circulação internacional e com a dedicação a associações profissionais.[8] Assim, fez um curso de pós-graduação no Institute of Histo-

[8] Os agentes não são impelidos com a mesma intensidade para a circulação internacional. Em linhas gerais, quanto mais periférico for um país, mais os seus cientistas, artistas e produtores simbólicos em geral tenderão a valer-se desse recurso nas disputas pelas posições disponíveis e na compensação

rical Research (Londres), com bolsa do governo britânico, em 1950-1951; tornou-se por concurso professora de História Geral e do Brasil do antigo curso secundário entre 1949 e 1959, e nesse último ano tornou-se professora titular de História Moderna e Contemporânea na Faculdade de Filosofia, Ciências e Letras de Marília, instituição de que também seria vice-diretora (1963-1965) e diretora (1971-1975). Foi ainda professora visitante de História do Brasil e da América Latina na Universidade de Indiana (EUA) em 1966-1967, e figurou com destaque no estabelecimento da Associação Nacional de História (ANPUH) (Falcon, 2011).[9]

Alice Piffer Canabrava era filha da migrante austríaca Otília Piffer e do fazendeiro Clementino Canabrava. Ela e sua irmã saíram do interior para a capital paulista para estudar (inicialmente no internato Stratford e posteriormente na Escola Normal Caetano de Campos). Ao voltar para lecionar no interior paulista, Alice estudou francês com um migrante suíço em Araras. Atenta à oportunidade de comissionamento, voltou para a capital para estudar na FFCL-USP. Licenciou-se em 1937 e doutorou-se em 1942, com a tese "O comércio do Rio da Prata de 1850 a 1640", sob a direção de Jean Gagé. Diferentemente de Olga Pantaleão, virtual concorrente de França, que optou por se retirar para o interior, Canabrava foi pouco tolerante com a hierarquia que interditava o acesso das mulheres ao topo — e talvez certa assimetria de capitais culturais no início da trajetória de ambas, mais favorável a Canabrava, tenha favorecido essa diferença.

Doutorada no mesmo ano, e com o mesmo orientador que seu rival Astrogildo Rodrigues de Mello, Alice Canabrava decidiu competir com ele, em 1946, pela cátedra de História da Civilização Americana, originalmente regida por Paul Vanorden Shaw, de quem foi assistente. Ainda que tenha obtido a média mais alta no conjunto das provas, isso foi insuficiente para levá-la ao

---

de suas derrotas (Sapiro, 2013). Não por acaso, no lado oposto da disputa, encontrava-se Eduardo D'Oliveira França, inteiramente destituído (porque não necessária para seu sucesso) de circulação internacional. Trata-se de apenas mais uma dimensão das carreiras em que se confirma a tendência observada: a acomodação entre agente e posição instava ao enraizamento e não à circulação. Particularmente no caso em questão, o princípio gerador da conduta é nítido: a proteção masculina organizada em grupo conforta e alivia a força coercitiva e motora para o trabalho — a ausência delas insta as mulheres a ele, na esperança de reconhecimento e salvação simbólica.

[9] O modo como as rivalidades nascidas na configuração tratada neste artigo foram transferidas para as tomadas de posição a respeito de ensino e pesquisa, no interior da ANPUH, merece pesquisas futuras.

posto. Os membros da banca votaram um a um e o resultado foi um empate. Decidido pela presidência da banca, o concurso premiou com a cátedra Astrogildo Rodrigues de Mello (Erbereli Jr., 2016).

Alice Canabrava ganhou o título de livre-docente, e com o rearranjo das instituições de ensino superior no segundo governo Vargas, o estabelecimento da Faculdade de Ciências Econômicas e Administrativas (FCEA) permitiu que ela se tornasse a primeira catedrática mulher da USP em 1951 (na área de História Econômica Geral do Brasil), com a tese *O desenvolvimento da cultura do algodão na província de S. Paulo: 1861/1875*. Nessa instituição, ela passou a dirigir a cátedra de História Econômica. Tornou-se pioneira no setor de historiografia econômica, tomou parte na criação de instituições como a ANPUH e o IEB (Instituto de Estudos Brasileiros), e participou da equipe de Sergio Buarque de Holanda que produziu a coleção *História da civilização brasileira* (Schumahe, 2000:31; Canabrava, 1997; Canabrava, 2004:87-102).

Magia da historiografia: indisciplina e dominação masculina (análise)

A conquista da cátedra implicava a legitimação dos trabalhos intelectual e institucional que tivessem sustentado a vitória e o sucesso do indivíduo agraciado com esse posto. Embora a disputa fosse motivada por dimensões sociais e econômicas, os desdobramentos das vitórias/derrotas não se subsumiam a essas dimensões. Tratava-se de uma premiação do percurso que conduzira àquela posição. Por situarem-se na gênese da instituição, o efeito mais duradouro dessas vitórias/derrotas consistiu na imposição social do mérito e valor do perfil de trabalho premiado.

As características do trabalho historiográfico realizado pelos vitoriosos nos concursos de cátedra corresponderam à modalidade de excelência de trabalho intelectual premiada pela instituição em sua gênese, por meio da investidura do papel de fundadores nativos da área. Em contrapartida, as estratégias mobilizadas pelos vitoriosos evidenciam os padrões legítimos de competição atrelados às suas propriedades. Voltemos aos casais concorrentes: enquanto a vitória de França/derrota de Pantaleão apresentam os marcadores da imposição de uma modalidade de trabalho valorizada no *métier*, a vitória de Rodrigues de Mello/ derrota de Canabrava prestam-se à explicitação das estratégias legitimadas pelo rito institucional. Trata-se dos dois casais concorrentes a seguir.

No que tange a Olga e França, importa sumariar os contrastes. Olga Pantaleão trabalhou no âmbito da História Econômica da América Latina — trata-se, portanto, de uma adesão à especialidade braudeliana (História Econômica). Além disso, mobilizou documentação primária e concluiu seu trabalho dentro de tempo mais enxuto que França. Ela precisou de seis anos entre o fim da graduação e o fim do seu doutoramento, enquanto ele precisou de 13 para fazer o mesmo (defendeu *Portugal na época da restauração* em 1950). Ele trabalhou no âmbito da História das Mentalidades — inclinando-se antes a Febvre que a Braudel; utilizou pouca documentação primária, preferindo o tirocínio: "tese: uma ideia e um método a serviço da ideia. Para nós foi: a ideia de um método". Segundo ele, a "história puramente econômica" "obriga a jogar com estatísticas, rotas de comércio, técnicas agrícolas ou industriais, moedas e mercadorias". E o homem? "Esse homem que produz e consome, que transporta, que trabalha, que compra e vende, tudo de uma certa maneira, em certa época? Que pensa, que sente, que age, que vibra com uma ideia ou sofre com uma derrota? [...] compreender o homem não é apenas reunir e explicar os fatos. Os fatos são apenas sintomas para diagnóstico. Sem eles, o homem seria impenetrável. Apenas com eles, escamotear-se-ia o homem" (França, 1997[1950]:11-12).

As bravatas de autovalorização, encontradas nos textos para vir a público, ocultam, contudo, a sofreguidão dos dramas que só podiam ser registrados em documentação privada:

> O sr. fala das curvas — e isso me agita — enviadas para mim por Frédéric Mauro. Eu tenho necessidade desesperadora de tais coisas, mas eu lhe digo que nada recebi [...]. O que eu poderia fazer para de fato ter estas curvas de preços? Eu estou praticamente de acordo com o sr. Há uma depressão na economia. [...]. Mas — tem sempre um mas — *a dificuldade é a demonstração. Falta de documentação.* Eu leio coisas já publicadas e entre as publicações dos "Centenários" eu não encontro quase nada a respeito. *As coisas que eu desejo tanto ter e não encontro. Eu não lamento apenas os arquivos tão distantes quanto a lua, mas mesmo os livros.* O sr. e o sr. Godinho me recomendaram livros indispensáveis e eu os encomendei três vezes aos EUA e ninguém — *os amigos!* — me trouxe. Encarreguei nosso Cruz Costa [...] Sonho ainda com as curvas dos preços na bagagem do filósofo [...]. Veja, no Brasil, esse bem amado, *nós não temos Torre do Tombo e outros luxos europeus.* Eu *sou um imbecil mas com alguns documentos eu conseguirei driblar os bons historiadores-burgueses* da banca do concurso [Eduardo D'Oliveira França a Fernand Braudel, São Paulo, 17 mai. 1951].

Tive a oportunidade de pensar na tese de França, por ocasião de meus trabalhos recentes. Espero que ele tenha recebido as curvas que lhe enviou Frédéric Mauro

> [...]. Eu tinha até então o sentimento de que a restauração em Portugal tinha sido feita num momento de depressão da economia espanhola. E acredito que a fraqueza da Espanha foi real, mas como a restauração só me parece explicável pela renovação de forças de Portugal. [...] *Se Eduardo me escrevesse uma carta me explicando suas dúvidas e pontos de vista, eu o responderia com prazer e tão longamente quanto possível* [Fernand Braudel a Eurípedes Simões de Paula, Paris, 2 mai. 1951].

Ao que tudo indica, a própria redação de cartas a Braudel era dificultosa para França,[10] e a lentidão de França para concluir a tese era um problema para ele próprio, constantemente tratado pelo círculo de amigos íntimos — o que se infere da intensa correspondência trocada entre eles. Sua dificuldade em cumprir a bom tempo o trabalho implicou um esforço institucional adicional para seus amigos, João Cruz Costa e Eurípedes Simões de Paula. Este último gerenciava o retardo do amigo institucionalmente (Rodrigues, 2015), discutia com Braudel a tese do amigo, remendava a cadeira alocando-o aqui e acolá (Costa, 2018). Em contrapartida, João Cruz Costa trabalhava intensamente pelo amigo, difundindo a *blame gossip* e a *pride gossip*, inculcando classificações depreciativas de Pantaleão e nobilitadoras de França (ver "excertos de correspondência I", abaixo). Sublinhe-se que num universo em que as pessoas dependem da representação que seus próximos fazem delas — para convidá-las, para falar delas, para ler ou deixar de ler seus textos etc. — a *blame gossip/pride gossip* (fofoca depreciativa e elogiosa) desempenha papel decisivo, em função da autoridade exercida por quem a difunde e da posição daquele que a recebe (Elias, 2000:121). Somente numa fase em que o campo estivesse autonomizado e funcionando segundo regras próprias, e suficientemente estruturado para inculcar disposições atitudinais e cognitivas em seus agentes, o ouvinte das fofocas de João Cruz Costa reagiria a elas descredibilizando-o por ser filósofo, nada entender de História econômica e sequer ter assistido à defesa. Somente neste cenário hipotético teria mais peso o juízo de Alice Canabrava: uma historiadora econômica, que assistiu à defesa de tese (a seguir, contraste entre excertos "a"/"b"). A autocensura pressuposta na legitimidade da conduta de só ajuizar um trabalho possuindo condições intelectuais de fazê-lo é inteiramente alheia aos padrões desse universo social. Leiam-se essas sutilezas nos excertos a seguir — cumpre sempre assinalar: trata-se de documentos com circulação privada, desses que registram cochichos de corredor e não o que se assume publicamente:

[10] Devo a exploração das condicionantes sociais desta dificuldade a Gustavo Sorá (2010).

(a) "D. Olga é doutora. Defendeu tese e estudou, na mesma, *uma história qualquer* de comércio da Inglaterra com a América Espanhola *no século não sei bem quanto. Não assisti aos exames* (mas) [...] *soube mais que meteram a lenha na tese: o Ellis e o Astrô.*"
João Cruz Costa a Eurípedes Simões de Paula. São Paulo, 22 nov. 1944.

(b) "O último doutoramento [...] foi o de Olga Pantaleão, *com uma tese muito boa sobre a penetração comercial inglesa na América.* O Ellis judiou da pobrezinha, *que só vendo*; adquiriu tal fama que ninguém mais o quer na banca."
Alice Canabrava a Eurípedes Simões de Paula, São Paulo, 2 jan. 1945.

(c) "Não, o Gagé não saiu [...] O que houve foi uma história no doutoramento da Olga. Ellis e Astrogildo "encrencaram" com ela. Só soube disso. Naturalmente, *nós todos preferimos que a futura vaga do Gagé seja preenchida pelo França. É homem, é amigo. Isso de faculdades com catedráticos femininos não me parece cousa séria* [...]."
João Cruz Costa a Eurípedes Simões de Paula, São Paulo, 2 jan. 1945.

(d) "O França até hoje não terminou sua tese [...] Estamos *bem apreensivos com a ineficácia do França, 'le Prince charmant'*, que deverá nos dar de qualquer jeito um trabalho sobre a Revolução Portuguesa de 1640."
Eurípedes Simões de Paula a Fernand Braudel, São Paulo, 27 ago. 1948.

(e) "*E eu só tenho três meses para me desvencilhar disso e escrever umas 250 páginas*, por falta de dinheiro para fazê-la maior. [...] *confesso docemente minha falta de ideias* (eu me sinto diante do senhor) como uma formiga em frente o 'Empire Building'."
Eduardo D'Oliveira França a Fernand Braudel, São Paulo, 17 mai. 1951.

A adesão ao trabalho da figura de mais reconhecimento do espaço (Braudel), o manejo documental e a capacidade de cumprimento do dever em tempo (socialmente construído como) razoável seriam trunfos se o conjunto de pares se orientasse por critérios objetivos de avaliação recíproca, comprometidas as práticas profissionalizadas de um campo autônomo ou em processo de profissionalização. Sublinhe-se que naqueles anos tratava-se de formar quadros ajustados às tarefas da reprodução institucional, e o próprio Braudel havia realizado suas escolhas, sob a pressão da urgência do tempo. E, no entanto, a disposição para a disciplina pressuposta nas capacidades mencionadas era moeda sem valor no mercado material e simbólico dos historiadores. As dificuldades intelectuais de França foram mantidas tanto quanto possível em âmbito privado — sublinhe-se que a documentação em que se registra essa dimensão sôfrega da experiência são correspondências íntimas. Em contrapartida, nos textos de natureza pública — e, portanto, destinados à sedução e domínio do elemento central da reprodução, os alunos —, essas dificuldades são enobrecidas e edulcoradas. No longo prazo, tornam-se uma modalidade de excelência intelectual.[11] Do mesmo modo, os recursos valorizados (os capitais, em suma) são mantidos ocultos, e não deixam de ser nítidos na carta de Cruz Costa: "é homem, é amigo". A ritualização do conflito expõe o que os laços íntimos mantinham sob o manto da magia. Eis o interesse — dessa perspectiva — em analisar o segundo casal concorrente.

No que tange a Rodrigues de Mello e a Canabrava também importa sumariar o contraste entre trunfos e desvantagens. Enquanto ele tinha a seu favor ser homem, ex-aluno do Largo São Francisco e ter muitos amigos igualmente homens e com posições no espaço social próximas à sua, ela carregava em desfavor ser mulher, professora comissionada e não ter o apoio social equivalente (amigos). Em relação à tradição da prática, na qual os polígrafos e eruditos de estratos sociais elevados estabeleciam os parâmetros, ele estava em vantagem. Em relação à nova instituição, cujos membros não rompiam com padrões pretéritos, mas os importavam para o interior dela, suas vantagens se mantinham.

O confronto desse casal de concorrentes efetivou-se ritualmente, e por isso ele explicita, de um lado, a dinâmica do espaço social da instituição — isto é, a dependência do capital social e a clivagem entre classes e sexos —, tornando nítidas as condições da competição na ausência de campo autônomo. Nada poderia ser mais excêntrico/feminino nesse espaço do que os princípios que orientam a conduta num campo simbólico em que descobertas e inovações científicas são reconhecidas pelos pares "mais competentes e menos dispostos às cumplicidades complacentes" (Bourdieu, 2001:137).

A dinâmica de uma avaliação/premiação livre de "cumplicidade complacente" não interessava aos homens: a proteção masculina organizada em grupo confortava e aliviava a força coercitiva e competitiva, móvel para o trabalho. A

[11] A relação de França com seus alunos e sua capacidade de seduzi-los foi tratada em Rodrigues (2011:320-340).

destituição dessa proteção instava as mulheres a ele, na esperança de garantia material e salvação simbólica. Elas eram o único agente a que poderia interessar a emancipação da complacência dos laços, alijadas que eram, precisamente, de amigos e complacentes a seu favor — o trabalho assíduo e disciplinado era a única chance de as comissionadas se remediarem.

O caso confirma, de modo cabal, a ideia de que quanto menos regrado um espaço de produção simbólica, mais determinantes serão as propriedades sociais dos agentes. Na ausência do reprocessamento operado pelas regras que organizam o trabalho de modo isonômico, as propriedades brutas (os *handicaps* de Alice e Olga e os trunfos de Astrogildo e França) correspondem imediatamente aos critérios (indistintamente intelectuais, econômicos, sociais) de acesso e exclusão, de consagração e de profanação vigentes para os praticantes. Além disso, a ausência de uma estrutura que regre condutas e oriente ambições permite que sejam acionadas estratégias abaixo do patamar em que a competição propriamente profissional começa. Daí os homens se permitirem suprimir as condições de acesso das mulheres à própria concorrência: escondiam livros, dificultavam a leitura de documentos, faziam-nos desaparecer, para impedir a conclusão das teses das colegas — que, paradoxalmente, concluíram os trabalhos em tempo mais razoável que eles (Canabrava, 2004; Pantaleão, 2004) —, além da já mencionada *blame/pride gossip*. Do mesmo modo que a vergonha exprime inibições inculcadas pelo espaço/incorporadas pelos agentes, as desinibições com relação ao que se permitem fazer exprimem a legitimidade conferida social e individualmente ao modo como agem.

Em suma, como as *comissionadas* — agentes portadoras da conduta profissional que se orientava pelo trabalho submetido às regras, à disciplina, ao empenho assíduos, ao respeito dos prazos/tempo — foram derrotadas, na gênese da prática historiográfica na instituição que se tornaria dominante no espaço, os princípios por elas encarnados também o foram — pois carregaram para suas posições relativamente dominadas o valor daqueles princípios. Já os *juristas* — portadores de um perfil oposto, isto é, orientados pela indisciplina e respaldados pela complacência, orientados pelo contorno às regras e aos prazos, compensando sua dificuldade de cumprimento dos compromissos formais com escrita e entrega de trabalho por meio laços de compadrio nos bastidores dos arranjos institucionais — foram vitoriosos. E, portanto, tiveram condições de tornar gerais padrões que foram os seus próprios — na medida em que suas posições dominantes puderam conferir valor ao feitio de trabalho intelectual que praticaram. Não é possível subestimar a relevância dos processos genéticos das práticas: a renegação/profanação do perfil de trabalho *disciplinado* encarnado pelas comissionadas, assim como a premiação e a consagração da modalidade de proeza *indisciplinada* encarnada pelos juristas, estruturou as oposições dinâmicas do espaço.

O polo social feminino e derrotado concentrava as posições e disposições cognitivas impessoais, em sintonia com o universo racional e científico — diga-se de passagem, contrariando representações essencialistas do "feminino" (Bourdieu, 2003). Por meio do lento trabalho realizado ao longo das gerações seguintes, ao seduzir e selecionar alunos, ao transmitir a eles de suas próprias convicções, a partir da instituição que se tornou dominante na área, todas as condições para a generalização de sua posição particular estiveram dadas. Por isso, hodiernamente, em seu conjunto, são ainda vigentes, em diversas modalidades, a defesa e a prática desse *ethos* por homens e mulheres: o valor simbólico do ensaio em detrimento da sistematicidade científica; das aproximações imaginativas em detrimento de descobertas inequívocas; da escrita e do trabalho mais pessoal e individualizado, em detrimento de pesquisas em grupos e equipes concentradas; no limite, dos sentimentos refratários à reta razão.

O caso interessa particularmente por exprimir empecilhos ao estabelecimento do campo autônomo e à profissionalização, *sem prejuízo* da institucionalização da prática e do prestígio da instituição. Considerando-se que a bibliografia a respeito da autonomização, da institucionalização e da profissionalização raramente diferencia esses processos e tampouco percebe os descompassos entre eles, tratar deste caso empírico apresenta ainda mais interesse.

Sociologia e desencanto: a disciplina da dominação masculina

A desnaturalização dos padrões, como é sabido, só é possível pela comparação. A indagação a respeito de por que os historiadores eliminaram suas concorrentes, valendo-se dos artifícios acima expostos, *e não de outros*, requer precisamente esse trabalho de desnaturalização. É o que se esboça nesta seção, a fim de compreender o sentido da (re)ação dos homens à feminização de seu entorno social.

A área de Sociologia presta-se a um contraste sistemático, na medida em que permite isolar a variável ascensão/declínio social das demais, mantidas fixas: constituída na mesma instituição em fase idêntica, submetida, portanto, a injunções e constrangimentos equivalentes (em termos de recursos econômicos, conflitos com o governo do estado e federal), diferencia-se contudo do setor de Geografia e História pelo perfil de sociológico plebeu de seu primeiro catedrático brasileiro. Por isso, evidenciará que a variação das estratégias masculinas voltadas para o bloqueio das concorrentes mulheres liga-se a outras propriedades sociais, além do gênero. O casal concorrente típico-ideal da gênese da área é constituído por Gilda de Mello e Souza e Florestan Fernandes.

Nascida Gilda de Moraes Rocha, ela passou a infância na fazenda de seus pais em Araraquara. Em 1930, migrou para São Paulo a fim de cursar o secundário no Colégio Stafford, onde se diplomou quatro anos depois. Durante a adolescência em São Paulo, Dona Gilda foi orientada em sua formação cultural por Mário de Andrade, "seu primo em segundo grau, filho de Maria Luísa, sua tia-avó e madrinha, com quem morou dos 12 aos 24 anos" — e de cuja casa só sairia para se casar (Pontes, 2004:24). Em 1937, ingressou no curso de Filosofia da recém-constituída FFCL-USP; concluído o curso em 1941, criou com seus colegas — Antonio Candido, Paulo Emílio Salles Gomes, Lourival Gomes Machado, Décio de Almeida Prado, Ruy Coelho, dentre outros — a revista *Clima*. No ano seguinte (1942), tornou-se esposa de Antonio Candido, com quem teve três filhas; e, em seguida (1943), foi nomeada assistente de Roger Bastide (1898-1974) — professor da segunda missão de professores franceses, a mesma de Braudel, responsabilizada pela seleção de quadros nativos para o prosseguimento da instituição. Depois de sete anos, ela se doutorou em Sociologia, defendendo a tese *A moda no século XIX*, publicada em 1952 na *Revista do Museu Paulista*.

Nascido "Vicente", filho de uma imigrante portuguesa e pai desconhecido, Florestan Fernandes (nome assumido posteriormente) "conheceu por dentro vários dos mecanismos de exclusão social que mais tarde se tornariam objetos de suas agudas análises sociológicas" (Pontes, 1998:165). Trabalhou em todo tipo de "bico" quando criança e teve uma escolarização interrompida. Era garçom no centro de São Paulo quando, por volta de 1937, encorajado por professores que frequentavam o bar, voltou a estudar e obteve o diploma no "curso de madureza", que lhe permitiu prestar vestibular e ingressar na FFCL-USP.

Uma vez na FFCL-USP, à dificuldade oriunda de sua frágil formação escolar, adicionaram-se as do tratamento interpessoal: se os colegas não eram hostis, não abriram a roda de sociabilidade. O jovem compensou seu isolamento indo em busca da estima e atenção de professores e chamou a atenção de Bastide (então orientador de Gilda de Mello e Souza). O apoio de Bastide deu o suporte social que faltava a "Vicente", destituído de amigos e família (Rodrigues, 2011:194-210). A total dedicação ao trabalho, prescindindo de qualquer forma de fruição, orientava sua conduta intelectual, institucional e profissional. Em 1945, matriculou-se no mestrado em Sociologia e Antropologia da Escola Livre de Sociologia Política (ELSP) — percurso raro de realização do mestrado (titulação pouco valorizada no ambiente francês da FFCL-USP). Nesse ínterim, Bastide convidou-o para coordenar com ele a pesquisa sobre a democracia racial no Brasil, encomendada pela Unesco (Chor, 2001). Dela participaram, na qualidade de estudantes em fase de conclusão de curso, Fernando Henrique Cardoso, Renato Jardim Moreira, Maria Sylvia Carvalho Franco e Marialice Mencarini Foracchi. Ao retornar à França, após 16 anos de trabalho dedicado à FFCL-USP, Roger Bastide escolheu como sucessor Florestan Fernandes — a participação na pesquisa da Unesco foi quase um teste de sua condição para isso (Rodrigues, 2016). Florestan assumiu a cátedra de Sociologia I em 1954 e reuniu esse grupo de alunos como professores assistentes (Idem). A coesão em torno do trabalho assíduo, disciplinado, e a disposição competitiva catapultaram a ascensão do grupo, que desarranjou numerosas posições no espaço das incipientes Ciências Sociais na FFCL-USP.

A escolha de Bastide premiou a disposição para o trabalho disciplinado, a personalidade empenhada e a dedicação sem limites às tarefas institucionais e intelectuais. O sociólogo tornou-se defensor fervoroso dos critérios impessoais e objetivos na competição entre pares. Pudera: foi por meio da ética do trabalho que o jovem plebeu pôde remediar-se e se afirmar no espaço. Em contrapartida, a escolha de Braudel tinha as motivações acima aludidas, repunha a fronteira de classe e de gênero, e redundava na premiação de perfis masculinos comprometidos com a garantia da vida da instituição, que os salvava da desclassificação social, porém não com a impessoalidade da profissionalização do *métier* ou com o regramento do espaço — que abriria a prática a qualquer postulante.

Do ponto de vista social e da excelência do trabalho intelectual, o sociólogo Florestan Fernandes se aproximava das trajetórias das historiadoras comissionadas/derrotadas. Não surpreende que em nome da cientificidade da Sociologia se lançasse contra o polo socialmente oposto, praticante de um tipo de trabalho intelectual diverso daquele praticado por ele. Enquanto sua agenda de pesquisa seguia o eixo "economia e sociedade", a de Gilda de Mello e Souza voltava-se para temas estéticos e culturais. O paralelo invertido sugerido entre Sociologia e História se repunha: enquanto a constelação temática dela se aproximava daquela preferida pelo jurista-historiador (França), a sua se aproximava da das comissionadas-historiadoras (Canabrava e Pantaleão).

Em 1950, ao escolher o ensaio como forma e a moda como tema de tese, Gilda de Mello e Souza foi censurada por Florestan Fernandes, numa resenha em que ele afirmava sua própria tomada de posição quanto à prática da Sociologia. Ele reprimia a hesitação de Gilda em arrematar conclusões, defendendo o poder e a precisão da Sociologia como ciência. Não era para menos: ele próprio havia realizado tal programa, por meio do estudo da guerra — tema masculino por excelência — entre os Tupinambás (Pontes, 2004, 2008a). Florestan Fernandes aborreceu-se sobretudo com a ideia de que "a moda, como toda manifestação do gosto, é traiçoeira e, quando analisada de perto, esconde suas feições mais características, induzindo o observador a erro". Ora, para ele, a Sociologia como ciência vaticina o sociólogo contra fenômenos traiçoeiros e o blinda contra possíveis erros (*apud* Pontes, 2004:18) — exprime o poder da reta razão, quando bem conduzida. Novamente, em termos de disposição científica e indisposição com ensaios, imprecisões, alusões, ele se aproximava das historiadoras, e, em contrapartida, Gilda de Mello e Souza, dos historiadores.

No espaço dos sociólogos, a conquista da cátedra por Florestan Fernandes correspondia a um percurso econômico e socialmente ascensional. As estratégias direcionadas contra o grã-finismo dos temas estéticos e contra a imprecisão do ensaio eram o reprocessamento especificamente intelectual das propriedades sociais ligadas à classe social de origem. Trata-se do caso clássico em que os interesses pessoais se prestam à neutralização da pessoalidade e, portanto, ao estabelecimento do campo autônomo em que vigem normas irredutíveis aos trunfos econômicos e sociais, posto que as regras da execução da prática simbólica orientam a ação dos agentes (Bourdieu, 1996).

> Minha mãe, de nacionalidade austríaca, de grande vigor físico e invulgar iniciativa, tinha sempre uma palavra de *exaltação ao valor do trabalho*. Insistia que deveríamos nos preparar para o desempenho de uma *profissão*...
> Público, Canabrava, 2004:101.

> Eu não sou o aluno que o senhor imagina: eu o sei terrivelmente bem e é preciso que o senhor saiba também.
> Privado. Eduardo D'Oliveira França a Fernand Braudel, São Paulo, 17 mai. 1951.

No espaço dos juristas-historiadores, as cátedras da nova instituição representavam posições diminuídas em relação às expectativas de sucesso social. Por isso, parcimoniosamente, eles as defendiam como as chances que lhes restaram para se salvar da desclassificação. Por um lado, como estratégia discursiva, enobreciam o (seu) magistério e *pari passu* estigmatizavam o magistério feminino e a produção intelectual das concorrentes.

> [...] involuntariamente emergi aos olhos dos meus colegas masculinos, como possível candidata ao provimento efetivo da Cadeira [...]. Até então, o relacionamento com esses colegas havia sido muito afável, direi até, não isento de estima pessoal [Alice Canabrava, 2004:98].

> [...] com a afirmação de que se tornava necessário *proteger o ensino superior do baixo nível das professoras oriundas do magistério primário* (dizia-se) 'A Faculdade não é uma Escola Normal!' [Alice Canabrava, 2004:102].

Por outro lado, a sustentação material dessa estratégia discursiva requeria a objetividade das posições que eles e elas lograssem conquistar e ocupar. Por isso, precisavam estabelecer a fronteira intransponível do seu descenso, impedindo o ascenso do grupo concorrente mais próximo — as comissionadas. A elevação das mulheres ao mesmo posto que lhes garantia o ganha-pão revelaria o rebaixamento objetivo da posição social a que lograram chegar, em relação àquela destinada socialmente a eles. Daí o freio à feminização das cátedras, por meio de todas as estratégias disponíveis — profissionais ou não. Tratava-se de uma reação ao que a "invasão das mulheres" representava para a posição dos homens.[12] A *reserva de cátedras para os homens-juristas-historiadores edulcorava o não cumprimento de seu destino social.* Este era até então garantido pelas carreiras políticas que poderiam/deveriam ter seguido a partir do celeiro do recrutamento delas, isto é, as escolas de Direito, Medicina, Engenharia. Se mulheres ascendessem ao patamar que a blindagem do grupo reservava para eles próprios, a verdade social da posição objetivamente em

[12] Cumpre esclarecer que essas proposições operam com o modelo analítico de Norbert Elias (1997), e baseia-se nos estudos a respeito das disciplinas de Filosofia (Arantes 1994; Rodrigues 2011) e Sociologia (Pontes, 1998; Arruda, 2001, Pinheiro, 2016) na FFCL-USP. Sublinhe-se, a fim de evitar malentendidos: este artigo não se enquadra nas sofisticadas discussões de gênero atuais, apenas reconstitui como os gêneros se distribuíram nos processos de institucionalização, e, desse modo, como as respectivas propriedades sociais foram transformadas em atributos do trabalho intelectual.

falso seria revelada. O princípio gerador estruturante do espaço e, portanto, das ambições dos agentes é nítido: a proteção de grupo atenua os estímulos para o trabalho. A ausência dela encoraja as mulheres a ele. Porém o tempo decanta-se em frustração simbólica — na medida em que suas posições não permitem que elas façam valer o valor do que fizeram.

Na Sociologia, a presença das mulheres não ameaçava posições de prestígio e poder pretéritas, e a vitória sobre elas implicava o avanço de práticas disciplinares modernas. Ainda que os demiurgos dessa profissionalização fossem homens, na Sociologia, as origens modestas dos mesmos condicionavam a adoção de um *ethos* de trabalho disciplinado refratário ao grã-finismo e contra favoritismos destituídos de competências intelectuais específicas. Ainda que também lutassem para frear o avanço das carreiras femininas, o sucesso desse bloqueio pressupunha estratégias competitivas diversas das adotadas pelos historiadores.[13]

A ciência de que a experiência profissional dos praticantes atuais da historiografia universitária é interpelada pelas conexões de sentido propostas neste trabalho impele às duas últimas seções — que solicitam vênia para uma exposição menos amarrada, do ponto de vista interpretativo, do que as demais. Elas tencionam ser mais sugestivas do que conclusivas.

Matilde e Matheus: condições não intelectuais do exercício da autoridade intelectual[14]

> [...] uma jovem historiadora brasileira, Alice Piffer Canabrava, *formada, orientada, eu posso assegurar, pela leitura e conhecimento do nosso Annales*, acaba de escrever um livro, seu primeiro livro, a respeito do qual me agrada dizer que é *de grandíssima*

---

[13] E, em contrapartida, as mulheres desenvolveram estratégias distintas daquelas das historiadoras para enfrentar os concorrentes homens. Ver o exame das estratégias da equipe de Florestan Fernandes contra Maria Sylvia de Carvalho Franco e o modo como ela os respondeu (Rodrigues, 2011: 173-182).

[14] Alude-se à conhecida formulação "Efeito Mateus" da sociologia da ciência de Robert Merton (que, neste ponto, segue direção similar à de Pierre Bourdieu). Trata-se do acúmulo de vantagens: ricos ficam mais ricos; pobres ficam mais pobres pois entram no jogo com menos recursos e seus ganhos relativos vão diminuindo *pari passu* os ganhos expoenciais dos que têm retorno multiplicado de maiores recursos iniciais no investimento. No caso em questão, os homens (historiadores) monopolizam os recursos externos ao ingresso na competição intelectual. Por isso, acumulam as vantagens também internas a ele, na medida em que trabalham para manter as concorrentes de fora da concorrência. Daí se aludir também ao "Efeito Matilde".

> *importância. A obra é clara, exata, metódica, imune à literatura fácil, de uma notável escritura.* Os textos publicados por eruditos argentinos, espanhóis, portugueses e brasileiros, e os comentários abundantes aos quais eles deram lugar, foram *analisados com cuidado e segurança.* [...] *um livro que não se limita à erudição pela erudição* [Braudel, 1948:546].[15]

> Acabo de ler na *Revista de História*, que sigo com interesse desde seu nascimento, um artigo sobre Luiz XIV (*livro publicado na coleção por*) Louis André. Seu colaborador, sr. *Eduardo D'Oliveira França*, conhece maravilhosamente o século XVII francês; ele o prova, demonstrando com competência tudo que o livro poderia conter e que nele não se encontra. Ele está decepcionado [...]. Parece-me que ele *não olhou o programa geral de* A evolução da humanidade *(nome da coleção), que se encontra na página de rosto*; ele teria visto que outros volumes demonstrarão outros aspectos do século de Luiz XIV. O plano é feito de modo que os elementos diversos da história aí figurem, cada um tratado por estudiosos competentes: *é o conjunto que constitui a síntese.* [...] (neste livro) não devia ele procurar os amores de Luiz XIV, nem o pensamento do século, nem as questões econômicas — mas unicamente a política *[...] a eloquente defesa de seu colaborador por uma história viva, que não seja desumanizada, não se aplica à Evolução da Humanidade, nem mesmo ao Luiz XIV, que ele não viu nem o lugar no conjunto nem o lado humano, precisamente o que consternou outros leitores* [Berr, 1952:446].

> Um livro sobre Luiz XIV. Contrabando na Coleção Henri Berr: não sintoniza com o espírito da Syntèse Historique [...] esmagadoramente história política [...] eu disse: sobre Luis XIV? Não. Apenas sobre os episódios da diplomacia de Luiz XIV e seu imperialismo político. Livro clássico de *professor burguês acostumado a apresentar os problemas resolvidos.* Tudo sai límpido, sem angústias, refrigerado de objetividade. As personagens parecem recortadas em papelão. Mostradas, mas não *sentidas.* Do próprio Luiz XIV, o A. *não gosta nem deixa de gostar.* [...] É no que dá a departamentação da história. História diplomática. Entediante. Entediante e falsa. Mesmo quando os fatos são verdadeiros. Receituário de guerras. Ou melhor: diagnóstico *post mortem* de como se cozinham povos ao bafo de caprichos e cobiças de gabinete. Necropsias coletivas. E os povos — a manjar dos gigantes — não merecem um lugar na tragédia. "Sua Majestade alimentou-se esta manhã com acridiano apetite." Mas não se diz que caça digeriu o Pantagruel coroado [França, 1951:345].

---

[15] Esta não foi a única resenha que ele escreveu de livros de Alice Canabrava (Braudel, 1952).

O bloqueio à percepção da dimensão objetiva da vida intelectual integra a dinâmica dela. Caso contrário, como explicar que, enquanto Alice Canabrava e Olga Pantaleão tivessem se ocupado de temas notavelmente atrelados à *obra* de Fernand Braudel, Eduardo D'Oliveira França fosse associado, pelo corpo discente e pelo corpo dos pares, aos *Annales*, em detrimento delas? Ou ainda, que tenha sido elogiosamente resenhada na revista dos *Annales*, por Fernand Braudel (1948; 1952) — e, ainda assim, França, publicamente desmoralizado pelo diretor da coleção que avaliou erroneamente fosse capaz de se manter como modalidade de excelência intelectual? Seu reconhecimento no espaço, particularmente como voz autorizada para dissertar sobre os rumos da disciplina e sobre o que são os *Annales*, atesta-se pelos convites a ele dirigidos por seus alunos (França, 1951a:253-268).

Para o exercício legítimo da autoridade pedagógica, é preciso haver encaixe entre as expectativas dos dois polos da relação de dominação. Eduardo D'Oliveira França, nesse quesito, parece não ter tido concorrente. Contudo, esse exercício, no caso particular tratado, confunde-se com a própria recepção dos *Annales* no Brasil (Rodrigues, 2015, 2013, 2011) e com a disputa pela filiação legítima a esse legado. Tacitamente, entre Canabrava e França, uma tensão em torno da herança braudeliana se estabeleceu — e, ao que tudo indica, França saiu vitorioso da parada.[16] Ambos testemunham o peso objetivo e simbólico que Fernand Braudel assume nesta história.

A reprodução da gênese na estrutura desse espaço — como já se aludiu — processou-se ao longo do trabalho de transmissão das tomadas de posição dos juristas, ao longo das gerações de ingressos na instituição. A permanência, enquanto catedrático, na instituição de origem desses conflitos, conferiu condições para Eduardo D'Oliveira França tornar quase indistinta *sua recepção* dessa corrente historiográfica e ela própria — até que o mercado de traduções linguísticas, comentadores de historiografia e outros aparatos textuais se adensassem, tornando a recepção nacional mais segmentada e complexa. Ao que tudo indica, França foi credibilizado pela clientela estudantil em função da autoridade de sua proximidade pessoal com Braudel. Talvez fosse menos importante sua esquiva em relação ao domínio do conhecimento (distanciando-se de história econômica), e mais relevante seu antigo laço *pessoal* com o historiador. E para o próprio França, essa decalagem entre objetividade e

[16] Atente-se que trato de *um lance específico das lutas simbólicas* — que não desmente as conclusões de Erbereli Jr. sobre a trajetória de "preterida a preferida" (2016a).

subjetividade tornou-se motivo antes de orgulho que de fracasso. Decerto, pela eficácia junto a seu alvo: os alunos.

> Eu falo do sr. para meus estudantes não para dizer que o sr. tem esta ou aquela opinião, mas que o sr. sabe impulsionar seus alunos por verdadeiras profundezas das ideias e pelas marcas de afeição para atingir ao mesmo tempo a inteligência e o coração.
> Eduardo D'Oliveira França a Fernand Braudel, São Paulo, 17 mai. 1951.

> Querida Alice [...] Fernand dizia que você era a única dos seus alunos que tinha feito verdadeiras pesquisas e sobre seu país, sobre a América do Sul, como ele tinha sempre desejado.
> Paule Braudel a Alice Canabrava, Paris, 22 nov. 1994.

O sexo do gênio: representações sociais[17]

A inversão objetiva dos atributos associados regular e estruturalmente aos gêneros masculino e feminino — enquanto elas encarnavam a disciplina e a racionalidade, eles enobreciam as imprecisões e legitimavam temas ligados às sensibilidades — impactou a longevidade simbólica desses agentes, cristalizando a representação masculinizada das concorrentes.[18]

As representações de Alice Canabrava oferecem material profícuo para a discussão a este respeito. Numerosos fatores justificam tomá-lo como caso de disputa classificatória por excelência: do ponto de vista simbólico, a competição com Astrogildo Rodrigues de Mello foi ritualizada; em seguida, ela trabalhou ativamente contra a legitimidade das estratégias institucionalmente chanceladas pelo desfecho do concurso na área de História — tal como documentado pelo material de sua autoria usado no presente trabalho. Por fim, do ponto de vista prático, depois da derrota do concurso, ela se manteve próxima

---

[17] Talvez ainda uma ressalva, dada a delicadeza do ponto, seja necessária: o escopo teórico que se mobiliza no presente artigo possibilita avançar analiticamente — neutralizado os ressentimentos, seja dos seus defensores, seja dos seus detratores. Este trabalho prefere o exame de como a história se faz corpo, pela inculcação das estruturas da dominação simbólica, que tem na oposição masculino/feminino seu protótipo (Bourdieu, 2003). Trata-se de colocar em prática a ideia de que *"c'est l'inertie de toutes les experiences passées qu'il y a dans le corps biologique de chacun de nous"* (Bourdieu, 2015:226).

[18] Como constatou Aryana Costa (2018:58-60), Miriam Ellis chegou a ter sua sexualidade colocada em dúvida pelos "mosqueteiros" — a despeito da proteção de parentesco que poderia lhe ter servido como escudo.

de seus concorrentes, no mesmo constructo universitário (FCEA-USP) e os ombreou em outras instâncias da historiografia — como a ANPUH, por exemplo. Além disso, objetivamente, a consagração que ela alcançou em sua área específica — História Econômica — fez sombra à trajetória apequenada de Rodrigues de Mello (Erbereli, 2016a). Não surpreende que em torno deste caso abunde material.

Tratando do problema do encontro entre as posições (sejam elas profissões, postos de poder etc.) e as disposições (cognitivas e atitudinais) dos agentes nelas situados, Pierre Bourdieu afirma: "Suponhamos um funcionário que exerça uma ação repressiva com complacência. Nós vamos perguntar se esta propensão à agressividade se inscreve na posição ou se ela se inscreve nas disposições do agente que ocupa a posição" (Bourdieu, 2015:302). Infelizmente, a discussão da bibliografia a respeito das mulheres ocupando cátedras "como se fossem homens" está aquém da elaboração desta pergunta, o que torna ainda mais imperativo formular o problema nestes termos. Como sugere o mesmo sociólogo, este é "um falso problema [...] trata-se de explicar o espaço das posições e o espaço das disposições e as trajetórias que conduzem as diferentes disposições nas diferentes posições" (Idem). Naturalmente, a realização completa da investigação nesta direção requereria outro artigo. Contudo, a adoção do duplo distanciamento implicado nesta perspectiva — tanto do dever de "defender Alice", acusando os herdeiros de seu rival de a estigmatizarem, quanto o de acusá-la de "agir como homem", uma vez ocupando a cátedra — possibilita esquadrinhar o vínculo entre a transgressão realizada por Alice Canabrava e algumas expectativas frustradas do polo masculino da área, com relação a si mesmo e às mulheres.[19]

Em detrimento da análise efetiva dos méritos de seu trabalho — cumpre sublinhar, etapa alcançada apenas recentemente pelos historiadores da historiografia econômica[20] —, Canabrava é habitualmente evocada sob o signo da

[19] A sexualização discursiva e metafórica pode ser observada em textos e aulas dos juristas-historiadores, espécie de mecanismo compensatório do *déficit* das posições de que padeciam. Infelizmente não se dispõe de espaço para discutir este ponto — esclareço apenas que hoje seriam consideradas aberrações.

[20] A apreciação substantiva da obra de Alice Canabrava, por exemplo, tem sido realizada por especialistas em história econômica (Saes, 1998; Ribeiro, 1999). Ademais vale dizer também que o tipo de análise apresentada não questiona o mérito intrínseco de "obras" e "autores". Da perspectiva adotada por este trabalho, as análises de "obras" e "autores" podem ser consideradas como um indicador da posição dos mesmos na hierarquia simbólica. Tanto mais vitorioso um autor, mais chances sua obra tem de ser objeto de "análise".

destituição da família e de suas reservas a respeito da vida pessoal (Arruda, 2014:10). É o caso de indagar se outro indivíduo (dotado de propriedades sociais distintas e outra história de vitória difícil no espaço social) sofreria a mesma estigmatização coletiva por conta dessa conduta reservada. Em outro sistema de valores e juízos, a mesma conduta poderia ser entendida como sinal de *noblesse*. A inquisição a respeito da vida privada (família, capacidade reprodutiva, delicadeza) está lhe cobrando o cumprimento dos papéis femininos obrigatórios (matrimônio e maternidade). Tudo se passa como se esta cobrança fizesse as vezes do não cumprimento de seus papéis femininos na vida profissional (a derrota sem o desafio do concurso, o destino das instituições de ensino do interior do estado). Em suma — a inquisição delibera que ela deveria ter cumprido em sua vida pessoal aquilo que no espaço profissional não cumpriu.

A cascata de anedotas que se colhe a respeito do modo como Alice Canabrava exercia o poder catedrático presta-se à guerra de juízos em torno do exercício legítimo da autoridade institucional. Igualmente em detrimento da relevância de sua obra, outro modo de evocá-la pressupõe o campo semântico da masculinização e da força, tomadas como atributos negativos: segundo Fernando Henrique Cardoso (2006:71), "ela brigava muito, queria que trabalhássemos, digamos, num regime militar, com horário de entrar, de sair".

O sociólogo Fernando Henrique Cardoso foi assistente de Alice Canabrava quando ela regia a cadeira de História Econômica do Brasil. Considerando-se que foi formado e treinado no "ninho de tigres e leões" da cadeira de Sociologia I, e portanto, também aí, esteve subordinado a um regime de trabalho com características idênticas de autoridade, perfil intelectual e origem social, pode-se concluir que o admitia sob a tutela de um catedrático homem, mas não sob a tutela de uma catedrática mulher. Não por acaso atributos idênticos são positivados ao referir-se a Florestan Fernandes. A inversão do valor da mesma propriedade atitudinal é notável e atende ao parâmetro do exercício do poder socialmente permitido e aguardado por parte dos homens (Rodrigues, 2011, cap. 2).

No polo oposto, os herdeiros institucionais empenham-se em recuperar Alice Canabrava respondendo a essas representações, afirmando que ela era sensível, tinha amigas e que não era porque não alardeava a respeito de sua vida social que não a cultivasse (Lopes, 2015:31). Além disso, sublinham características de força, invertendo a qualificação, positivando-a: "(dotada de) tenacidade e coragem" (portal do CNPq), "seríssima" (Prata, 2004), "mulher de fibra", "destemida" (site da atual FEA/antiga FCEA), "exigente" (Lopes, 2015:30).

Materialismo do mundo simbólico

Contando com achados documentais inestimáveis,[21] este artigo pretendeu ser mais sugestivo que conclusivo. O interesse que ele pode suscitar resulta de uma dupla perspectiva. Em primeiro lugar, do escopo analítico propiciado pela teoria da dominação simbólica de Pierre Bourdieu — ainda que esta teoria não tenha sido levada ao seu limite explicativo, e tampouco tenha cumprido todas as fases do que seria uma "aplicação" de seu modelo. Em segundo lugar, do potencial heurístico de uma caracterização relacional e não essencialista dos espaços profissionais e das propriedades sociais (de gênero e de classe) de seus agentes.

Neste sentido, procurou-se esquadrinhar tanto as condições de possibilidade social que simultaneamente condicionam a ambição desses agentes cristalizadas em projetos artísticos e científicos, quanto as condições que viabilizam a qualificação dos mesmos (bons/ruins; dignos/indignos). Daí o artigo não se deter nas personalidades individuais, e sim nas propriedades sociais dos produtos/produtores simbólicos de modo relacional, no espaço específico da prática (ou disciplina acadêmica) em questão (Bourdieu, 1984). Cumpre esclarecer que também não se pretendeu tratar da trajetória de um só agente, nem tratar de todas as mulheres (e homens) sem aprofundar o exame de seus percalços. O trabalho opinou pela seleção intencional de agentes centrais na gênese do espaço — centrais, pois tornam inteligíveis outras trajetórias, ao cristalizarem a lógica do conjunto do espaço.

O empenho foi operacionalizar a teoria sociológica, menos do que justapor citações, que permanecem ornamentais se não se vinculam à problemática da análise. Procurou-se também tomar distância de uma tendência comum em estudos de história da historiografia: a discussão de teorias por meio de digressões que versariam sobre as noções da obra/autor (*habitus*, campo e capital) (Bourdieu, 2016, 2015). Por um lado, esta tendência contraria a conduta epistemológica do próprio sociólogo em questão, que elaborou esses conceitos a partir de investigações empíricas, provisórias, em meio a titubeios (Gingras, 2004; Champagne, 2013). A incongruência entre a discussão escolástica dos conceitos acabados e a sua maneira de trabalhar instou a busca de outro caminho.

---

[21] Agradeço o acesso aos documentos de Fernand Braudel a Maurice Aymard. A pesquisa documental e a frequência aos seminários sobre a teoria de Pierre Bourdieu, na EHESS, em Paris, foram propiciadas por uma bolsa de pós-doutoramento da Fapesp. Aproveito o ensejo para registrar meu agradecimento à agência.

É imperativo realçar a articulação entre empiria e teoria no presente trabalho — talvez pouco evidente a não familiarizados com métodos da sociologia dos intelectuais e da cultura. A discussão teórica de fundo diz respeito às condições de emergência de um "campo autônomo". O exame da gênese da historiografia universitária indicou a dissociação dos processos de institucionalização, profissionalização e autonomização do "campo" da prática historiográfica, contrastada com o caso da Sociologia — em que estes processos foram concomitantes. O comparativismo — único recurso que possibilita a desnaturalização dos padrões que nos parecem incontornáveis — revelou-se particularmente profícuo para tanto.

Cumpre sublinhar que se avolumam artigos, dossiês, mesas redondas pensadas a partir de propriedades sociais isoladas, em detrimento de variáveis que levariam à ponderação das mesmas — por exemplo: "mulheres na historiografia"; "historiografia e gênero"; "modos de ser mulher-historiadora". Sem desmerecê-las na generosidade política que exprimem, não se pode escamotear tratar-se de fórmulas que desconsideram o entrelaçamento de determinações de classe, gênero e raça com dimensões conflitivas específicas dos espaços de produção cultural e científica (gerações, modelos de excelência profissional, padrão de competição, autonomização disciplinar, especialização interna à disciplina — para mencionar alguns). O esforço deste trabalho foi diverso. Tratou de realizar a discussão proposta, considerando as múltiplas variáveis sociológicas, por meio de evidências empíricas selecionadas de modo não aleatório. Daí a escolha refletida de casos que apresentam variáveis idênticas (origens regionais, "gênero", "geração" e instituição de formação) para colocar em relevo a sócio-lógica de disciplinas distintas, de origens de classe diametralmente opostas, de maneiras distintas de adquirir capital cultural e de modalidades distintas de incorporação da dominação simbólica. Ademais, a adoção de uma perspectiva relacional implicou inquirir aquilo que o perfil sociológico das mulheres derrotadas ou eliminadas da competição tem a dizer a respeito do espaço construído pelos homens na gênese da estruturação disciplinar. Os efeitos, nas áreas tratadas, História e Sociologia, foram de longa duração — assunto para outros estudos — e não se subsumem à gênese, pois não se pode desconsiderar as transformações morfológicas sofridas pelas áreas ao longo do século passado.

Fontes

Documentação manuscrita

BRAUDEL, Fernand. Correspondência para Eurípedes Simões de Paula, Paris, 2 mai. 1951.

BRAUDEL, Paule. Correspondência para Alice Canabrava, Paris, 22 nov. 1994.

CANABRAVA, Alice Piffer. Correspondência para Eurípedes Simões de Paula, São Paulo, 2 jan. 1945.

COSTA, João Cruz. Correspondência para Eurípedes Simões de Paula, São Paulo, 2 jan. 1945; 28 jan. 1945; 22 nov. 1944.

FRANÇA, Eduardo D'Oliveira. Correspondência para Fernand Braudel, São Paulo, 17 mai. 1951.

SIMÕES DE PAULA, Eurípedes. Correspondência para Fernand Braudel, São Paulo, 27 ago. 1948; 10 set. 1949.

As correspondências escritas em São Paulo encontram-se no Centro de Apoio à Pesquisa em História "Sergio Buarque de Holanda" (CAPH), localizado no edifício do curso de História da FFLCH-USP. As correspondências escritas em Paris encontram-se no Institut de France, e precisam da autorização de Maurice Aymard para consulta.

Referências

ADORNO, Sérgio. *Os aprendizes do poder. O bacharelismo liberal na política brasileira.* Rio de Janeiro: Paz e Terra, 1988.

ALVES, Fabrício Gomes. *Folheando páginas, descobrindo histórias*: a Revista de História e a difusão da historiografia dos Annales no Brasil (1950-1960). Dissertação de mestrado. Universidade Federal da Paraíba, 2011.

Anuário da Faculdade de Filosofia, Letras e Ciências Humanas, 1934-1935. São Paulo: 1935; *Anuário da Faculdade de Filosofia, Letras e Ciências Humanas*, 1936. São Paulo: 1937; *Anuário da Faculdade de Filosofia, Letras e Ciências Humanas*, 1937-1938. São Paulo: 1938; *Anuário da Faculdade de Filosofia, Ciências e Letras da USP. 1939-1949*, volume I e II. São Paulo: Seção de Publicações, 1953; *Anuário da Faculdade de Filosofia, Letras e Ciências Humanas, 1950*. São Paulo: Seção de Publicações, 1952; *Anuário da Faculdade de Filosofia, Letras e Ciências Humanas, 1952*. São Paulo: Seção de Publicações, 1954.

ARANTES, Paulo. *Um departamento francês de ultramar.* São Paulo: Paz e Terra, 1994.

ARRUDA, Maria Arminda do Nascimento. *Metrópole e cultura.* Bauru: Edusc, 2001.

ARRUDA, José Jobson do Nascimento. Alice Canabrava: história e mito. In: *Historiografia*: teoria e prática. São Paulo: Alameda, 2014.

BERR, Henri. Carta endereçada à *Revista de História*, na pessoa de Eurípedes Simões de Paula. Publicada como: FRANÇA, Eduardo D'Oliveira. Uma carta de Henri Berr. In: *Revista de História*, v. 5, n. 12, 1952, p. 445-447.

BOURDIEU, P. *Sociologie générale, v. 1.* Paris: Seuil, 2015.

______. *Sociologie générale, v. 2.* Paris: Seuil, 2016.

______. *Homo academicus.* Paris: Minuit, 1984.

______. *Meditações pascalianas.* Rio de Janeiro: Bertrand Brasil, 2001.

______. *A dominação masculina.* Rio de Janeiro: Bertrand Brasil, 2003.

______. *As regras da arte.* Lisboa: Presença, 1996.

BRAUDEL, Fernand. O ensino de História e suas diretrizes. In: *Anuário da FFCL-USP,* 1935.

______. Alice Piffer Canabrava, *Le développement de la culture du coton dans la Province de São Paulo, 1861-1875.* In: *Annales. Économies, Sociétés, Civilisations.* 7e année, n. 2, 1952, p. 258-259.

______. Du Potosi à Buenos Aires: une route clandestine de l`argent. Fin du XVI, début du XVII siècle. In: *Annales. Économies, sociétés, civilisations.* 3e année, n. 4, 1948, p. 546-550.

CANABRAVA, Alice Piffer. Entrevista: turma de 37 da USP faz festa. In: *O Estado de S. Paulo,* 15 mai. 1988.

______. Alice Canabrava: historiadora. In. BLAY, E. A.; LANG, A. B. *Mulheres na USP*: horizontes que se abrem. São Paulo: Humanitas, 2004.

______. Minhas reminiscências. In: *Economia aplicada.* São Paulo, v. 1, n. 1, 1997.

CANDIDO, Antonio. A revolução de 1930 e a cultura. *Novos Estudos*, n. 4, 1984.

CARDOSO, Fernando Henrique. Entrevista. In. BASTOS, *et. al.* Conversas com sociólogos brasileiros. São Paulo: 34, 2006.

CARDOSO, Irene. *A universidade da comunhão paulista.* São Paulo: Cortez, 1982.

COSTA, Aryana Lima. De um curso d'água a outro: memória e disciplinarização do saber histórico na formação dos primeiros professores no curso de História da USP. Tese de doutorado. Universidade Federal do Rio de Janeiro, 2018.

CHAMPAGNE, Patrick. Note sur quelques lectures du concept de champ. Actes de la recherche en sciences sociales, n. 200, 2013, p. 48-53.

CUNHA, Mario Wagner Vieira. Entrevista. In: *Tempo Social*, n. 2, nov. 2008.

ERBERELI Jr., Octavio. De preterida a preferida: considerações em torno da trajetória intelectual de Alice Piffer Canabrava (1935-1951). *História da Historiografia*, v. 1, 2016a, p. 97-115.

______. A Faculdade de Ciências Econômicas e Administrativas (FCEA) da Universidade de São Paulo e a escrita da história econômica de Alice Piffer Canabrava. *História Econômica & História de Empresas*, v. 19, 2016, p. 9-40.

ELIAS, Norbert; SCOTSON, John. *Os alemães*. Rio de Janeiro: Zahar, 1997.

______; ______. *Os estabelecidos e os outsiders. Sociologia das relações de poder a partir de uma pequena comunidade*. Rio de Janeiro: Zahar, 2000.

Faculdade de Economia e Administração de Empresas da Universidade de São Paulo (antiga FCEA). Site oficial: https://www.fea.usp.br/fea/pessoas/professores-emeritos (última consulta, 1 out. 2017).

FALCON, Francisco José Calanz. Memória e história. A fundação da ANPUH. *Anais do XXVI Simpósio Nacional de História. ANPUH*. São Paulo, julho de 2011.

FERREIRA, Marieta de Moraes. O ensino de História na Faculdade Nacional de Filosofia do Brasil. In: *Manguinhos. História, Ciência e Saúde*. Rio de Janeiro: Fiocruz, v. 19, n. 2, abr.-jun. 2012, p. 611-636.

FRANÇA, Eduardo D'Oliveira. Entrevista. In: FREITAS, S. M. Reminiscências. São Paulo: Maltese, 1993.

______. Em torno de Luís XIV. *Revista de História*, v. 3, n. 8, 1951, p. 345-364.

______. Considerações sobre a função cultural da História. *Revista de História*, v. 4, n. 8, 1951a, p. 253-268.

FRANZINI, Fabio. A universidade e os muitos caminhos da história. *História da historiografia*, n. 13, 2013, p. 252-259.

GINGRAS, Yves. Reflexivité et sociologie de la connaissance scientifique. In. PINTO, L.; SAPIRO, G.; CHAMPAGNE, P. (orgs). *Pierre Bourdieu, sociologue*. Paris: Fayard, 2004.

LIMONGI, Fernando. Mentores e clientelas da Universidade de São Paulo. In: MICELI, S. (org.). *História das Ciências Sociais no Brasil, v. 1*, São Paulo: Sumaré, 200.

LOPES, Luciana Suarez. As cartas e as fotos de Alice. *Economia &e história: relatos de pesquisa, informações FIPE*, mai. 2015.

MAUGUÉ, Jean. *Les dents agacées.* Paris: Buchet-Chastel, 1982.

MELLO E SOUZA, Gilda. *O espírito das roupas* [1950]. São Paulo: Companhia das Letras, 1987.

MICELI, Sergio. *Intelectuais à brasileira.* São Paulo: Companhia das Letras, 2001.

______. *História das Ciências Sociais no Brasil, v. 1.* São Paulo: Sumaré, 2001a.

______. *História das Ciências Sociais no Brasil, v. 2.* São Paulo: Sumaré, 1995.

NOVAIS, Fernando; MELLO, João Manuel Cardoso. Capitalismo tardio e sociabilidade moderna. In. SCHWARCZ, L. M. (org.). *História da vida privada no Brasil, v. 4.* São Paulo: Companhia das Letras, 1998.

PANTALEÃO, Olga. Olga Pantaleão: historiadora. In: BLAY, E. A.; LANG, A. B. *Mulheres na USP*: horizontes que se abrem. São Paulo: Humanitas, 2004.

PETITJEAN, Patrick. As missões universitárias francesas na criação da Universidade de São Paulo (1934-1940). In: HAMBURGUER, Amélia Império *et al.* (orgs.). *As ciências nas relações Brasil-França (1850-1950).* São Paulo: Edusp/Fapesp, 1996.

PINHEIRO, Dimitri. Jogo de damas: trajetórias de mulheres nas ciências sociais paulistas (1934-1969). *Cadernos Pagu*, n. 46, 2016, p. 165-196.

PONTES, Heloisa. *Destinos mistos*: os críticos do Grupo Clima em São Paulo, 1940-68. São Paulo: Companhia das Letras, 1998.

______. *Intérpretes da metrópole.* São Paulo: Edusp, 2010.

______. Crítica de cultura no feminino. *Mana* 14(2), 2008.

PRADO, Maria Lígia Coelho. *A democracia ilustrada. O Partido Democrático de São Paulo (1926-1934).* São Paulo: Ática, 1986.

______; CAPELATO, Maria Helena Rolim. *O bravo matutino. Imprensa e ideologia no jornal "O Estado de S. Paulo".* São Paulo: Alfa-Ômega, 1980.

PRATA, Mario. A máquina da Canabrava. *O Estado de S. Paulo*, 12 mar. 2004.

QUEIROZ, Maria Isaura Pereira. Noticiário. *Revista de História*, n. 6, 1951.

RODRIGUES, Lidiane Soares. A produção social do marxismo universitário em São Paulo: mestres, discípulos e "um seminário" (1958-1978). FFLCH--USP. Tese de Doutorado, 2011.

______. Armadilha à francesa: homens sem profissão. *História da historiografia*, n. 13, 2013, p. 85-103.

______. Leitores e leituras acadêmicas de Karl Marx (São Paulo, 1958-1964). *Intelligere, Revista de História Intelectual*, n. 1 [2], 2016, p. 1-19.

______. Um departamento municipal no ultramar francês: o cosmopolitismo de José Arthur Giannotti. *Campos,* v. 18, n. 1-2, 2017.

______. Rivalidades científicas e metropolitanas: São Paulo e Rio de Janeiro, Sociologia e Ciência Política. *Urbana*: urban affairs and public policy, v. XVIII, p. 71-9, 2017.

______. Paradigma indiciário a serviço da história da historiografia. In: MEDEIROS *et. al.* (org.). *Teoria e historiografia*: debates contemporâneos. São Paulo: Paco, 2015, p. 277-296.

ROIZ, Diogo. *Os caminhos (da escrita) da história e os descaminhos de seu ensino.* Curitiba: Appris, 2012.

SAES, Flavio. A obra de Alice Canabrava na Historiografia Brasileira. In: *A participação feminina na construção de novas disciplinas.* Rio de Janeiro: [s.n.], 1998.

SAPIRO, Gisèle. Le champ est-il national? La théorie de la différenciation sociale au prisme de l'histoire globale, *Actes de la recherche en sciences sociales,* v. 200, n. 5, 2013, p. 70-85.

SCHUMAHE, M. A. *Dicionário mulheres do Brasil*: de 1500 até a atualidade. Rio de Janeiro: Zahar, 2000.

SPIRANDELLI, Claudinei. *Trajetórias intelectuais: professoras do curso de Ciências Sociais da USP (1934-1969).* São Paulo: Humanitas, 2011.

SORÁ, Gustavo. *Brasilianas. José Olympio e a gênese do mercado editorial brasileiro.* São Paulo: Edusp, 2010.

SUPPO, Hugo. A política cultural da França no Brasil entre 1920 e 1940: o direito e o avesso das missões universitárias. *Revista de História,* n. 142, 2009.

3

A formação em história na UFRGS: a pesquisa histórica como elemento distintivo entre licenciatura e bacharelado (1943-1973)

Mara Cristina de Matos Rodrigues

Os cursos de História da Universidade Federal do Rio Grande do Sul (UFRGS) já foram objeto de minha dissertação de mestrado (Rodrigues, 2002) e de artigo anterior a este texto (Rodrigues, 2013).[1] Desta forma, neste momento delimito um recorte na trajetória deste objeto, já delineada em largos traços. Pretendo acompanhar e explorar mais detidamente as principais modificações nos currículos dos cursos de História da UFRGS enfocando a diferenciação que se estabeleceu entre licenciatura e bacharelado, especialmente a que se refere às disciplinas e práticas voltadas para a pesquisa. O período recortado para este percurso é o que vai desde o ano de 1943, quando foi implantado o curso de História na extinta Faculdade de Filosofia da antiga Universidade de Porto Alegre (UPA, de 1936-1947), depois Universidade do Rio Grande do Sul (URGS, de 1948-1951), ambas geridas pelo governo estadual, passando pelo ano de 1951, quando se criou a atual UFRGS, até 1973, quando se consolidou a Reforma Universitária de 1968, na vigência do novo Instituto de Filosofia e Ciências Humanas (1970). Em virtude do interesse específico na diferenciação entre licenciatura e bacharelado, atentarei para a distribuição de carga horária nos blocos de formação específica como as disciplinas pedagógicas e aquelas oferecidas somente para o bacharelado.

O período aqui tratado foi focalizado por compreender transformações significativas dos currículos dos cursos de licenciatura e bacharelado em

[1] Ferreira (2012:612) demonstra o quanto ainda são poucos os trabalhos de fôlego sobre os cursos de História no Brasil.

História, em especial as que resultaram da Reforma Universitária iniciada em 1968, algumas das quais tiveram (ou ainda têm) longa permanência no Brasil. Do ponto de vista das prescrições legais que determinam em larga medida a formação de professores de História, somente em 1996 a Lei de Diretrizes e Bases da Educação Nacional (LDB — Lei nº 9.394/96) traria algumas possibilidades de renovação, recentemente ampliadas, sobretudo com a Resolução do CNE/CP 2/2015, ainda no governo Dilma Rousseff, e com as discussões da Base Nacional Curricular Comum (BNCC), cuja trajetória lamentável antes e depois do golpe parlamentar, jurídico e midiático que derrubou a presidenta em 2016 não será abordada nos limites deste texto.[2] Contudo, mesmo que não seja possível entrar na discussão de normativas e embates mais recentes, é preciso compreender as escolhas e perspectivas aqui adotadas a partir de um olhar retrospectivo lançado a partir do presente. É a partir de um diagnóstico de necessidade de mudanças significativas nas concepções de História e das habilitações profissionais que dão suporte para as atuais grades curriculares da licenciatura e do bacharelado em História que se desdobra este artigo.

Além de situar a escrita deste texto em um momento histórico específico, é preciso refletir sobre a sua posição na trama de saberes e temporalidades em que ele se enreda. A conhecida e feliz afirmação de Ana Maria Monteiro e Fernando Penna (2011), que consideram o ensino de História como área de fronteira, pode ser apropriada aqui para definir a rede na qual se situa um estudo sobre os cursos de História. Trata-se de um problema no cruzamento entre uma área de conhecimento (História) considerada milenar, políticas públicas voltadas para a formação de professores tendo em vista sua atuação "aqui e agora" no ensino básico (LDBs, por exemplo, e as normativas daí decorrentes), sua prática efetiva em uma instituição também muito antiga (a universidade) com suas hierarquias, concorrências, tradições e rituais e sua

---

[2] No debate da BNCC discutiu-se mais alguns importantes elementos da formação do historiador e do professor de História além das prescrições das resoluções do CNE. A mencionada Resolução CNE/CP 02/2015 preocupou-se sobretudo com a distribuição das cargas horárias da formação pedagógica e "científica" do professor, deixando em aberto a configuração que se daria ao que comumente se denomina "conteúdos" do conhecimento histórico. Por outro lado, nas discussões do componente História da BNCC o foco recaiu sobre as concepções de História em suas relações com as identidades nacional, de gênero e raça, em uma fértil polêmica que acabou engolida por argumentos e articulações políticas conservadoras e autoritárias como as do grupo autodenominado "Escola sem partido".

inserção em dois campos de discussão e disputa política (Educação e História) que se relacionam com a legitimação e contestação de identidades e formas de convivência social (professor/a, educador/a, historiador/a, pesquisador/a). Mais do que fronteira entre duas áreas, trata-se de um objeto de estudo de múltiplas interfaces que dificilmente poderiam ser consideradas em conjunto de modo satisfatório. A delimitação que proponho, portanto, não tem a pretensão de contemplar todos os elementos e agentes implicados nesta discussão, mas sim de avançar em uma direção que possibilite a abertura de novos trabalhos sobre o assunto. Desta forma, a partir de uma experiência e um interesse particular nas áreas de teoria e metodologia da História e Historiografia e de ensino da História, bem como da documentação disponível nos arquivos do Museu da UFRGS, e sobretudo no Núcleo de Pesquisa Histórica (NPH) e no Instituto de Filosofia e Ciências Humanas (IFCH) da mesma universidade é que busco desenvolver esta análise.

1. Ênfase na formação de professores/as e precariedade do bacharelado (1943-1968)

História e Geografia eram áreas de conhecimento cobertas em conjunto nos cursos de bacharelado e licenciatura da Faculdade de Filosofia da Universidade de Porto Alegre de 1943 a 1956, conforme o Decreto federal nº 1.190, de 4.4.1939, que deu origem às Faculdades de Filosofia no Brasil. Somente em 1956, atendendo a uma prescrição legal (Decreto-Lei nº 2.594, de 8.9.1955) de caráter nacional, foram separadas as duas áreas em cursos distintos. Desde a década de 1930, as Faculdades de Filosofia, com seus cursos de licenciatura nas áreas das ciências (exatas e humanas), de letras e de filosofia, foram pensadas como centro do projeto universitário que se implantava no Brasil. Em que pese a existência dos cursos de bacharelado e licenciatura, e também a explicitação no texto legal da formação para cultura geral e "desinteressada" e da pesquisa como finalidades da implantação das Faculdades de Filosofia, prevalecia a noção e a prática de que estas instituições formariam sobretudo professores para o nível secundário de ensino. A Faculdade de Filosofia até a Reforma de 1968 era pensada como uma "Escola Normal Superior" (Rodrigues, 2002:179). Os debates da época com frequência mencionavam a nova instituição como aquela que continha o "espírito" mesmo da universidade, capaz de conferir unidade à fusão das antigas e tradicionais escolas do ensino superior (Schwartzman, 1979:175).

A seguir, serão examinados os currículos dos cursos licenciatura e bacharelado em História e Geografia (1943-1955), passando pela separação destas áreas que deu origem aos cursos de licenciatura e bacharelado em História, até a extinção da Faculdade de Filosofia da UFRGS (1956-1968/71).

Os cursos da Faculdade de Filosofia obedeciam ao esquema que ficou conhecido como 3+1: compreendiam três anos de formação em uma área de conhecimento, após os quais se recebia o título de bacharel, cursando-se posteriormente um ano de disciplinas voltadas para a formação pedagógica que habilitavam ao título de licenciado. Tendo em vista a disponibilidade de uma documentação bastante lacunar, ainda não é possível apurar se as disciplinas pedagógicas em 1968 seguiam sendo as mesmas desde 1943. O que se sabe é que, entre 1943 e 1957, de seis disciplinas cinco eram comuns a todas as licenciaturas: Didática Geral, Psicologia Educacional, Administração Escolar, Fundamentos Biológicos da Educação e Fundamentos Sociológicos da Educação. Uma delas era específica para cada curso: a Didática Especial.[3] Desta forma, atendendo a prescrições legais e a concepções pedagógicas em voga, adotava-se, na perspectiva de Saviani (2009:149), o *modelo dos conteúdos culturais-cognitivos* de formação de professores/as, isto é, considerava-se prioritário o domínio dos conteúdos culturais e cognitivos, em detrimento da formação específica para a atuação profissional.

E quanto ao bacharelado? Que modelo se adotava? Se concordarmos com a concepção compartilhada na época do bacharelado como o curso que habilitava a desenvolver a pesquisa histórica, talvez a definição de Saviani seja ainda mais adequada para este do que para a licenciatura, pois a ausência de problematização da metodologia de pesquisa destes campos de conhecimento impunha ao bacharel se contentar com o domínio de conteúdos mínimos de caráter cultural e das áreas de conhecimento da História (ou História e Geografia, entre 1943-1955), sem problematização de caráter teórico e metodológico desta(s) área(s) de conhecimento.

Ferreira (2015) demonstrou que a formação de professores/as era um dos importantes temas nos debates educacionais do final dos anos 1950, nos

[3] Na Faculdade Nacional de Filosofia, segundo o relatório apresentado por Maria Yedda Linhares (2010:168) sobre o curso de licenciatura em História nos anos que precederam a reforma universitária de 1968, as disciplinas eram muito semelhantes, com uma pequena variação: ao invés de duas disciplinas separadas em Fundamentos Biológicos e Fundamentos Sociológicos da Educação, o relatório menciona uma disciplina só com o nome Fundamentos Biológicos, Sociológicos e Filosóficos da Educação.

pródromos da LDB de 1961. No I Simpósio da ANPUH, em 1961, o relatório apresentado por Maria Yedda Linhares (2010) demonstra insatisfação de parte dos professores de História da Faculdade Nacional de Filosofia com o modelo nacionalmente adotado tanto para o curso de licenciatura quanto para o de bacharelado em História. Para ela, nem se formavam bacharéis aptos a ingressar em programas de pós-graduação (buscavam-se cursos no exterior), nem professores habilitados a lecionar nas reais condições da escola básica brasileira. As *didáticas*, em especial, foram objeto de crítica, por transporem artificialmente métodos e técnicas estrangeiras, sem conexão com a realidade brasileira, nem com a área de conhecimento cujo aprendizado deveriam facilitar. Por isso, as queixas dos professores do curso de História eram um pouco diferentes dos diagnósticos principais da área da Educação, que enfatizavam a necessidade de se antecipar as disciplinas pedagógicas para fases mais iniciais dos cursos de licenciatura. Segundo Linhares, não importava tanto o momento do curso em que as disciplinas pedagógicas eram ministradas, mas sim a melhoria na qualidade da formação dos professores na área de conhecimento da História nas universidades. Além disso, considerava fundamental uma maior integração entre esta e a formação pedagógica, que seria propiciada a partir da escolha de professores graduados em História para ministrar a disciplina de Didática especial.

O diagnóstico sobre a (má) qualidade da preparação pedagógica dos egressos dos cursos de História no Brasil apresentado naquele primeiro simpósio da ANPUH não contraria o que concluímos em pesquisa anterior sobre os principais objetivos da formação superior em História, em suas décadas iniciais, nas instituições que originaram a UFRGS. Quando comparadas as estruturas curriculares dos dois cursos (bacharelado e licenciatura) de forma articulada com a análise dos discursos e práticas dos gestores da Faculdade de Filosofia, confirma-se a ênfase desta instituição na formação de professores em detrimento do desenvolvimento da pesquisa histórica no estado até os anos 1970 (Rodrigues, 2002). Neste sentido, o que ressalta, como diagnosticavam os estudantes de História da Faculdade Nacional de Filosofia nos anos 1960, é uma absoluta ausência de disciplinas dedicadas a desenvolver as habilidades mais específicas do uso de fontes históricas, assim como de outros tópicos importantes da metodologia da pesquisa histórica, tanto no curso de bacharelado quanto no de licenciatura (Ferreira, 2015:156). As ações legais, políticas, ideológicas e pedagógicas da Faculdade de Filosofia — e de todos os cursos a ela vinculados, incluindo o de História — a definiram sobretudo como uma "Escola Normal Superior", em que pese constar na legislação que originou essas instituições universitárias a presença de objetivos ligados à pesquisa histórica ao lado de objetivos de formação de professores para o ensino secundário (Rodrigues, 2002:88). A ideologia do grupo católico, de forte influência na condução da URGS e da Faculdade de Filosofia naquele momento, também não pode ser ignorada.[4] Desta forma, em suma, pensava-se (e/ou praticava-se) que os cursos de História (e outros bacharelados e licenciaturas da Faculdade de Filosofia) poderiam formar suficientemente os professores e bacharéis sem que eles problematizassem a construção do conhecimento objeto de sua área de atuação.

2. A Reforma Universitária de 1968: a ênfase na pesquisa

Mesmo depois de rever a literatura especializada que enfatiza o caráter paradoxal da Reforma Universitária de 1968, chama atenção a relativa discrição da marca da ditadura na estrutura curricular que ela originou. Estão lá as disciplinas de Estudo dos Problemas Brasileiros I e II, mais conhecidas como "EPB", que constituem a maior evidência do autoritarismo do regime nos currículos da Reforma. Não obstante, para o leitor não iniciado na área, até os nomes destas disciplinas podem figurar como um esforço de construção de um conhecimento mais generalista, dentro de disciplinas "básicas" para a formação de qualquer universitário. Por outro lado, o caráter estrutural da Reforma ressalta o teor modernizante demandado pelo diagnóstico generalizado, entre grupos de esquerda e setores de direita. A estrutura de cátedras não dava mais conta de proporcionar o desenvolvimento de recursos humanos na sociedade dos anos 1960, de capitalismo bem mais avançado que o da década de 1930, quando se implementara o sistema universitário brasileiro em vigor. As análises que apontam a faceta modernizante da universidade nesse período assinalam também seu caráter paradoxal: de um lado, um governo extremamente autoritário busca fazer uma "operação limpeza" para expurgar e/ou disciplinar professores/as e estudantes resistentes ao regime que se impunha e, de outro, implementa a modernização longamente desejada,

[4] Sobre a força da ideologia do laicato conservador católico nesse período da Faculdade de Filosofia, ver Trindade (1982). Uma das estratégias adotadas pelo diretor da Faculdade de Filosofia para fazer valer essa orientação foi o convite feito a Everardo Beckheuser, eminente educador católico do Rio de Janeiro, para lecionar Didática Geral (Rodrigues, 2002:179).

flexibilizando a formação superior em moldes adequados à nova conjuntura social e econômica.[5]

No que tange ao currículo, para além da presença das disciplinas de EPB I e II, a faceta conservadora da Reforma também é verificável na velocidade de sua implementação. Ao contrário do longo processo de discussão que redundou na promulgação das LDBs de 1961 e de 1996, elaboradas na vigência de regimes políticos democráticos, a Reforma Universitária de 1968, mesmo que baseando-se na LDB de 1961, impôs-se rapidamente, de cima para baixo. Após o golpe de estado, logo no ano seguinte estabeleceu-se a carga horária dos cursos de graduação a partir da Portaria MEC 159/65, que prescrevia um mínimo de 2.700 horas para o curso de História. Em 1968, em resposta à crise desencadeada pelas greves e mobilizações estudantis, veio a Lei nº 5.540, que garantiu as mudanças mais significativas na estrutura universitária, como o fim das cátedras, a fragmentação da Faculdade de Filosofia em Institutos e Departamentos. Em seguida, de 1969 a 1971, vieram as resoluções do Conselho Federal de Educação (CFE), que implementaram finalmente as novas estruturas curriculares. Quem acompanhou os desdobramentos das reformas dos cursos de licenciatura a partir da LDB de 1996, cuja implementação na UFRGS deu-se somente a partir de 2004, e os debates da BNCC no presente, pode compreender o quanto a elaboração e implementação dessas medidas foi rápida considerando-se que a tecnologia naqueles anos era a da máquina de escrever, do papel carbono, do mimeógrafo, e que as comunicações se davam no ritmo de entregas postais e telégrafo (muito longe da velocidade proporcionada pela internet).

A faceta modernizante da Reforma nos currículos era visível sobretudo na sua flexibilização e semestralização e no aumento da distinção entre a formação para a licenciatura e a formação para pesquisa no bacharelado. Neste sentido, assim como no caso da extinção das cátedras, a Reforma atendia a antigas demandas estudantis e de docentes e intelectuais que desejavam ver

---

[5] O paradoxo modernização/autoritarismo foi assinalado por Germano (1992:136), Fávero (2006) e Motta (2014). Do lado do autoritarismo, verifica-se que a intervenção do regime militar nas universidades brasileiras após o golpe de 1964 contava tanto com ações mais ostensivas, de invasão das polícias militares, como ocorreu em Brasília, quanto com outras mais discretas visando a manutenção de uma atmosfera mais próxima da "normalidade" (Mansan, 2009; Motta, 2014). Quanto à modernização, além das ações referentes à extinção das cátedras e a consequente departamentalização das universidades, ressalta o seu estímulo à privatização do ensino superior, a instituição do vestibular unificado e classificatório, a indissociação entre ensino e pesquisa e a instituição dos cursos de pós-graduação no país (Sousa, 2008).

a universidade mais flexível e menos hierarquizada, ao menos no que tange à sua estrutura interna.

Já foi mencionado o difícil acesso à série completa das normatizações elaboradas no CFE desde a LDB de 1961. Soma-se a essa dificuldade a dissociação entre as Faculdades de Filosofia e de Educação pelo Decreto-Lei nº 53 de 1966, que resultou, por sua vez, em uma dissociação dos registros de oferecimento de disciplinas, bem como de sua guarda. Sendo assim, os documentos disponíveis no IFCH poucas vezes explicitam grades de horários nas quais constam as disciplinas da Faculdade de Educação (FACED) oferecidas para o curso de História. Consequentemente, sabe-se somente que em 1968 consta como 20 o número obrigatório de créditos da formação pedagógica, em um total de 150. Há referências que mencionam o Parecer CFE 292/62 como aquele que fixa as disciplinas pedagógicas, bem como o Parecer CFE 672/69 e a Resolução 9/69, como os que prescreveram que elas deveriam totalizar 1/8 das horas obrigatórias de trabalho nas licenciaturas voltadas para o ensino secundário (deve-se mencionar aqui a existência, nesse período, de licenciaturas curtas voltadas para o ensino de fundamental, nunca implementadas na UFRGS).[6] No ano de 1973, aparecem currículos de licenciatura e bacharelado em História da UFRGS com uma configuração claramente modificada pela Reforma de 1968.[7] Em documentos bastante completos, com as grades das disciplinas e suas cargas horárias, verificamos a divisão dos currículos, no formato indicado pela Lei nº 5.540/68, em três partes: "primeiro ciclo", de formação uniforme para vários cursos, com carga horária fixada em 330 horas. Além deste, havia a segunda parte, o "ciclo básico", com disciplinas obrigatórias e opcionais, e a terceira parte, ou o "ciclo especial", cujas cargas horárias e características variavam bastante entre licenciatura e bacharelado. Neste texto me ocuparei apenas da segunda e terceira partes, especialmente do ciclo especial.

---

[6] Essas informações foram extraídas do histórico das reformas de currículo das licenciaturas, apresentado no Parecer CNE 28/2001 (p. 3-4). A definição da duração e da carga horária dos cursos de licenciatura foi objeto de várias normativas, desde a já mencionada de 1962 até estabilizar-se na Resolução CFE 1/72 e pela Indicação CFE 22/73, que fixava entre três e seis anos a duração das licenciaturas com cargas horárias variáveis entre 2.200 e 2.500 horas, respeitados os 180 dias letivos, estágio e prática de ensino.

[7] Uma grade curricular da licenciatura em Filosofia da UFRGS em 1971 já aponta a presença de várias disciplinas pedagógicas da grade de 1973. É bastante provável, portanto, por esta grade de outro curso do mesmo IFCH e pelas informações disponíveis na legislação, que a licenciatura em História também já tenha inserido em 1971 novas disciplinas da formação pedagógica.

O primeiro ciclo era o mesmo para licenciatura e bacharelado em História. Da mesma forma, a segunda parte seguia sendo compartilhada pelos cursos de licenciatura e bacharelado, sem distinção do caráter das disciplinas, com 1.380 horas obrigatórias (92 créditos) de responsabilidade do Departamento de História e 120 horas (8 créditos) oferecidas pelo Departamento de Ciências Sociais (Antropologia I e II). Em 1973, disciplinas como História do Brasil e História da América perderam 90 horas (6 créditos) de sua carga horária em relação ao currículo praticado em 1968 (ver Anexo).

Os currículos dos dois cursos se distinguem no número de horas de disciplinas opcionais e, principalmente, no caráter das disciplinas do ciclo especial. Tratando primeiramente do caso da licenciatura, verifica-se que o ciclo especial, da formação profissional, era constituído de 480 horas (32 créditos) de formação pedagógica. A comparação entre os currículos de 1968 e 1973 para a formação específica do licenciado permite perceber a preocupação de inserir disciplinas pedagógicas antes do final do curso, ao encontro de expectativas manifestas nos debates da LDB de 1961. A configuração do currículo adotado em 1973 está longe daquela atualmente implantada (LDB de 1996), em que a formação mais específica das habilidades e problemáticas da docência começa a ser feita bem no início dos cursos de licenciatura. Contudo, comparando-se com o currículo praticado de 1943 a 1968, tratava-se de uma mudança significativa. Insinuava-se aqui a ruptura com o velho esquema "3+1", pois as disciplinas pedagógicas, antes situadas em bloco e no final de um curso de bacharelado, no novo currículo começavam no terceiro dos quatro anos de curso. No quinto semestre da licenciatura os alunos deviam cursar duas disciplinas de três créditos cada, sendo que uma delas podia ser escolhida entre Psicopedagogia do Desenvolvimento Individual ou Psicopedagogia do Adolescente e a outra era a Evolução da Escola Brasileira. No sexto semestre, havia a disciplina obrigatória de Estrutura e Funcionamento do Ensino de I e II Grau, com quatro créditos, e se podia novamente optar entre duas possibilidades, Psicologia da Aprendizagem e Psicologia do Ensino, ambas com três créditos. Nessa etapa do curso se deveria cursar ainda uma terceira disciplina pedagógica de três créditos, dessa vez de livre escolha. A possibilidade de optar entre um elenco de disciplinas era uma das questões que a nova legislação buscava contemplar no intuito de flexibilizar o curso. Essa iniciativa se associava ao aumento de créditos opcionais naqueles que deveriam ser cumpridos ao longo do curso: de um total de 2.880 horas, os licenciandos podiam cursar mais ou menos 600 (em torno de 40 créditos) em disciplinas eletivas e facultativas, sendo que uma delas teria três créditos e seria oferecida pela Faculdade de Educação, e as demais seriam oferecidas não apenas pelo Departamento de História, mas também por outros departamentos da universidade, como os de Ciências Sociais e de Economia.

Ainda no currículo de 1973, consta a obrigatoriedade de Didática I no sétimo semestre e Didática II no oitavo, com respectivamente quatro e dois créditos. No oitavo semestre, o último previsto para o curso, também deveria ser feito o Estágio Supervisionado. Foram localizados dois programas de Prática de Ensino de História, datados de 1970 e de 1964, que tinham registrado no cabeçalho ou no final "Instituto de Filosofia e Ciências Humanas". São as únicas referências que vinculam Prática de Ensino ao Departamento de História do IFCH. Não está claro quem era responsável pelo estágio, mas tudo indica que ele sempre ficou a cargo da Faculdade de Educação, já que o arquivo do IFCH também inclui alguns programas da disciplina de Didática, e ambos jamais constaram nos documentos que se referem às distribuições de tarefas do Departamento de História.

A nova formação pedagógica, em suma, matizava o formato 3+1, mas seguia desconectada da formação histórica, oferecida por instituição à parte, cujo distanciamento só aumentaria com a ampliação da distância geográfica entre a FACED, que permanece até hoje no Campus Central, e o IFCH, que em 1977 seria transferido, juntamente com o Instituto de Letras, para o novo Campus do Vale, em torno de 12km distante do centro da cidade. Como não tive acesso até o momento à documentação produzida pela FACED, não é possível dizer se, à época, os/as docentes responsáveis por uma das didáticas e pelo estágio supervisionado eram formados/as na área de História, como demandavam os/as professores/as reunidos/as na ANPUH em 1961.

O curso de bacharelado, após a consolidação da Reforma de 1968, também sofreu modificações substanciais no seu ciclo especial observando-se um aumento significativo de disciplinas, todas oferecidas pelo Departamento de História, e uma diferenciação bem mais clara em relação à licenciatura do que no período anterior. Em que pese compartilharem boa parte da formação histórica, o bacharelado foi dotado de uma característica acentuada para a pesquisa histórica, tal como demandava o documento lido por Maria Yedda Linhares (2010) na ANPUH de 1961. É difícil saber se o modelo adotado pela UFRGS atendia a uma prescrição geral para os cursos no Brasil ou se ele se tratava de um modelo peculiar dessa universidade. Em linhas gerais, pode-se afirmar que, no que tange à almejada flexibilização dos cursos, os bacharelandos em

História tinham possibilidades de escolha proporcionais às dos licenciandos, pois podiam cursar 330 horas (22 créditos) em disciplinas eletivas, em um número total de 2.505 horas (ou 167 créditos), perfazendo portanto uma carga horária menor do que a exigida para as licenciaturas. Contudo, deviam incluir algumas escolhas mais dirigidas no seu elenco de disciplinas optativas.

Entre as disciplinas do ciclo especial (315 horas ou 22 créditos), isto é, aquele que conferia identidade ao bacharelado, havia duas Técnicas de Pesquisa Histórica (I e II), de dois créditos cada uma, também inseridas a partir do quinto semestre do curso, mais a Dissertação, com cinco créditos, no último semestre. Mas a especificidade do bacharelado era constituída igualmente a partir dos Seminários que constavam na lista de disciplinas opcionais, encadeados por pré-requisitos. Sendo assim, tal como acontecia no Rio de Janeiro antes mesmo de 1968, a adoção de disciplinas no formato de seminários buscava renovar a formação do bacharel. O subtítulo de uma grade curricular que precede a lista de seminários oferecidos revela outra estratégia adotada: "Disciplinas Opcionais: 180 horas. Obs.: O aluno deverá cursar quatro (seminários). Obedecidos os pré-requisitos". Desta forma, podia-se optar por quatro disciplinas de 45 horas (três créditos) cada uma, a serem cursadas em duas das sete áreas de estudos definidas conforme a delimitação geográfica e cultural, disciplinar ou temática: Seminário de História Econômica do Brasil (I e II), Seminário de História Social do Brasil (I e II), Seminário de História da América Latina (I e II), Seminário de História da América Anglo-Saxônica (I e II), Seminário de História das Relações Internacionais (I e II), Seminário de História Econômica Geral (I e II) e Seminário de História das Religiões (I e II). Somente um destes blocos de duas disciplinas era oferecido em 1972 por uma professora mais antiga na casa. Os demais eram lecionados por jovens professoras, a maioria ainda em um degrau inferior na hierarquia da universidade, o de "Auxiliar de Ensino". Nos anos seguintes elas estariam entre as protagonistas da implementação dos cursos de especialização (final da década de 1970 até início da década de 1980) que precederam o mestrado em História na UFRGS (1986).[8] O uso exclusivo do feminino não é casual. Em 1972, somente mulheres ofereceram seminários de bacharelado.

---

[8] A professora mais antiga na casa que oferecia seminários em 1972 era Stella Ribeiro Maya. Helga Piccolo, também mais antiga na casa, estaria posteriormente entre os docentes do curso de especialização, como coordenadora. As demais professoras do curso de especialização, Sandra Pesavento, Silvia Petersen, Loiva Felix, Susana Bleil, Heloísa Reichel, entre outros, eram todas jovens professoras auxiliares. Ainda está por ser escrita esta história das mulheres que inventaram a pesquisa histórica na UFRGS.

Dessa forma, tanto pela configuração do currículo de bacharelado quanto pela forte presença de práticas intelectuais de uma nova geração, sobretudo de professoras, pode-se afirmar o forte direcionamento desse curso para a pesquisa histórica. Os dois cursos de História renovavam significativamente sua formação "especial", estabelecendo-se contudo uma dicotomia entre os currículos adotados após a Reforma de 1968: uma licenciatura que não precisava praticar a pesquisa histórica, e um bacharelado para o qual a competência da pesquisa se configurava como "especialidade" a ser desenvolvida nos graduandos. Esse curso tornava-se uma espécie de propedêutica para os cursos de pós-graduação em História, em vias de implantação na UFRGS, e parece ter desempenhado um papel não negligenciável para o desenvolvimento da pesquisa histórica nessa universidade. Dessa forma, ressalta-se que nesse domínio nem tudo *começa* com a implantação da pós-graduação (a partir do Plano Nacional instituído em 1974), e que se deve dar maior atenção a processos desenvolvidos nos próprios cursos de graduação. Nesse sentido, embora não se situe no campo específico da formação do bacharel, outra contribuição menos lembrada e prestigiada no presente foi a inserção em ambos os currículos da disciplina História do Rio Grande do Sul, no ano de 1971. Esse acontecimento foi comemorado pelo seu principal promotor, um representante da então velha-guarda dos professores, como um marco na pesquisa histórica local. De forma associada a essa mudança curricular, o mesmo Dante de Laytano, ex-professor catedrático de História do Brasil, empreendeu a criação do Gabinete de Pesquisa Histórica do Rio Grande do Sul (GPHRGS), ao qual estavam integrados/as, além da professora Helga Piccolo, de uma geração intermediária, vários professores/as recém-ingressados na casa: Silvia Petersen, Sandra Pesavento, Maria Luiza Martini (*Boletim GPHRGS*, 1973, n. 2, p. 2). Embora a liderança de Laytano, em função de sua proximidade geracional e metodológica com a pesquisa desenvolvida no IHGRS, possa ser considerada potencialmente como um fardo para os/as jovens docentes que ingressavam no departamento, o Gabinete parece ter propiciado o desenvolvimento de algumas atividades de pesquisa, pois sediou acervos de documentos e implementou uma pequena publicação que durou até os anos 1980. O atual Núcleo de Pesquisa Histórica (NPH-UFRGS) herdaria parte de seu acervo.[9]

---

[9] A trajetória do GPHRGS foi traçada em largas pinceladas em Rodrigues (2013:130).

3. A estabilidade de algumas concepções de História nos currículos da licenciatura e bacharelado e a ênfase na pesquisa (1943-1973)

O currículo do curso de História e Geografia, até 1955, compreendia um total de 14 disciplinas de conhecimento histórico e geográfico e seis disciplinas para formação pedagógica. Esse número se dividia equilibradamente entre as duas áreas: cinco disciplinas do núcleo cultural e cognitivo eram específicas da área de Geografia (duas Geografias Físicas, duas Geografias Humanas, e uma Geografia do Brasil) e seis da área de História (História da Antiguidade e Idade Média, História Moderna, duas Histórias do Brasil, História Contemporânea, História da América). Após a segmentação do curso, quatro disciplinas permaneceram comuns aos dois currículos (uma Geografia Humana, uma Antropologia, uma Etnografia, e uma Etnografia do Brasil — que, no caso do curso de História, incluía "Noções de Língua Tupi").[10]

A junção das áreas de História e Geografia não era novidade, pois se tinha precedentes nos institutos históricos e geográficos que atuavam no Brasil desde o século XIX até aquele momento. Mas mesmo nessas academias ilustradas as pesquisas se desenvolviam de maneira cada vez mais especializada. Aquela contiguidade entre História e Geografia, portanto, poderia parecer aos pesquisadores/as do presente um desdobramento anacrônico do ideal de construção de uma identidade comum onde coincidisse um "caráter" nacional homogêneo, forjado na unificação imaginária do território como condição prévia para a unidade política (Cezar, 2005:82).[11] Contudo, de acordo com Machado (2000:131-133), os intelectuais cariocas envolvidos com a área de Geografia da Universidade do Distrito Federal (1935) e da Universidade do Brasil (1939) mantinham o ideal de conferir "uma perspectiva territorial para a nova nacionalidade brasileira", em uma chave atualizada pelas correntes francesas vidalinas.[12] Concepção, como visto, já não mais potente o suficiente para permanecer estruturando os currículos de formação de professores/as secundários em meados do século XX. A separação dos cursos a partir de

---

[10] Sobre o currículo dos cursos de Geografia e História, ver também Roiz (2012:59-80), Ferreira (2012) e Aranha (2017).

[11] O título do artigo de Cezar (2005:79), "fortemente inspirado no livro de Yves Lacoste", enuncia claramente o que almejava o estudo da Geografia no Brasil oitocentista: "a geografia servia, antes de tudo, para unificar o império".

[12] Na implantação do curso de Geografia e História envolveram-se os pioneiros entusiastas Pierre Desffontaines e Lucien Febvre (Machado, 2000:131).

1955 aponta, portanto, para uma especialização dessas áreas de conhecimento já em andamento.[13] Conforme Cezar (2005:80), a relação da História com a Geografia desde o século XIX era "marcada pela ambiguidade (ora disciplina auxiliar, ora saber independente)".

A partir de 1956, os cursos de licenciatura e bacharelado em História ficaram com um total de 13 disciplinas dessa área de conhecimento. Foram excluídas quatro disciplinas da área de Geografia, mantendo-se quatro em comum, já mencionadas, e acrescentando-se quatro novas disciplinas de conhecimentos histórico: Introdução aos Estudos Históricos, Arqueologia e Pré-História, História da América e Etnografia do Brasil e Noções de Língua Tupi. Em que pese a especialização proporcionada pela separação da Geografia, não há grandes modificações nos nomes das disciplinas lecionadas e na estrutura geral do currículo. Na documentação de 1968, verificamos que o número total de créditos do curso de licenciatura em História era 150, sendo 84 deles (1.260 horas) de disciplinas obrigatórias ministradas pelo Departamento de História, e 16 (240 horas) de disciplinas do Departamento de Ciências Sociais: Etnografia e Antropologia.

Em relação às disciplinas oferecidas pelo Departamento de História, é possível saber que no ano de 1968 duas delas tiveram carga horária ampliada: História da América e História Moderna. Outra novidade é o registro de uma disciplina até então ausente dos currículos analisados: Filosofia da História. Ela consta em documentos que listam as disciplinas oferecidas pelo Departamento de História, com as respectivas cargas horárias, e com uma anotação significativa a lápis, entre parênteses, ao lado do seu nome: Teoria da História. É a primeira aparição desta denominação que a partir de 1971 substitui definitivamente a anterior. Suas cargas horárias são semelhantes, sempre menores que as das disciplinas de "conteúdos".

Ainda no ano de 1968, para o qual se dispõe de informações mais completas, verifica-se que as disciplinas de História Antiga e História Contemporânea tinham carga horária de 12 créditos cada, e as de História da América e História do Brasil, 10 créditos cada. Outras sete disciplinas tinham 8 créditos, enquanto as de menor carga horária entre as obrigatórias, excetuando-se as da formação

[13] A recente tese de Patrícia Aranha (2017:104-106), contudo, nos serve de advertência quanto à cautela necessária para interpretar as motivações de historiadores/as e professores/as de História a respeito dessa divisão dos cursos. Conforme a autora, a iniciativa partiu sobretudo do campo da Geografia, sem que houvesse nenhum movimento mais explícito nesse sentido no campo da História.

pedagógica, eram Pré-história e Filosofia/Teoria da História, com 6 créditos cada. O acréscimo verificado nas horas-aula de diferentes disciplinas da área de História, já assinalado em trabalho anterior (Rodrigues, 2013:134), deve ser pensado com cautela.[14] Ele pode ser considerado, a princípio, como valorização das histórias americana e brasileira fazendo frente ao eurocentrismo e sua divisão quadripartite do tempo histórico, contudo, também pode ser indício do crescimento de prestígio e poder de alguns professores/as, hierarquizados/as de acordo com o sistema de poder verticalizado de cátedras.[15] Desta forma, o aumento da carga horária específica da área não modificou sensivelmente as concepções de história que sustentaram os currículos praticados desde a implantação da Faculdade de Filosofia até a sua extinção na Reforma Universitária de 1968. Neste sentido, inclusive por estar submetido a legislação e intenso debate de caráter *nacional*, a situação dos cursos não diferiu muito do que apontou Marieta Ferreira (2015:145) para o caso da Faculdade Nacional de Filosofia: "predominava uma concepção de história política, destinada a reforçar os laços de identidade nacional brasileira por meio da ênfase na unidade nacional e no papel dos grandes heróis como construtores da nação".

A estrutura geral do núcleo de disciplinas históricas do currículo de 1973, comum entre os cursos de licenciatura e bacharelado, permanece fortemente eurocêntrica e ocidentalizante, já que a abertura que se insinuava antes de 1968, com ampliação da carga horária das histórias da América e do Brasil, retrocedeu bastante com a Reforma Universitária. A maior parte das disciplinas era recortada pela delimitação geopolítica e cultural da Europa, na tradicional periodização quadripartite. Eram oferecidas disciplinas eletivas de História do Extremo Oriente e História da Ásia, principalmente a partir do final dos anos 1960. As Histórias Contemporânea I e II contemplavam tópicos

[14] No artigo escrito para a revista *História da historiografia* em 2013, acentuei o significado deste aumento da carga horária de determinadas disciplinas, pois utilizei uma lista de disciplinas oferecidas pelo Departamento de História em 1971, considerando-a resultante da Reforma Universitária de 1968. Contudo, ao tomar as disciplinas oferecidas em 1973, dentro de uma formatação mais claramente prescrita pela Reforma, penso que os currículos de 1971 e de 1972 podem ser considerados como provisórios no processo de implantação da Reforma. Em 1972 permanece o oferecimento de disciplinas com denominação e carga horária antiga, mas já se introduzem disciplinas novas. Além disso, há um documento mimeografado, já bastante apagado, onde ainda se consegue ler: "adaptações ao currículo de licenciatura [ilegível] a vigorar em 1972". É por este motivo que neste texto preferi comparar os currículos de 1968 e 1973 como representativos respectivamente de um "antes" e um "depois" da Reforma Universitária.

[15] Sobre o regime de cátedras no Brasil, ver Fávero (2000).

em História da África, mas essas exceções à fórmula geral eram insuficientes para romper com a perspectiva ocidentalizante. Desta forma, pode-se aqui invocar o mesmo diagnóstico de Petronilha Beatriz Gonçalves e Silva sobre a concepção racializada de nação que persiste nos currículos anteriores às Leis nº 10.639/03 e nº 11.645/08, que introduziram a obrigatoriedade do ensino de História das culturas afro-brasileira, africana e indígena, e sobre o efeito que ela produz ao se instalar nas escolas e universidades: "Fortalecida por políticas desta natureza, se estabelece, no Brasil, a branquitude como norma inquestionável, da mesma maneira que em outras sociedades que tentam se universalizar como brancas e, portanto, herdeiras do mundo ocidental europeu" (Silva, 2007:491).

Além da permanência dessa característica estrutural, comum a escolas e universidades de todo o país, igualmente não se poderia esperar que problemáticas de gênero, por exemplo, fossem contempladas nos currículos ou nos programas das disciplinas. Por outro lado, embora não se tenha encontrado os programas dos *Seminários* do bacharelado, é possível afirmar, pelos títulos que foram adotados e pelas súmulas consultadas para o ano de 1972, que eles introduzem novas possibilidades, ao contemplar a constituição de áreas geográficas e delimitações culturais diferentes das europeias, como "América Latina" e "América Anglo-saxã", e pensar em recortes temáticos, como a "História das Religiões", e abordagens que estavam em voga naquele contexto, como "História Econômica Geral e do Brasil" e "História Social do Brasil". A contestação do modelo da História Política *événementielle*, enfatizando-se processos históricos coletivos, no lugar de grandes feitos de indivíduos, pode estar por trás destas modificações, como também sugere o depoimento de Eremildo Vianna em 1961 (Vianna, 2010:144). Contudo, não é demais relembrar que essa formação não era direcionada aos futuros professores de história, mas somente aos futuros bacharéis. Mesmo que os professores dos seminários também atuassem na licenciatura, considerando-se o menor espaço que a nova geração tinha na licenciatura em relação ao bacharelado, é possível afirmar que a promessa de renovação das concepções de História, com os limites característicos daquele período histórico, se colocava na pesquisa, portanto, muito mais do que no ensino de História na educação básica.

Para finalizar, os currículos seguiam não apenas organizados de forma cronológica, como agora se viam amarrados com pré-requisitos que impunham esse sequenciamento. O desenho da grade e as listas dos conteúdos programáticos disponíveis para os anos 1960 e 1970 são indícios que fundamentam estas afirmações, mas são ainda lacunares, pois sabe-se que muitas vezes esses documentos podem ter servido a fins meramente burocráticos. Contudo, é importante considerar que a existência de pré-requisitos para as disciplinas ordenadas de forma cronológica reforçava a ideia de uma continuidade progressiva da História.

Considerações finais

Em que pesem os reconhecidos limites deste trabalho, situado na fronteira multifacetada de diversas áreas de conhecimento e abordagens, ao final deste percurso foi possível aprender um pouco mais sobre a importância de se atentar para o desenvolvimento da pesquisa nas universidades a partir da investigação de práticas adotadas nos cursos de graduação e não somente enfocando os cursos de pós-graduação.[16] No caso da UFRGS, as distinções entre licenciatura e bacharelado orbitavam em torno de uma concepção que segmentava o ensino da pesquisa histórica, que finalmente se aproximava do cotidiano da universidade. Quer tenham sido implantados por força de lei, quer tenham sido produzidos pela diligência de professoras/es — agentes importantes neste processo — alguns mecanismos, estratégias e possibilidades da pesquisa histórica se modificaram e se desenvolveram neste período no Brasil.

Por outro lado, no que tange à formação pedagógica dos/as licenciandos/as em História, ela se voltava naquele momento, como atualmente se faz, somente para o ensino básico. Aprofundava-se (ou inaugurava-se?) então a tendência conforme a qual aquele/a que buscava atuar na docência em ensino "superior" devia se especializar em pesquisa, enquanto quem se formava para atuar no ensino básico devia dirigir sua formação especial para a docência. Hoje, em tese, essas fronteiras estão cada vez menos marcadas. Espera-se que a educação no ensino básico se aproxime cada vez mais da pesquisa e da produção de conhecimento não apenas da área da educação, mas também

[16] Já destaquei anteriormente a necessidade de se reavaliar o papel da universidade dos anos 1940 aos 1960 no Brasil: "a pressa com que passamos em nossas avaliações diretamente da proeminência dos institutos históricos à dos programas de pós-graduação reduz toda a experiência universitária dos anos 1940 ao início dos anos 1970 a um 'período de transição' do qual muitas vezes só conseguimos lembrar (e não devemos mesmo esquecer) o trauma dos expurgos na fase inicial da ditadura militar" (Rodrigues, 2013:123). Da mesma forma, Ferreira (2015:157) assinala a necessidade de se "reavaliar as contribuições dos debates travados nos anos anteriores à institucionalização da pós-graduação no país".

da área da História. Por outro lado, espera-se que o docente-pesquisador que trabalha nas universidades se reconheça cada vez mais como *professor* e compreenda suas práticas de pesquisa e ensino "superior" como estreitamente relacionadas com a educação básica.

Referências

ARANHA, Patrícia Marinho. *Geografia como profissão:* campo, auto-representação e historiografia (1934-1955). Tese. PPGHS — IH — UFRJ. Rio de Janeiro, 2017.

BOLETIM do Gabinete de Pesquisa Histórica do Rio Grande do Sul, 1973, n. 2.

CEZAR, Temístocles. A geografia servia, antes de tudo, para unificar o Império. Escrita da história e saber geográfico no Brasil oitocentista. *Agora*, Santa Cruz do Sul, v. 11, n. 1, p. 79-99, jan.-jun. 2005.

FÁVERO, Maria de Lourdes de Albuquerque. Vinte e cinco anos de reforma universitária: um balanço. In: MOROSINI, M. C. (org.). *Universidade no Mercosul.* São Paulo: Cortez, 1994, p. 149-177.

______. Da cátedra universitária ao departamento: subsídios para discussão. *ANPED, 23ª reunião anual.* Caxambu, MG, set. 2000, http://23reuniao.anped.org.br/textos/1118t.PDF. Acesso em: 5 abr. 2017.

______. A Universidade do Brasil: das origens à Reforma Universitária de 1968. *Educar,* n. 28, Curitiba: Ed. UFPR, 2006, p. 17-36.

FERREIRA, Marieta de Moraes. Notas sobre a institucionalização dos cursos universitários de História no Rio de Janeiro. In: GUIMARÃES, Manoel Salgado (org.). *Estudos sobre a escrita da história.* Rio de Janeiro, 7 Letras, 2006, p. 139-161.

______. O ensino de História na Faculdade Nacional de Filosofia. *História, Ciências, Saúde — Manguinhos,* Rio de Janeiro, v. 19, n. 2, abr.-jun. 2012, p. 611-636.

______. Por um novo ensino de História: os desafios dos anos 1950-60. In: ROCHA, Helenice; MAGALHÃES, Marcelo; GONTIJO, Rebeca (orgs). *O ensino de História em questão: cultura histórica, usos do passado.* Rio de Janeiro: FGV Editora, 2015, p. 141-162.

GERMANO, José Willington. *Estado militar e educação no Brasil (1964-1985).* São Paulo: Cortez Ed.; Ed. UNICAMP, 1992.

LINHARES, Maria Yedda. O lugar das disciplinas pedagógicas no currículo de História. *Anais do I simpósio de professores do ensino superior em 1961.*

ANPUH, 2010, p. 161-187. Disponível em http://anais.anpuh.org/wp--content/uploads/ANPUH.S01.pdf. Acesso em: 15 abr. 2017.

MACHADO, Monica Sampaio. A implantação da geografia universitária no Rio de Janeiro. *GEOgraphia*, Ano II, n. 3, 2000, p. 123-140.

MENDONÇA, Ana Waleska Pollo Campos. Formar o "magistério nacional": as políticas do INEP/MEC nos anos 1950/1960. *Cadernos de História da Educação*, n. 7, jan.-dez. 2008, p. 13-28.

MONTEIRO, Ana Maria Ferreira da Costa; PENNA, Fernando Araújo. Ensino de História: saberes em lugar de fronteira. *Educação e realidade*, Porto Alegre, v. 36, n. 1, p. 191-211, jan.-abr. 2011.

RODRIGUES, Mara Cristina de Matos. *A institucionalização da formação superior em História*: o curso de Geografia e História na UPA/URGS — 1943 a 1950. Diss. PPGH-IFCH-UFRGS. Porto Alegre: 2002.

______. O papel da universidade no "campo da História": o curso de Geografia e História da UPA/URGS na década de 1940. *Métis*: História e Cultura, v. 1, n. 2, Caxias do Sul, 2002, p. 75-102.

______. A formação superior em História na UPA/URGS/UFRGS de 1943-1971. *História da Historiografia*, Ouro Preto, n. 11, abr. 2013, p. 122-139.

ROIZ, Diogo da Silva. *Os caminhos (da escrita) da História e os descaminhos de seu ensino*: a institucionalização do ensino universitário de História na Faculdade de Filosofia, Ciências e Letras da Universidade de São Paulo (1934-1968). Curitiba: Appris, 2012, p. 59-80.

SAVIANI, Demerval. Formação de professores: aspectos históricos e teóricos do problema no contexto brasileiro. *Revista brasileira de educação*, v. 14, n. 40, jan.-abr. 2009, p. 143-155.

SCHWARTZMAN, Simon. *Formação da Comunidade Científica no Brasil*. São Paulo: Ed. Nacional, Rio de Janeiro: FINEP, 1979, p. 163-214.

SILVA, Pery Pinto Diniz da; SOARES, Mozart Pereira. *Memória da Universidade Federal do Rio Grande do Sul: 1934 — 1964*. Porto Alegre: UFRGS, 1992.

SILVA, Petronilha Beatriz Gonçalves e. Aprender, ensinar e relações étnico--raciais no Brasil. *Educação*, Porto Alegre, ano XXX, n. 3 (63), p. 489-506, set.-dez. 2007.

SOUSA, Paulo Roberto Carvalho de. A reforma universitária de 1968 e a expansão do ensino superior federal brasileiro: algumas ressonâncias. *Cadernos de História da Educação*, n. 7, jan.-dez. 2008, p. 117-134.

TRINDADE, Fernando Casses. Uma contribuição à história da Faculdade de Filosofia da UFRGS. *Revista do IFCH — UFRGS*, Porto Alegre: UFRGS, 1982. Ano X, p. 39-53.

VIANNA, Eremildo. Matérias auxiliares e complementares. *Anais do I simpósio de professores do ensino superior em 1961*. ANPUH, 2010, p. 143-157. Disponível em http://anais.anpuh.org/wp-content/uploads/ANPUH.S01.pdf. Acesso em: 15 abr. 2017.

ANEXO

História-Geografia 1943

Primeira Série
Geografia Física
Geografia Humana
Antropologia
História da Antig e Id Méd

Segunda Série
Geografia Física
Geografia Humana
História Moderna
História do Brasil
Etnografia

Terceira Série
Geografia do Brasil
História Contemporânea
História do Brasil
História da América
Etnografia do Brasil

Quarta série
Didática Geral
Didática Especial
Psicologia Educacional
Administração Escolar
Fundamentos Biológicos da Educação
Fundamentos Sociológicos da Educação

História 1957

Primeira série
Introd aos Estudos Htcos
Arqueologia e Pré-hist
Antropologia
Hist Antiga e Medieval
Geografia Humana

Segunda Série
História Moderna
História do Brasil
História da América
Etnografia

Terceira Série
História Contemporânea
História do Brasil
História da América
Etnografia do Brasil e Noções de Língua Tupi

Quarta série
Didática Geral
Didática Especial
Psicologia Educacional
Administração Escolar
Fundamentos Biológicos da Educação
Fundamentos Sociológicos da Educação

1968 — 2250hrs

Primeiro ano
Introd. aos Est Htcos — 8
Pré-história — 6
História Antiga — 12
Antropologia — 8

Segundo ano (?)
História Medieval — 8
História da América I — 8
Etnografia — 8
Hist da América II — 8/10
História do Brasil I — 8

Terceiro ano (?)
História Moderna — 8/9
História do Brasil II — 10
Hist Contemporânea — 12
Filosofia da História (Teoria da hist à lápis) — 6

Quarto ano
Disciplinas da formação pedagógica sem especificar

Créd obrigat Depto Hist. — 110
Formação pedag — 20
Optativas e facult (7) — 20

1971 — 2790 hrs

Primeiro ano
Introd Est Htcos I e II — 12
Pré-história I e II — 8
H da Antiguid I e II — 16
Antropologia I e II — 8
Hist do RGS I — 6

Segundo ano
Hist da Id Média I e II — 16
Etnografia I e II — 8
Hist da América I e II — 10
Hist do RGS II — 6

Terceiro ano
Hist América III e IV — 12
Hist Moderna I e II — 14
Hist do Brasil I e II — 12
Estr. Func. Ens./Did? — 6
Psico Educ/Did? — 6

Quarto ano
Hist do Brasil III e IV — 14
Hist Contemp I e II — 16
Teoria da Hist I e II — 8
Didática Especial?/Est? — 8

Créd obrigat Depto Hist — 166 —
Formação pedag — 20

Licenciatura — 1973 — 2880hrs

I — Introd est do homem — 6
EPB I — 4
Introd Metodol Cient — 4
Língua portuguesa — 3
Introd pens. Matem. — 5

II — Teoria Metodol da Hist I — 6
Pré-História Geral — 6
Hist Antiguidade Ori — 6
Hist Antig Clás — 6
Opcional

III — Teo Metodol História II — 4
História da Idade Média I — 6
História da América I — 6
Antropologia I — 4
Opcional (até 8 créditos)

IV — História da Idade Média II — 6
História da América II — 6
Antropologia II — 4
Opcional — até 8 créditos

V — História Moderna I — 6
História do Brasil I — 6
Psicoped Des Indiv ou do Adol — 3
Evolução da Escola Brasileira — 3
Opcional pedagógica — 3
Opcional — até 5 créditos

VI — História Moderna II — 6
História do Brasil II — 6
Psico Aprendiz ou do Ensino — 3
Estr Func Ens de 1º e 2º grau — 4
Opcional sem limite de créditos

VII — História Contemporânea I — 6
Didática I — 4
Seminário Integrado de Educação I — 2
Opcionais até 17 créditos

VIII — História Contemporânea — 6
História do Rio Grande do Sul — 4
Didática II — 2
Seminário Integrado de Educação II — 2
Estágio supervisionado — 6

Bacharelado — 1973 — 2505hrs

I — Introd est do homem — 6
EPB I — 4
Introd Metodol Cient — 4
Língua portuguesa — 3
Introd pens. Matem. — 5

II — Teoria Metodol da Hist I — 6
Pré-História Geral — 6
Hist Antiguidade Ori — 6
Hist Antig Clás — 6
Opcional

III — Teo Metodol História II — 4
História da Idade Média I — 6
História da América I — 6
Antropologia I — 4
Opcional (até 8 créditos)

IV — História da Idade Média II — 6
História da América II — 6
Antropologia II — 4
Opcional — até 8 créditos

V — História Moderna I — 6
História do Brasil I — 6
Técnica de Pesquisa histórica I — 2
Opcional — até 5 créditos

VI — História Moderna II — 6
História do Brasil II — 6
Técnica da pesquisa histórica II — 2
Opcional sem limite de créditos

VII — História Contemporânea I — 6
EPB I — A - 2
Opcionais até 17 créditos

VIII — História Contemporânea II — 6
História do Rio Grande do Sul — 4
Dissertação — 5
EPB II — 2

4

A história na Faculdade de Filosofia, Ciências e Letras do Instituto La-Fayette

Leonardo Faria Cazes

O ano de 1939 marcou uma profunda reconfiguração do ensino superior na cidade do Rio de Janeiro, então Distrito Federal. Em 20 de janeiro, o presidente Getúlio Vargas — já dotado de plenos poderes garantidos pela instituição do Estado Novo em 1937 — assinou o Decreto-Lei nº 1.063, que extinguiu a Universidade do Distrito Federal (UDF) e incorporou seus cursos, estudantes e parte de seus professores à Universidade do Brasil (UB). Quatro meses depois, em 4 de abril, Vargas baixou o Decreto-Lei nº 1.190, que criou a Faculdade Nacional de Filosofia da Universidade do Brasil (FNFi UB), que serviria de modelo para todo o país e assumiria as atividades da extinta UDF. Esses dois episódios são em geral os mais lembrados quando se pensa nas transformações pelas quais o ensino superior brasileiro passou em 1939. Contudo, aquele ano também viu a criação de uma bem menos badalada, mas não menos importante Faculdade de Filosofia, Ciências e Letras no Distrito Federal. Tratava-se da Faculdade de Filosofia, Ciências e Letras (FFCL) do Instituto La-Fayette.

Antes de nos aprofundarmos na história da FFCL e de seu curso de História, objeto deste artigo, é necessário tecer algumas considerações sobre a época em que a faculdade foi criada. Em primeiro lugar, a configuração do ensino superior brasileiro estava no topo das prioridades do ministro da Educação e Saúde Pública, Gustavo Capanema, no cargo desde julho de 1934. Para Capanema, o futuro do país não estava na alfabetização das massas, e sim na formação de uma elite capaz de dirigi-lo em todos os campos: "Elite ativa, eficiente, capaz de organizar, mobilizar, movimentar e comandar a nação" (Capanema *apud* Schwartzman et al., 2000:222). Nesse projeto, a Universidade do Brasil ocupava um papel central, pois caberia a ela ser a instituição-modelo, o padrão nacional e único a ser seguido por todas as suas congêneres brasileiras. Esse papel — semelhante ao exercido pelo Colégio Pedro II em relação ao ensino secundário desde o século XIX — tinha um duplo objetivo: garantir a qualidade do ensino superior no país e impedir o desenvolvimento de concepções pedagógicas alternativas.

Nesse sentido, a UDF, fundada em 1935 durante a gestão de Anísio Teixeira à frente do Departamento de Educação do Distrito Federal, encarnava o papel de grande antagonista da Universidade do Brasil. Seus fundadores e professores se alinhavam na defesa de uma perspectiva liberal para a educação brasileira. Essa concepção vinha ganhando força desde os anos 1920, através da atuação da Associação Brasileira de Educação (ABE) e de experiências nos estados, mas enfrentava a resistência da Igreja Católica e da chamada linha autoritária. Capanema era um dos principais representantes dessa linha autoritária, que defendia o papel do Estado de orientar a formação mental e moral dos cidadãos na direção do progresso e do desenvolvimento nacional (Cunha, 2007:197).

Diante desse embate a convivência não era uma possibilidade, pois a simples existência da UDF era uma afronta à ambição de instituição-modelo da Universidade do Brasil. Daí as pressões de Capanema e de grupos ligados à Igreja Católica, desde 1938, para o fechamento da UDF. Esse movimento foi impulsionado e alimentado pela repressão desencadeada após o fracassado levante da Aliança Nacional Libertadora (ANL) em novembro de 1935. Nos expurgos que se seguiram, Anísio Teixeira deixou a direção do Departamento de Educação, Pedro Ernesto foi destituído do cargo de prefeito e professores da UDF foram afastados (Schwartzman et al, 2000:228). Ferida de morte, a UDF ainda conseguiu receber uma missão francesa em 1936 — que exerceu grande influência nos programas de ensino —, mas sofreu seu golpe final com o decreto de Vargas em janeiro de 1939.

Foi nesse cenário de centralização administrativa e de fortalecimento dos mecanismos de controle do ensino superior no Brasil que um grupo heterogêneo de professores se reuniu para criar a Faculdade de Filosofia, Ciências e Letras (FFCL) do Instituto La-Fayette. O instituto, localizado na Rua Haddock Lobo, na Tijuca, já oferecia os cursos primário e secundário. Seu diretor, o professor La-Fayette Côrtes, sonhava com uma expansão das atividades desde 1936. Naquele ano, ele submeteu o plano de criação de uma Faculdade de Educação, Ciências e Letras — nos moldes da preconizada pela Reforma

Francisco Campos de 1931 — ao Ministério da Educação, mas a iniciativa acabou barrada pelo ministro Gustavo Capanema (Côrtes Filho, 1986). Três anos mais tarde, o plano começaria a sair do papel graças à incorporação de educadores de outras instituições de ensino do Rio de Janeiro.

Do tradicional Colégio Pedro II vieram 23 professores, entre catedráticos e outros membros do quadro docente, capitaneados por Francisco Alcântara Gomes Filho (Delfos, 1973-1974:107). O grupo também desejava criar uma nova Faculdade de Filosofia, Ciências e Letras no Rio de Janeiro e, ao saber de projeto semelhante de La-Fayette Côrtes, decidiu unir seus esforços. Outro apoio importante veio do Colégio Militar do Rio de Janeiro, cujos professores também se somaram à empreitada (Mancebo, 1996:28). Ao todo, 67 docentes participaram da fundação da FFCL do Instituto La-Fayette, no dia 11.8.1939. Desse grupo saíram as lideranças que não só comandaram a FFCL, compondo a congregação da nova instituição, mas que também, após a encampação desta pelo Estado para a recriação da UDF em 1950, decidiram os rumos da universidade que nas décadas seguintes voltaria a ser rebatizada: em 1958 de Universidade do Rio de Janeiro (URJ), em 1961 de Universidade do Estado da Guanabara (UEG) e, finalmente, em 1975, de Universidade do Estado do Rio de Janeiro (UERJ), nome que conserva até hoje.

Já tendo sido o projeto da FFCL barrado uma vez pelo ministro Capanema, os fundadores da faculdade não hesitaram em lançar mão de suas relações pessoais para conseguir as aprovações exigidas pelo governo federal. Ainda mais porque, naquele ano de 1939, o governo federal já havia fechado uma universidade pública com mais de 600 alunos (Schwartzman et al, 2000:230). Neste sentido, destaca-se a atuação de Manoel Lourenço Filho, ex-chefe de gabinete de Francisco Campos na sua gestão como ministro da Educação e Saúde Pública, membro do Conselho Nacional de Educação (CNE) desde 1937 e incumbido por Capanema de criar o Instituto Nacional de Estudos Pedagógicos (INEP). No CNE, Lourenço Filho seria um dos responsáveis por apreciar o pedido de criação da nova faculdade. Por outro lado, os professores do Colégio Militar também se movimentaram. O próprio ministro da Guerra, general Eurico Gaspar Dutra, tratou da questão com Capanema durante um jantar no Automóvel Club do Brasil (Mancebo, 1996:29).

Contudo, vencer a burocracia não foi um processo rápido. A autorização do MEC para o funcionamento da nova faculdade veio apenas em maio de 1941, e as primeiras turmas foram abertas apenas no ano letivo de 1942, somando 128 alunos. A FFCL, desde o início, se diferenciou de outras instituições de ensino superior por cobrar mensalidades mais baratas e oferecer o curso noturno, no qual, inclusive, foi pioneira na cidade do Rio de Janeiro. O fato de contar com muitos professores do Colégio Pedro II e do Colégio Militar também serviu como poder de atração para os ex-alunos dessas instituições nas décadas seguintes, numa constante circulação de docentes e estudantes.[1]

O curso de História no Instituto La-Fayette: a convivência entre opostos

Em maio de 1941, a FFCL do Instituto La-Fayette recebeu autorização para pôr em funcionamento todos os cursos já oferecidos pela FNFi UB (Côrtes Filho, 1986). Como já dito, a FNFi foi concebida como a instituição padrão para todas as congêneres no ensino superior brasileiro. Isso teve implicações profundas na configuração do curso de História, a começar pelo fato de que o curso de graduação não era apenas em História, mas em História e Geografia. Essa união das duas disciplinas no mesmo curso significou uma reorientação da formação de nível superior, que se afastou da pesquisa e passou a se concentrar na preparação de professores para o ensino secundário. A escrita da História do Brasil foi delegada a outras instituições que não a universidade, como o Instituto Histórico e Geográfico Brasileiro (IHGB), e os conteúdos trabalhados no curso tinham como objetivo o fortalecimento da identidade nacional (Ferreira, 2013:36).

Esse desenho do curso de História proposto pela FNFi, agora reunido com a Geografia, se inseriu em uma disputa mais ampla entre concepções historiográficas opostas, mas de pretensões hegemônicas. Como veremos mais à frente, nesse embate, a FFCL teve um papel bastante particular, pois manteve nos seus quadros historiadores filiados às duas linhas. Infelizmente, toda a documentação relativa às primeiras décadas da faculdade se perdeu com o tempo. Assim, foi necessário investigar as pistas deixadas em jornais e revistas, das quais se destaca a *Delfos*, uma publicação da Associação dos Diplomados da FFCL do Instituto La-Fayette, e em depoimentos gravados para o programa "Memória UERJ", iniciado em 1980, na comemoração dos 30 anos da UERJ.[2]

---

[1] Apontei essa a circulação de docentes e estudantes entre as instituições na minha dissertação de mestrado (UFF, 2017).

[2] Os depoimentos em vídeo do "Memória UERJ" estão disponíveis para consulta no Centro de Tecnologia Educacional (CTE) da universidade, no campus do Maracanã. Uma coleção incompleta da *Delfos* se encontra na biblioteca do Centro de Educação e Humanidades (CEH/A), no mesmo campus.

Em resumo, as duas correntes historiográficas em disputa eram a dos defensores de uma História da Civilização e a dos apoiadores das histórias nacionais. Na década de 1920, as concepções de História foram objeto de intensos debates internacionais. Ainda sob o impacto da Primeira Guerra Mundial, houve uma mobilização de vários grupos para tentar evitar um novo conflito. A Comissão Internacional de Ciências Históricas (CISH), criada no início dos anos 1930, advogou a mudança nos manuais didáticos que incitavam o armamentismo, procurando fazer uma crítica aos nacionalismos e difundir uma política pacifista de convivência (Ferreira, 2013:29). Foi nesse contexto que nasceu a História da Civilização, que defendia a supressão das histórias nacionais — cujas características principais eram a valorização do político e o culto aos grandes heróis — em prol de uma história voltada para o estudo das sociedades.

No Brasil, essa concepção historiográfica foi incorporada ao currículo do ensino secundário na reforma educacional de Francisco Campos, de 1931, quando a História do Brasil foi substituída pela História da Civilização. Um dos principais defensores dessa corrente era Carlos Miguel Delgado de Carvalho, catedrático do Colégio Pedro II e diretor do Instituto de Pesquisas Educacionais (IPE) do Departamento de Educação do Distrito Federal na gestão de Anísio Teixeira. Um dos fundadores da UDF em 1935, Delgado de Carvalho tornou a História da Civilização a ideia orientadora do curso de História da universidade. O posicionamento crítico ao culto dos grandes vultos políticos nacionais foi reforçado pelos professores da missão francesa que desembarcou na UDF em 1936, Henri Hauser e Eugène Albertini (Ferreira, 2013:29).

A opção por uma História da Civilização, em detrimento de uma História do Brasil, encontrou resistências. A começar pelo IHGB, que, desde sua fundação em 1838, assumira o papel de centro produtor de uma história nacional, responsável por equacionar uma complexa relação entre nação e civilização nos trópicos, para recorrer aos termos utilizados por Manoel Luís Salgado Guimarães (1988). Foi do IHGB que saíram as principais obras de História do Brasil no século XIX e nas primeiras décadas do século XX, de nomes como Francisco Varnhagen (1816-1878), Capistrano de Abreu (1853-1927) e João Ribeiro (1860-1934). Renunciar à história pátria atingia a própria razão de ser do já centenário instituto.

Alinhados ao IHGB, estavam influentes setores da Igreja Católica e o ministro da Educação e Saúde Pública Gustavo Capanema. Assim, no caso do curso de História, o fechamento da UDF e a criação da FNFi — em 1939 — devem ser compreendidos como uma verdadeira contrarreforma de concepções historiográficas. Se Delgado de Carvalho pretendia, com sua História da Civilização, "questionar o projeto governamental de construção da nacionalidade, pautado na padronização do ensino, na valorização dos heróis e instituições nacionais e no culto às autoridades" (Ferreira, 2013:123), o retorno da prevalência da História do Brasil na FNFi, ao se concentrar na formação de professores, reorientou os conteúdos em direção ao fortalecimento da identidade nacional. A FNFi teve a sua própria missão francesa. Contudo, esta era muito diferente daquela vinda para a UDF, sendo seus membros ligados à Igreja Católica da França (Ferreira, 2013:38).

Dada esta breve explicação sobre as duas concepções historiográficas em disputa no Brasil nas décadas de 1930 e 1940, a questão que se coloca neste artigo é: a qual delas se filiavam os historiadores que participaram da fundação da FFCL do Instituto La-Fayette em agosto de 1939? Para responder à indagação, voltamos à lista dos 67 fundadores da faculdade, compilada na década de 1970 pela revista *Delfos*. Destes, vamos destacar aqueles que desenvolviam atividades como professores de História no Rio de Janeiro à época: Carlos Miguel Delgado de Carvalho, João Batista de Mello e Souza, Jonathas Serrano, José Maria de Albuquerque Bello, Pedro do Coutto e Roberto Bandeira Accioli (*Delfos*, 1973-1974:107). Em uma primeira mirada, já se destaca o nome de Delgado de Carvalho, catedrático do Colégio Pedro II, professor do curso de História da UDF e que, após o fim desta, seria incorporado aos quadros da FNFi, apesar de não gozar mais do mesmo prestígio e influência.

A trajetória do professor e as instituições às quais ele se vinculou não foram únicas naqueles anos. Ao contrário, vários docentes do tradicional Colégio Pedro II — não só historiadores — participaram da experiência da UDF (Ferreira, 2013:139). No caso da FFCL do Instituto La-Fayette, mais de duas dezenas de professores do colégio participaram de sua fundação, incluindo cinco dos seis historiadores citados acima. O quadro a seguir ilustra a circulação desses docentes nas instituições de ensino do Rio de Janeiro naquele período:

Historiador/Instituição	Colégio Pedro II	UDF	FNFi	FFCL — La-Fayette
Carlos Miguel Delgado de Carvalho	X	X	X	X
João Batista de Mello e Souza	X	X		X
Jonathas Serrano	X			X
José Maria de Albuquerque Bello		X		X
Pedro do Coutto	X			X
Roberto Bandeira Accioli	X			X

Dos seis nomes citados, quatro ocupavam postos de catedráticos no Colégio Pedro II: Delgado de Carvalho (Sociologia), João Batista de Mello e Souza e Jonathas Serrano (História Universal), e Pedro do Coutto (História do Brasil). Para todas as cadeiras havia duas cátedras, uma no internato e outra no externato, e por isso Mello e Souza e Serrano eram catedráticos da mesma disciplina. O outro catedrático de História do Brasil era Escragnolle Dória, autor de importante obra sobre a história do colégio. Já Roberto Bandeira Accioli, bem mais jovem que os colegas, era um dos auxiliares que ministravam disciplinas na escola, tendo sido diretor do Pedro II por um curto período no governo João Goulart (1962-1964). Esse quadro de professores "temporários" — para utilizar um termo equivalente ao do presente — era bastante extenso e muito variável, conforme mostra a pesquisa de Soares (2014). José Maria de Albuquerque Bello, por sua vez, trabalhou como advogado e professor na Faculdade de Direito do Rio de Janeiro, além de ter sido diplomata, jornalista e bibliotecário da Câmara dos Deputados, sem ter mantido relações com a escola.

Os catedráticos do Colégio Pedro II gozavam de enorme prestígio e tinham influência sobre os programas de ensino de todo país, pois tratava-se da instituição-padrão de todo o ensino secundário. Como afirma Santos:

> A influência desses mestres pode ser confirmada na concepção de História revelada, seja na seleção dos conteúdos que compunham os programas do Colégio Pedro II, seja em seus livros didáticos e na metodologia de ensino que marcaram uma época. Eles efetivamente eram os responsáveis pela visão historiográfica e pelas características didáticas do ensino da História naquele momento; demonstravam, também, a preocupação com a formação integral do aluno não apenas no conteúdo da matéria, mas nos aspectos morais, afetivos e sociais [Santos, 2009:140].

Com tamanha responsabilidade, esses catedráticos estavam bastante familiarizados com os debates historiográficos do período e tomaram posições públicas sobre eles, em polos opostos. Jonathas Serrano, por exemplo, foi um dos defensores do retorno da história nacional — cujo objetivo fundamental era a formação moral e patriótica — aos currículos escolares após a Reforma Francisco Campos de 1931 (Santos, 2009:146). Essa posição, alinhada àquela de seus colegas no IHGB, o colocava em oposição a Delgado de Carvalho, como vimos, um dos principais advogados da História da Civilização. Serrano também se colocou contra o Manifesto dos Pioneiros da Educação Nova, que em 1932 fez uma crítica ao modelo de escola então existente, em defesa de um modelo universal e democrático de inspiração liberal. Delgado de Carvalho foi um dos signatários do manifesto, como membro participante da ABE. Já Serrano era um dos mais destacados intelectuais católicos do Rio de Janeiro, muito ligado ao Centro Dom Vital.

Assim, é bastante compreensível que Jonathas Serrano não tenha tomado parte na experiência da UDF, já que a ideia de História da Civilização orientou a constituição de seu curso de História e ele se opunha a essa concepção. Já Delgado de Carvalho ministrou na UDF Sociologia Educacional, Geografia Humana e História da Civilização. Mello e Sousa, por sua vez, um historiador sem ligações com o IHGB, assumiu a cadeira de História da Civilização na América. José Maria Bello atuou como professor de História da Civilização, enquanto Bandeira Accioli e Pedro do Coutto se mantiveram afastados da experiência da UDF (ver Ferreira, 2013:23).

Com o fechamento da UDF e a subsequente criação da FNFi, apenas Delgado de Carvalho manteve suas atividades em uma instituição de ensino superior. Apesar de sua ligação umbilical com a linha liberal da educação brasileira e seu papel na UDF, ele foi mantido à frente da cadeira de História Contemporânea, embora muito limitado nas suas propostas pedagógicas. "Ainda que Delgado tenha exercido um importante papel na FNFi, seu projeto de ensino de História e de universidade foi derrotado", escreve Ferreira (2013:124). Na FNFi, não se observava a mesma proximidade entre os catedráticos do Colégio Pedro II e a universidade, tal como se via na UDF, na qual eles formavam um núcleo significativo (Ferreira, 2013:139).

A fundação da FFCL do Instituto La-Fayette congregou, à sua maneira, representantes importantes das duas principais correntes historiográficas do período. Se não havia espaço de convivência possível para as visões representadas por Delgado de Carvalho e Jonathas Serrano na UDF, a FFCL se tornou um lugar comum a todos. A ausência de Serrano na FNFi, apesar de sua ligação com a Igreja Católica, é algo que ainda enseja pesquisas mais aprofundadas. O curso de História da nova faculdade nasceu, então, fortalecido pela presença de quatro catedráticos do Colégio Pedro II e de um ex-professor da UDF, instituição de inegável prestígio. Portanto, resta responder à questão: por que docentes de concepções historiográficas distintas entraram juntos num projeto de criação de uma nova faculdade, particular, e com foco na formação de professores? Uma hipótese será apresentada a seguir.

Do Colégio Pedro II ao Instituto La-Fayette: uma janela que se abre

Uma chave explicativa possível para a reunião de docentes de concepções historiográficas tão diferentes em uma mesma faculdade é o contexto político da época e suas implicações no ensino superior. A centralização administrativa no governo federal, em curso desde 1930 e aprofundada a partir de 1937, tornou muito mais difícil a criação de instituições de ensino superior. Desde maio de 1938, com o Decreto-Lei nº 421, qualquer faculdade, mesmo privada, só poderia ser criada com autorização federal. A burocracia a percorrer, como vimos no caso do Instituto La-Fayette, era grande e incluía, em última instância, o presidente da República. Assim, os canais de acesso ao ensino superior ficaram escassos para os professores que desejavam seguir esse caminho. Em 1939, com o fechamento da UDF, a UB e sua recém-criada FNFi ofereciam as únicas oportunidades de atuação.

No caso dos docentes excluídos dessa nova iniciativa federal na capital do país — patrocinada por Capanema e dirigida pelo jornalista, crítico e destacado intelectual católico Alceu Amoroso Lima —, a criação de uma Faculdade de Filosofia, Ciências e Letras particular numa instituição de ensino com alguma tradição no ensino secundário — caso do Instituto La-Fayette — era uma oportunidade rara, para não dizer única, de inserção em um ensino superior que ganhava musculatura, mas tinha poucos postos a oferecer. Uma das pistas do grande interesse dos professores do Rio de Janeiro no projeto é que a fundação da faculdade reuniu mais de 60 docentes. A todos os fundadores foi garantido o título de catedrático e um lugar na Congregação, o órgão máximo de decisão da faculdade. Em 1950, após a morte de La-Fayette Côrtes e em meio a uma disputa de poder, a direção do Instituto La-Fayette cedeu à Congregação os direitos sobre a FFCL (Côrtes Filho, 1986). Este foi o primeiro passo para a futura encampação da faculdade pelo governo do Distrito Federal, que seria aprovada pela Câmara dos Vereadores menos de um mês depois.

Logo, quem fundou a FFCL garantiu o posto de catedrático e influência nos rumos da instituição. No caso dos historiadores/catedráticos do Colégio Pedro II, as figuras mais proeminentes do curso de História do Instituto La-Fayette, é possível identificar um esforço para manter um status dentro do sistema de ensino do Rio de Janeiro. Desde sua fundação no Império, o Colégio Pedro II e seus docentes gozaram das vantagens de ser a instituição-modelo para o país. Não à toa, os principais intelectuais brasileiros do século XIX e das primeiras décadas do século XX passaram por suas salas de aula como professores — e muitos também como alunos que depois se tornariam professores. No caso da História, a posição da escola estava consolidada. Angela de Castro Gomes chama atenção, ao analisar os homenageados no início dos anos 1940 no suplemento literário Autores e Livros, do jornal *A Manhã*, porta-voz do Estado Novo, para o fato de que

> Muitos desses homens tiveram sua vida ligada ao prestigioso Colégio Pedro II, quer como alunos, quer como professores. Tão ou talvez mais importante do que uma escola superior, o Pedro II é um lugar vital na sociabilidade intelectual dos que vivem no Rio da virada do século XIX para o XX [Gomes, 2014:44].

Cinco dos 20 historiadores homenageados em Autores e Livros — e cabe ressaltar que o suplemento só laureava os que já estavam mortos — foram professores do colégio: José Veríssimo, Araripe Júnior, Capistrano de Abreu, João Ribeiro e Carlos de Laet (Gomes, 2014:55). Desta maneira, fica claro que Delgado de Carvalho, Jonathas Serrano, João Baptista de Mello e Souza e Pedro do Coutto, para citar apenas os catedráticos, seguiam a trilha aberta pelas gerações anteriores na própria instituição. Contudo, a posição e o *status* de que gozavam viviam uma ameaça real no processo de reconfiguração do ensino superior no Rio de Janeiro na virada das décadas de 1930 e 1940. Algo que os ocupantes anteriores de suas cadeiras nunca viveram.

A relação entre o Colégio Pedro II e os revolucionários de 1930 já começou tumultuada. No dia 11 de novembro, oito dias após o governo provisório tomar posse, parte do casarão na Avenida Marechal Floriano, no Centro do Rio, foi transformado em um quartel provisório das tropas trazidas pelo movimento ao Rio de Janeiro. A primeira reforma do ensino secundário, promovida por Francisco Campos em 1931, entretanto, manteve o padronato do Pedro II. Os estabelecimentos mantidos pelos estados e pelo Distrito Federal deveriam cumprir uma série de exigências — em itens como instalações, material didático, ensino, corpo docente e administrativo, entre outros — para serem equiparados à escola padrão. A Reforma Francisco Campos, desejosa de unificar e padronizar o ensino secundário no país, tinha como guia o Colégio Pedro II, uma espécie de espelho para a educação nacional. Num primeiro momento, o movimento de centralização e fortalecimento do papel do Estado, característico do período varguista, não obscureceu o lugar ocupado pela instituição.

Com o prestígio em alta nos primeiros anos da década de 1930, o colégio viveu um crescimento significativo no número de alunos matriculados, e surgiu a necessidade de ampliar as "turmas suplementares" — cujos professores não eram membros do corpo permanente do colégio, apesar de indicados pelos catedráticos e nomeados pelo diretor-geral — e de abrir o curso noturno, na gestão de Henrique Dodsworth (Massunaga, 1989:124). Contudo, o aumento não veio acompanhado de investimentos equivalentes e os problemas no casarão da Avenida Marechal Floriano, construído no século XIX, foram se acumulando. A proximidade do primeiro centenário da instituição, em 1937, ensejou a formulação de uma série de planos a partir de 1935 para a construção de uma nova sede, repetidamente adiados por falta de verbas. Além dos recursos escassos, houve uma deliberada falta de interesse, e até uma boa dose de desconfiança por parte de Gustavo Capanema, que assumiu o MEC em 1934. Essa tensão entre o ministro e o colégio ficou mais latente após a instituição do Estado Novo, em 1937.

Relatórios secretos, elaborados em 1937 e 1941 e hoje guardados no arquivo pessoal de Capanema, depositado no Centro de Pesquisa e Documentação de História Contemporânea do Brasil (CPDOC) da Fundação Getulio Vargas (FGV), constroem uma visão bastante negativa do Colégio Pedro II. Os documentos apontam que a instituição não se adequava às normas federais de instalações físicas e material didático, apesar de ser o modelo para todo o país. Em 1941, o relatório defende abertamente o fim do modelo de concursos para professores e a extinção da própria Congregação (Massunaga, 1989:145). Os cargos deveriam ser preenchidos diretamente por homens de confiança indicados pelo governo, já que eram responsáveis pela formação da juventude. Publicamente, Capanema frequentava as solenidades da instituição e chegou a anunciar Oscar Niemeyer como autor do projeto da nova sede, em 1939.

Contudo, o padronato do colégio o colocava fora da área de influência do ministro e, consequentemente, de suas políticas de centralização administrativa e educacional. Enquanto catedráticos da escola-modelo para o país, os professores tinham o poder de ditar os programas de ensino em toda a nação, sem passar pelo crivo do MEC. Não à toa, o padronato foi um dos alvos da Reforma Capanema do ensino secundário, decretada em 1942. Os catedráticos perceberam a ameaça e se mobilizaram pela manutenção do seu *status*. Apesar das pressões do diretor Fernando Raja Gabaglia, catedrático de Geografia, e do ex-diretor Euclides Roxo, catedrático de Matemática, o Pedro II perdeu o posto de colégio modelo da educação nacional, que ocupava desde a sua fundação em 1837 (Massunaga, 1989:148).

É possível observar, assim, várias peças se mexendo ao mesmo tempo no xadrez do ensino brasileiro na virada das décadas de 1930 e 1940. No ensino superior, Capanema agiu para fechar a UDF, então uma clara ameaça ao projeto de universidade que defendia para o país, e criou a FNFi, já como instituição-padrão, em 1939. Como vimos, vários professores do Colégio Pedro II se envolveram em atividades na UDF e, com o fim desta, encontraram as portas da FNFi fechadas para eles. No ensino secundário, havia uma relação de desconfiança mútua entre o Pedro II, que mantinha enorme poder sobre os programas de ensino do país, e o ministro, que culminou no fim do padronato em 1942. Com o eixo do poder sobre a formação de professores e os programas de ensino se deslocando do ensino secundário para o ensino superior que se fortalecia, os catedráticos precisavam se mover. A tradicional escola não perdeu prestígio, mas, inegavelmente, perdeu influência sobre os rumos da educação do país.

Assim, a FFCL do Instituto La-Fayette surgiu como uma janela de oportunidade de inserção nesse ensino superior que crescia e assumia protagonismo na capital do país. Em 1939, os catedráticos não podiam, é claro, imaginar que aquela faculdade se tornaria uma das maiores universidades brasileiras décadas depois. Por outro lado, nós, ao lançarmos um olhar retrospectivo sobre a trajetória da instituição e de seus docentes, conseguimos perceber que eles foram bem-sucedidos em formar várias gerações de alunos, que depois se tornariam professores, num movimento circular. Às vésperas de a UERJ completar 70 anos, em 2020, o estudo da trajetória desses historiadores pioneiros da instituição colocou mais uma peça no quebra-cabeças complexo que é a construção de uma universidade dessa envergadura. A FFCL do Instituto La-Fayette teve vida curta: fundada em 1939, abriu as primeiras turmas em 1941 e foi encampada pela prefeitura do Distrito Federal em 1950. Com o passar do tempo, acabou esquecida. Contudo, conhecer sua história é fundamental para a compreensão dos projetos políticos e educacionais gestados na UERJ nas décadas seguintes, em especial nos anos 1960 e 1970, assim como também pode nos dar, a nós, historiadores de hoje, pistas quanto a caminhos a seguir em um momento em que a universidade e a História são alvo de ataques e difamações. Construir instituições que se tornaram referência para o Rio de Janeiro e o Brasil foi uma obra de muitas mãos, como podemos observar. Defendê-las neste momento de crise também será um trabalho coletivo.

Referências

COLÉGIO PEDRO II. *O Colégio Pedro II*: contribuição histórica aos 175 anos de sua fundação. Rio de Janeiro: Colégio Pedro II, 2013.

CUNHA, Luiz Antônio. *A universidade temporã*: o ensino superior, da Colônia à Era Vargas. São Paulo: Editora Unesp, 2007.

FERREIRA, Marieta de Moraes. *A História como ofício*: a constituição de um campo disciplinar. Rio de Janeiro: Editora FGV, 2013.

GOMES, Angela de Castro. *História e historiadores*: a política cultural do Estado Novo. Rio de Janeiro: Editora FGV, 2014.

MANCEBO, Deise. *Da gênese aos compromissos*: uma história da UERJ. Rio de Janeiro: EdUERJ, 1996.

MASSUNAGA, Magda Rigaud Pantoja. *O Colégio Pedro II e o ensino secundário brasileiro*: 1930-1961. (Mestrado em Educação, dissertação.) Rio de Janeiro, UFRJ, 1989.

SANTOS, Beatriz Boclin Marques dos. *O currículo da disciplina escolar História no Colégio Pedro II — A década de 70 — entre a tradição acadêmica e a tradição pedagógica*: a História e os Estudos Sociais. (Doutorado em Educação, tese.) Rio de Janeiro, UFRJ, 2009.

SCHWARTZMAN, Simon; BOMENY, Helena Maria Bousquet; COSTA, Vanda Maria Ribeiro. *Tempos de Capanema*. Rio de Janeiro: Fundação Getulio Vargas/Editora Paz e Terra, 2000.

Depoimento

CÔRTES FILHO, La-Fayette. La-Fayette Côrtes Filho: depoimento [1986]. Rio de Janeiro: UERJ. Entrevista concedida ao programa Memória UERJ do Centro de Tecnologia Educacional da UERJ.

Periódico

Delfos. Rio de Janeiro, número 13-14, 1973-1974.

5

Um curso de História nos caminhos de uma herança: o mestrado em História da UFPR, de 1971

Bruno Flávio Lontra Fagundes

Este texto sobre a história do curso de História da Universidade Federal do Paraná (UFPR) tem o caráter de um ensaio. Durante muito tempo, afirmações feitas por membros da comunidade acadêmica historiadora deram conta de que o curso havia tido a colaboração do regime militar e/ou de que alguns de seus professores haviam colaborado com o regime, com o que, em consequência, pudera tornar-se o que veio a ser: um curso logo reconhecido como "de excelência", que criou, principalmente após a autorização de seu Mestrado em 1971 — com a primeira turma em 1972 —, um centro de pesquisa internacionalmente exaltado no campo da História Demográfica Quantitativa. Entre 1975 e 1979, estiveram no Departamento de História, o DEHIS da UFPR, os professores Jacques Bertin, Adeline Daumard, Frederic Mauro, Jacques Dupaquier, Herbert Klein e Hubert Chabornneau, autoridades internacionais na matéria.

Se a conquista de uma grande reputação no cenário nacional e internacional justifica, por si só, verificar a história do curso, nem por isso traz facilidades para fazê-lo. Sua história está significativamente recolhida no enorme arquivo de sua destacada professora Cecília Maria Westphalen, conservado no Arquivo Público do Paraná. Ocorre que a professora foi o principal alvo da acusação de colaboração, e de toda forma não é fácil avaliar a história quando registrada por agentes que nela estiveram envolvidos. Para seus colegas de curso, ex-professores, a professora Westphalen teria sido a grande líder, responsável pelo prestígio e reputação do curso de História ao longo de mais de 20 anos, entre o final dos anos 1950 e o final dos anos 1970.

Este é um texto de teor menos conclusivo. Há a intenção, na pesquisa da qual resulta, de organizar em alguma compreensão dados e informações envoltos em hipóteses que apontam, com razoável dose de verificabilidade, caminhos futuros de pesquisa. Este é, mais ou menos, o preço que se paga quando não há historiografia fixada por onde se começar um trabalho.[1]

Já publicamos um texto anterior sobre a história do curso de História da UFPR desde seu surgimento como curso de Geografia e História em 1938, por força do mesmo ato que criou a então Faculdade de Filosofia, Ciências e Letras da UFPR (Fagundes, 2014). Trata-se de um texto mais voltado para o que chamamos ali de a "primeira geração" de professores do curso — de 1938 a 1961, ou seja, de sua criação como curso até sua departamentalização. Diferentemente desse texto, iremos nos fixar aqui num segundo momento da história do curso: o que vincula graduação com pós-graduação, forjado num trajeto anterior a 1971, mas que se concretiza nesse ano com a criação do Mestrado, o primeiro da região Sul do país e o primeiro de IES federal reconhecido pelo MEC.

Autores discordam do marco de 1971 — ano da institucionalização da pós-graduação brasileira — como a data que inaugurou o profissionalismo histórico no país em dois aspectos que se destacam de outros: primeiro, o do formato com que se organizou o sistema de produção científica no país e, segundo, o do contexto histórico em que forças sociais em disputa previam, ou não, a articulação entre pesquisa científica e ensino secundário. Como desdobramento do segundo aspecto, um terceiro fator: essas mesmas forças sociais em disputa desejavam e acreditavam, ou não, naquela articulação como encaminhamento de soluções para problemas sociais que se agravaram após a Segunda Guerra Mundial no processo de urbanização e industrialização do país — processo em que a demanda pela universalização do ensino em todos os níveis tornou-se bandeira programática, em especial da ação política

[1] A pesquisa de Daiane Vaz Machado mobiliza o arquivo de Cecília Westphalen. Conhecemos da autora dois artigos: "Dois tempos de um percurso de experiências historiográficas: 1958-1959 e 1970. As cartas que Cecília Westphalen trocou com Altiva Pilatti Balhana e Fernand Braudel" (2015) e "Perfis de engajamento: a ANPUH e a SBPH, 1977-1981" (2016). Sem entrarmos em detalhes, a autora discute a "rede de sociabilidades" por meio da qual Westphalen pôde mobilizar agentes para suas causas e engajamentos acadêmicos, em especial por uma história ciência especialista, com destaque para sua defesa do desenho programático da ANPUH na segunda metade dos anos 1970, e a criação da Sociedade Brasileira de Pesquisa Histórica, a SBPH, em 1981. É importante registrar que existe uma historiografia escassa, normalmente encomiástica, sobre o curso de História da UPR, depois UFPR, e de sua Faculdade de Filosofia. Citamos Moeller e Maranhão (2002), Westphalen (1988), e o livro mais lembrado de todos, de Wachowicz (2006). Como artigos, citam-se Macedo (1977) e Siqueira (1995). Este último artigo é mais um repertório de fatos considerados significativos derivados de efeitos da legislação pertinente sobre o curso.

estudantil. Em meio às ponderações dos autores acerca do ano de 1971 como fundador da política de pesquisa no Brasil, em especial ao que Falcon qualifica de "hegemonia intradepartamental de indivíduos ou grupos 'afinados com a situação [política]'", avaliamos o desempenho acadêmico e a proposição do curso de Mestrado em História na UFPR, procurando alcançar a lógica e o cálculo que crismaram o mérito institucional que o curso alcançou, em especial nos anos 1970, mas que começou a ser construído desde os anos 1960. Tentamos avaliar alguns fatores de sua empresa científica bem-sucedida.

O fato político-educacional que puxava a discussão pública institucionalizada já no fim dos anos 1950 era a formação de professores para a escola secundária que substituíssem lentes autodidatas e diletantes que ministravam aulas em matérias para as quais não tinham formação específica. Nadai (set. 1992-ago, 1993:155) considera esse fato já nos anos 1950 e informa sobre a raiz dos problemas: "Nos anos cinquenta/sessenta, essa renovação, direcionada para o aprofundamento dos fundamentos científicos e do papel formador-crítico da disciplina [...]."

Em 1962, em artigo publicado no número I da *Revista de História*,[2] autoras licenciandas do já curso de História reclamavam do corpo docente das escolas, da falta de "pessoal técnico-especializado", trocado pelo que qualificavam de "magistério de emergência" (Bittencourt; Rottemberg; Pinto, 1962:22-23). Diagnosticavam na licença concedida para dar aulas de História a licenciandos em Filosofia, Ciências Sociais e Pedagogia um dos maiores "desestímulos à formação especializada" em História, citando o artigo 51 da Lei nº 1.190, de 4.4.1939, que governos não faziam cumprir. O artigo da lei a que se referiam as autoras rezava que "a partir de 1 de janeiro de 1943 será exigido [...] para o preenchimento de qualquer cargo ou função do magistério secundário ou normal, em estabelecimento administrado pelos poderes públicos ou por entidades particulares, o diploma de licenciado correspondente ao curso que ministre o ensino da disciplina a ser lecionada" [...].

Todo aquele que pense o passado de estruturação do sistema do ensino básico e superior brasileiro pode tender a naturalizar o que resultou de um processo histórico: imaginar que a instituição da pós-graduação em 1971 "inaugurou" a relação de profissionalização da História com o advento de uma política que prestigiava aquilo que seria o indispensável da universida-

[2] Publicação do Centro de Estudos de História, órgão de estudos e pesquisas dos alunos de História da Faculdade de Filosofia, Ciências e Letras da Universidade do Paraná.

de, ou seja, a pesquisa, a procura pelo conhecimento novo, em detrimento da tradição consagrada nos cursos de formação de professores secundários.

É contra tal imaginação sobre um momento inaugural da relação ensino--pesquisa na universidade brasileira que autores como Francisco Falcon (1998), Marieta de Moraes Ferreira (2015), Maria do Carmo Martins (2002) e Margarida Maria Dias de Oliveira (2011) se insurgem. Esta última corrige a literatura que afirma que a "profissão" de historiador começou com a pós--graduação em 1971, advertindo que estudos anteriores consideram que a separação ensino/pesquisa — com os pares pesquisa/bacharelado e ensino/licenciatura — é anterior (Oliveira, 2011:39). Não se pode, segundo a autora, propor que a pesquisa histórica e as separações derivadas tenham começado em 1971. Consultando e citando Martins (2002), Oliveira afiança que desde a LDB de 1961 "novos formatos foram dados à licenciatura, que passou a ser um grau paralelo ao do bacharelado" (Martins, 2002 *apud* Oliveira, 2011:40). Os pares de opostos pesquisa/ensino, complexo/simples, universidade/escola já repartiam o pensamento sobre a relação professor acadêmico e professor de escola.

A pesquisadora Marieta de Moraes Ferreira e o pesquisador Francisco Falcon também relativizam 1971 como "marco inaugural". Traduzindo o que seria, a nosso ver, o sugerido pelos autores, a discussão sobre a relação pesquisa e ensino se deve fazer segundo indagações atuais: o raciocínio sobre a universidade como a conhecemos hoje — tendo como procedimento de consagração a pesquisa, que deságua num final histórico em que a solução para o encaminhamento das dificuldades da universidade nos anos 1960 fora a "universidade de pesquisa" como solução "natural", em vista de falta de outras alternativas e projetos — não facilita a identificação de que havia outras soluções possíveis para o equacionamento da relação universidade/escola, pesquisa/ensino, graduação/pós-graduação. Francisco Falcon organiza a reflexão:

> Nossos historiadores têm por hábito analisar a produção historiográfica contemporânea no Brasil a partir de 1970-1971, isto é, da chamada institucionalização da pós--graduação entre nós. Trata-se da eleição de um "evento fundador" responsável por alguns esquecimentos e silêncios [...] Esquecimento, por exemplo, das mudanças em curso nos anos 1960, dos debates e conflitos então travados no "território da História"; *esquecimento* também de como e quanto o ensino de pós-graduação herdou do ensino de graduação em termos de quadros docentes, compartimentações disciplinares, visão conteudística de currículos, orientações teórico-metodológicas [...] Silêncio a respeito

das circunstâncias político-ideológicas gerais e particulares que traçaram o círculo de giz da institucionalização: o caráter autoritário das decisões, o cerco ideológico das "ideias subversivas", a hegemonia intradepartamental de indivíduos ou grupos "afinados com a situação" [...] hoje em dia, mestrado e doutorado [...] parecem tão naturais que é como se sempre houvesse existido [...] [silêncio] que envolve o modelo de pós-graduação adotado [...] estavam postas em discussão concepções diversas [de mestrado e doutorado] baseadas em modelos europeus e no norte-americano, além de uma tradição já consolidada e respeitável que era a da USP [...] *o modelo adotado foi legislado e imposto como o único legalmente válido, sem deixar espaços para outras experiências* [Falcon, 1998:112-113 — grifo nosso].

Levantamos hipóteses sobre o papel da UFPR na constituição de um curso de História cientificamente orientado de prestígio nacional e internacional, ao mesmo tempo em que distanciado da escola secundária — avaliado pelos termos e aportes teóricos com que pensamos hoje a relação escola e universidade, tendo percorrido na história uma linha de atuação que consolidou o prestígio internacional da história-ciência nacional, e que ajudou, no entanto, a nos deixar uma herança de dificuldades, desafios e dilemas para rever, hoje, a articulação que se cristalizou entre universidade e escola, capaz tanto de distanciar uma da outra, como de colocá-las mesmo em situação de rejeição. É a procura por tentar compreender esse passado a fim de pensar o presente o que mais nos motiva nessa investigação da história do curso de História da UFPR. Um curso que fez tanto para a evolução da ciência histórica nacional, como para seu afastamento da vida pública.

Universidade produtora, escola reprodutora: o ensino de técnicas de Ciência Histórica numa era de civilização industrial

Consagrada uma tradição de cursos de formação de professores para o ensino secundário de História, o curso de História da UFPR, no entanto, efetuava, já ao longo dos anos 1960, um giro em sua opção de ligar graduação e formação pós-graduada, estremecendo a tradição de formar professores escolares para adotar — no curso da política desenvolvimentista dos governos militares — a universidade como espaço de produção científica e formação de professores para a própria universidade. Tal é nossa hipótese.

Mesmo se estivesse havendo — como estava — dentro da então APUH, incorporada na reflexão de setores universitários, a discussão sobre o ensino de História, o ensino não universitário, a nosso ver, foi alvo mais retórico no projeto de formação que o curso de História da UFPR presumia como o importante para uma vida profissional. A vociferação que desprezava o ensino médio-secundário se fazia escapar em alguns momentos e exprimia a concepção de que professor secundário era, no máximo, um técnico a quem se deveria transferir o conhecimento do ensino superior em História.

> [...] via de regra mestres improvisados e sem preparação específica, com alunos, por sua vez, sem o *mínimo de técnicas* e conhecimentos indispensáveis, soltos, a realizarem "pesquisas históricas" e, o que é mais grave, a coletarem e a recolherem material histórico para *pretensos museus* e arquivos escolares. Não faz muito tempo, um professor do ensino médio foi encontrado, *a passeio*, com o Livro Tombo de importante Matriz debaixo do braço, *a título de estar realizando pesquisas históricas com seus alunos* [Westphalen; Balhana, 1969:6, grifos nossos].

A história-pesquisa no curso de História da UFPR, depois consagrada em 1971 com a criação do Mestrado, já acontecia desde 1961 em projeto que preparava uma plataforma de atividades para pesquisas especialistas por localização de documentos sobre o Paraná em arquivos paroquiais e administrativos de cidades do estado próximas à sede do curso, em Curitiba. Em 1968, o projeto cresceu, quando então o DEHIS da UFPR coordenou a mobilização de professores e alunos de cursos de História em faculdades de filosofia existentes em cidades do interior do estado, engajando no projeto outras localidades como cidades com arquivos a serem coligidos e localizados.

A *Revista de História* dos alunos de História da Faculdade de Filosofia, em seu nº 1 (1962), traz o artigo "Problemas atuais que perturbam o bom andamento dos trabalhos de pesquisa histórica no Brasil", assinado por Américo Augusto da Costa Souto, licenciando do curso, trabalho apresentado no I Congresso da Federação Brasileira de Centros de Estudos Históricos. O autor inicia afirmando que seria à Faculdade de Filosofia que caberia a "iniciativa da pesquisa científica e da formação do pesquisador", e lamenta que "nas condições atuais apenas a outra função a que se destina esta faculdade é cumprida, qual seja, a da formação para o magistério de segundo grau" (Souto, 1962:16). Identifica na "preservação dos documentos" e no "amparo à pesquisa" os dois problemas da pesquisa, e vê na pesquisa histórica outro senão, uma vez que reclama da prioridade dada a trabalhos "que tenham mais compromissos com a aplicação tecnológica". Argumenta ainda que a História não é só erudição, mas sim conhecimento científico para se entender melhor a realidade social em que se vive e para "melhor se atuar nela", e continua: "embora aceitemos a prioridade para os assuntos mais ligados à técnica, na conjuntura desenvolvimentista, lembraremos que esta conjuntura exige também uma tomada de consciência de nossa problemática atual em termos científicos, o que traz uma justificativa a mais para um melhor conhecimento histórico" (Idem:18).

A pesquisa sobre o pensamento acerca da relação ciência e ensino verificado junto a professores influentes do curso indica alguns caminhos. Cecília Westphalen foi a mais influente deles, mesmo porque esteve junto a órgãos de definição de políticas públicas relativas a escolas ligadas ao universo universitário. Alguns artigos seus e de alunos apontam para isso.[3]

Na realidade, a história da criação do Mestrado em História da UFPR em 1971 liga-se aos anos 1960 e às iniciativas do curso de graduação e suas realizações. Há fatos e acontecimentos que autorizam o risco de se dizer que esteve em jogo um cálculo estratégico realizado a fim de redundar no curso de Mestrado uma década depois, como se fizéssemos uma retrospecção que pudesse ver o curso de pós-graduação sendo "tramado". Um curso gestado antes em vista de um contexto em que a demanda social por pesquisa universitária, principalmente de dentro da universidade, por estudantes e professores, era patente, numa situação em que a Reforma Universitária de 1968 já se fazia em partes.

Se considerarmos que a Reforma Universitária em 1968 foi precedida de iniciativas preparatórias, diagnósticos, avaliações e mesmo legislações preliminares — o que tornava de conhecimento público acadêmico que uma reforma do ensino superior estava por vir, com possível virada da tradição para a pesquisa —, a premissa é razoável.[4]

Nossa hipótese postula a liderança da professora Cecília Maria Westphalen em dispor um plano de crescimento — de cujo desempenho proveio uma con-

---

[3] A professora Westphalen teve papel atuante na esfera da política educacional do estado do Paraná. Foi membro do Conselho de Pesquisas da UFPR de 1965 a 1967, do Conselho Estadual de Educação do Paraná (CEE-PR) de 1965 a 1971, e do Conselho Diretor da Fundação Educacional do Estado do Paraná (FUNDEPAR), órgão de fomento, de 1962 a 1970. Parte do conjunto de seus artigos no CEE foi analisada por Hoff (jul.-dez. 2008).

[4] Seria extenso nomear os vários autores que já discorreram sobre a demanda por pesquisa na universidade vinda desde o final dos anos 1950 e depois equacionada pela Reforma Universitária de 1968. O que fez o curso de História da UFPR a partir daí e o que foi feito para se chegar a essa conquista demonstra grande senso de oportunidade.

sequente consagração — para o curso de História da UFPR nos anos 1960, em cujo processo esteve embutido, de modo visionário, o projeto da pós-graduação em História assim que estivessem dadas as condições estruturais e mentais para sua realização. A liderança da professora no DEHIS é confirmada com unanimidade por ex-professores do curso que entrevistamos.[5]

Raciocinamos em termos de que a experiência do curso de História da UFPR seguiu seu percurso próprio determinado por fatores conjunturais que marcaram a história de outras experiências universitárias. A análise dos autores citados antes, que não aceitam o argumento de 1971 como a "inauguração" da pesquisa no Brasil, cabe para cursos de História nas realidades a que seus trabalhos se circunscrevem — em especial a realidade das universidades de São Paulo e Rio de Janeiro. Na UFPR, o ano de 1961 seria mais "inaugural" do que o de 1971. Quanto ao diagnóstico de uma solução institucional imposta por agentes políticos desconfiamos que, para o curso de História da UFPR, possa haver outra razão que talvez desagrade saber: o curso de História da UFPR e seus mentores souberam lidar com senso estratégico de alinhamento com a situação política que — glosando as palavras do professor Falcon — conseguiu impor uma solução para a pós-graduação na História da UFPR como se fosse a única existente, quando na verdade ela vinha sendo construída.

A atuação de caráter político de Cecília Maria Westphalen não pode deixar de ser apontada, embora com reservas de juízos de valor.[6] Investigar sua atuação não nos leva a concluir apressadamente nada sobre sua colaboração com o regime militar, pois havia ambiguidades. É preferível seguir uma linha de pensamento que evite a dicotomia resistência ou colaboração na análise das relações entre "intelectuais e pesquisadores acadêmicos com o regime militar", como advoga o historiador Rodrigo Patto logo no início de seu livro sobre as universidades e o regime militar (Sá Motta, 2014:7). Mas houve vinculações. Segundo Sá Motta (idem), eventuais aproximações de professores com governos militares podem ter sido estratégicas. Houve cursos que hostilizaram

---

[5] Entrevistamos os ex-professores Sérgio Odilon Nadalim, Ana Maria de Oliveira, Márcia de Campos Graf, Mitiko Okasaki, Oksana Olga Boruszenko. Tivemos acesso, ainda, à entrevista do professor Luis Corrêa Lima, do ano de 2002 (?), com a professora Cecília Maria Westphalen, visando a publicação de seu livro *Fernand Braudel e o Brasil: vivência e brasilianismo (1935-1945)*. Ao professor, que gentilmente nos cedeu sua entrevista, gostaria de agradecer neste momento.

[6] Daiane Vaz Machado argumenta em termos de "engajamento" acadêmico da professora Cecília, argumento que, de fato, é bastante razoável em termos de História Intelectual, embora seja análise de outra natureza quando comparada à nossa.

e lutaram contra a ditadura e houve cursos que, sem colaborar, no entanto se acomodaram ao regime. Nossa tese é que assim se passou com o setor de História da UFPR.

Por mais que possa desagradar dizer e ouvir isso, o curso de História da UFPR parece ter sabido se acomodar ao governo militar, e mais estrategicamente ter sabido se aproveitar de suas regulamentações relativas ao ensino superior e crescer alinhando um discurso e uma prática que inscreviam o planejamento de suas ações de ordem científica por um entendimento de benefícios ao projeto de desenvolvimento nacional que a História institucionalizada por um órgão público poderia induzir pelo endosso do passado. Um uso do passado útil, se é que é possível formular assim.

Aproveitando-se de uma conjuntura de grandes investimentos em ciências devido a demandas do processo de industrialização que requeria trabalho especializado, a História se inscrevia como conhecimento para o benefício do planejamento econômico. Formava o historiador que poderia se ajustar profissionalmente a uma sociedade que demandava técnicos para áreas de planejamento governamental, profissionais práticos que lhe fossem, mais ou menos diretamente, úteis. Fazendo assim, o curso da UFPR se organizou segundo o discurso convincente de sua utilidade imediata para o desenvolvimento econômico e criando — agenda sedutora de investigação — uma expectativa de atuação profissional atraente para seus formados ou para os pretendentes ao curso. Quantificando informações sobre o passado de movimentos de população dentro do estado por documentos recolhidos em arquivos, a instituição processava dados para a elaboração de políticas públicas setoriais ao formar profissionais peritos para identificar documentação histórico-administrativa — com o que dispunha para públicos, mesmo de áreas governamentais, a consulta especialista de dados de população para planejamento. Ali havia uma expectativa de futuro profissional coadunado a políticas governamentais. Duas de suas professoras escreveram a respeito em 1969:

> [...] É sabida, hoje, a importância da documentação histórica, bem como se conhece o extraordinário valor dos arquivos históricos, inclusive para os planos e projetos que visem a promoção dos recursos humanos e o desenvolvimento econômico e social, e o trabalho do historiador não pode ser omitido nas atividades de planejamento e assessoramento, razão por que não somente por motivos de ordem estritamente da ciência histórica, mas também da ação político-administrativa, há de recorrer-se

à documentação organizada e arranjada, segundo normas técnicas indispensáveis [Westphalen; Balhana, 1969:7].

No trajeto histórico do curso de História da UFPR, é possível arriscar uma opção analítica que advoga a ideia da adoção, pelo curso, de uma posição a favor da ciência histórica em torno do projeto desenvolvimentista do regime militar, numa perspectiva que prestigiou a formação do professor, mas não para o ensino secundário, e sim para o ensino superior. É de se ver as formulações elaboradas pelos professores e alunos do curso de História da UFPR, mesmo sob o risco de incorrer num ensaio de formulações hipotéticas que apontem para pesquisas futuras. Muitas vezes as realidades variam, e não podemos tomar a análise que se faz passar por análise geral quando na verdade cabe ao exame de realidades específicas.

Examinando textos de conselheiros do Conselho Estadual de Educação (CEE PR) na revista *Criteria*,[7] o pesquisador Sandino Hoff afirma que a conselheira professora Cecília Westphalen defendia o CEE, uma vez que este estaria transformando "[...] estruturas arcaicas, capacitando o povo brasileiro a acompanhar a marcha rápida da civilização contemporânea" (Hoff, 2008: 286). O autor demonstra o investimento da diretora do Departamento de História numa atuação no Conselho que prestigiasse a "profissionalização de professores brasileiros", em função de uma nova sociedade "fundada no progresso científico e na técnica industrial". Isso facilitou, possivelmente, promover a negociação política a fim de fazer do curso de História da UFPR um componente do que ela entendia ser uma política adequada para o papel do curso na qualificação de profissionais para a área educacional. "A conselheira Cecília Maria Westphalen considera que o CEE realizou uma ação revolucionária, principalmente no item qualificação do magistério" (Hoff, 2008:285-286). O professor replicaria no ensino o que faria o pesquisador no campo da investigação acadêmica. Era uma preocupação com o ensino que adotava o postulado de que ele era reprodutor, cabendo à pesquisa a produção de conhecimento. E o professor ensinava técnicas e metodologias para a pesquisa.

---

[7] A revista *Criteria* publicava as sessões do CEE do Paraná.

Projetos de produção de arquivos e de uma identidade para o Paraná: o foco na história regional demográfica quantitativa

Também a função regional da universidade é sublinhada, defendida não só por seus professores como por seus alunos.

Para Westphalen, escrevendo dois anos antes da criação do Mestrado, em 1969, o processo de revolucionamento do mundo pela máquina e pela técnica produtiva transformara sociedades tradicionais em sociedades industriais, e, em consonância com tal situação, o papel da universidade — como no Brasil — deveria crescer, porém num sentido pouco universalista, e sim num sentido localista, uma vez que seu "papel de liderança no processo de desenvolvimento nacional" deveria estar articulado às "realidades regionais que a cercam" (Westphalen, 1969:4). A autora fixava o bordão "universidade brasileira, universidade regional". Para ela, a universidade brasileira deveria ser a "universidade regional", capaz de "dar real cumprimento a sua missão de promover o homem" (idem). A UFPR é sempre assumida como "universidade regional", e nas páginas 14 e 15 do mesmo texto a professora discorre sobre o trabalho então desenvolvido no projeto *Campos Gerais — Estruturas Agrárias* do DEHIS da UFPR junto à "comunidade regional" da colônia agropecuária alemã de Witmarsun. Desenvolvendo a investigação sobre a assimilação ou substituição de estruturas agrárias anteriores à chegada de imigrantes, a autora invoca um exemplo em que a ciência é convocada para resolver "um problema concreto e de aplicação prática" (idem:15).

A importância relevante dada a um projeto de pesquisa de natureza historiográfica-científica avalizava o viés de análise regionalista do provável projeto de criação identitária regional para o Paraná, o que já havia sido objeto de iniciativas anteriores dentro do curso.

A 23 de outubro de 1959, antes da departamentalização, o curso realizou um "seminário para a revisão da historiografia do Paraná", com a participação de "inúmeros professores e estudiosos da história do Paraná".[8] O evento detinha-se

[8] Registra-se que o DEHIS da UFPR tem mais de uma data de criação. Uma, a do processo de tramitação oficial, junto aos órgãos competentes da Faculdade de Filosofia, da solicitação para a criação do departamento — que foi oficialmente criado em 1961 —, e outra, de 1959, rememorada como a data em que teria começado um departamento de fato em função de procedimentos novos e escolhas teórico-metodológicas adotados no curso e introduzidos pela professora Cecília Maria Westphalen, provindos de suas viagens de estudos e contatos à Europa — França, Espanha e Alemanha — em fins de maio de 1959.

na releitura/reinterpretação/revisão da historiografia paranaense, identificada, em especial, com a "História do Paraná", de Romário Martins, considerado o "pai da história" do Paraná. Foi analisada a obra dos historiadores do Paraná "com a crítica de suas fontes, métodos e técnicas de trabalho" e o "levantamento da situação real da historiografia regional do Paraná" e "dos problemas que nela restam de serem equacionados e resolvidos" — tudo como transcrito na Ata I da reunião do Colegiado do Departamento de História, a 2.12.1964. A professora Westphalen realçava a importância de "serem reexaminadas as fontes da história paranaense, bem como da necessidade do emprego de novas técnicas quantitativas no tratamento das mesmas". A professora Altiva Pilatti Balhana propugnava o "reexame dos dados sobre o movimento imigratório no Paraná e no tratamento estatístico dos mesmos". Era o elogio das novas técnicas quantitativas importadas da França que ajudavam no tratamento metodológico do enorme material serial que o curso localizava e coligia nos arquivos paranaenses desde 1961 e que seriam otimizados no curso pela figura de professores estrangeiros que estariam no DEHIS oferecendo cursos e disciplinas de formação nos anos 1970.

A ênfase regional do curso continuava também em artigos de seus licenciandos.

Ruy Wachowicz analisa a História brasileira na *Revista de História* dos alunos do curso. Faz uma defesa da História regional no sentido de Freyre, alegando que no Brasil teria havido "vários núcleos colonizadores que eram completamente independentes entre si, com poucos pontos de ligação" (Wachowicz, 1962:26). Sustenta o autor que cada região deveria ser tomada individualmente, numa chave analítica de histórias regionais. E nos cursos de História seria desejável a regionalização, visando a criação de uma "cadeira de história regional", proporcionando ao estudante "oportunidade de realizar investigações nas próprias fontes, obtendo daí trabalhos originais, monografias etc." (idem:27). As "próprias fontes" a que se referia o autor eram as que o curso ia localizando. Para a pesquisadora Elza Nadai, "o regional e a história local foram cada vez mais estudados... em diversos programas de pós-graduação que se distribuíam pelo espaço brasileiro" nos anos 1970 (Nadai, 1993:157). A experiência da UFPR, desde o início dos anos 1960, registrava empenho na regionalização e nos problemas de pesquisa resolvidos pelo levantamento de arquivos desde 1961, pelos quais o curso iria firmar o perfil do historiador como "oficial de arquivo".

Dois aspectos devem ser aqui considerados: qual era a região do Paraná até onde ia a análise do curso de História, e o papel central aí ocupado pelo curso na criação de uma identidade paranaense influenciada, no processo de criação do capitalismo na região, pela chegada dos imigrantes. É possível verificar esses aspectos pelo desenvolvimento dos projetos de pesquisa conduzidos no curso ao longo dos anos. Os projetos de pesquisa desenvolvidos ao longo dos anos 1960, ainda na graduação, pareciam treinar seus praticantes para uma vocação, preparando a criação paulatina e estratégica do curso de Mestrado. Em 1974 e nos anos seguintes, a maior parte das dissertações defendidas no mestrado da UFPR seria feita apoiada nos grandes acervos de história do Paraná localizados pelo curso desde o início dos anos 1960.

Tendo em vista a falta de arquivos organizados da História do Brasil, o Departamento de História iria perseguir a História do Paraná em duas frentes: um esforçado trabalho de identificação de arquivos da História do Paraná e a definição de projetos a serem desenvolvidos sobre a região paranaense entendida como ocupação territorial do estado, este considerado de leste até pouco antes de sua metade oeste, os chamados "Campos Gerais", praticamente no centro do estado. Tratava-se de uma região de tropeirismo, de abastecimento de gado e de fazendas que se constituíram no processo de desagregação das fazendas de escravos do fim do século XIX e com a chegada dos imigrantes europeus. A consulta às atas de reunião dos membros do colegiado do curso permite identificar projetos de pesquisa salientes desenvolvidos ali, com *status* de serem mencionados e merecerem a atenção nas reuniões.

O projeto *Pesquisa e levantamento de fontes para a História Regional* começara em 1960.[9] Também o projeto *Pesquisa e levantamento do comércio importador e exportador do Paraná através do Porto de Paranaguá no século XIX*, coordenado pela professora Westphalen, seguia um percurso de investigação que se beneficiava dos arquivos localizados no projeto de levantamento de fontes, com o acréscimo de ser apoio para o relacionamento institucional de Westphalen com o curso, uma vez que por ele estabelecia interlocução com Fernand Braudel, alinhando-se à investigação do historiador francês sobre o comércio atlântico.[10]

---

[9] Em 1962, o projeto recebeu novo nome: *Levantamento de fontes para a História Demográfica do Paraná*.

[10] Durante vários anos, de 1968 a 1984, mesmo depois do fim do projeto, os arquivos da História do Paraná levantados pelo curso foram publicados nos números do *Boletim de História* do DEHIS.

Em 1961, outro projeto de pesquisa referente à História do Paraná examinava relatórios da Secretaria de Agricultura do Estado, com viagens de reconhecimento a núcleos coloniais, contatos com personalidades locais e entrevistas nos pontos que eram chamados de lugares de "povoamento tradicional". A pesquisa desenvolvida sobre os *russos brancos estabelecidos nos campos gerais* indicava a região do estado em relação à qual se constituía uma memória produzida pelo DEHIS: os Campos Gerais, na porção mediana do estado, a oeste, início da área identificada como "o segundo planalto" paranaense. Era o projeto *Campos Gerais* desenvolvido pelo departamento. O projeto foi ampliado para abranger outros núcleos coloniais de imigrantes nos Campos Gerais, tendo sido ampliada "uma análise preliminar da contribuição dos novos contingentes populacionais para a mudança na estrutura agrária dos Campos Gerais", em função do processo de "formação e desagregação" da estrutura tradicional de produção com a extinção do escravismo.

O curso de História da UFPR articulava-se em torno de um tronco comum que lhe dava prestígio e livre trânsito pelos governos estadual e federal, ao fixar, enquanto revia e renovava uma história clássica paranaense gestada em academias de letrados e eruditos — principalmente o Centro de Estudos Bandeirantes e o Instituto Histórico, Geográfico e Etnográfico Paranaense —, uma outra historiografia do estado.

Girando em torno de arquivos que ele mesmo produzia com o fim manifesto de contribuição ao profissionalismo histórico nacional, ia criando as condições para sua existência institucional reconhecida na base de uma longa série de documentos que lhe facilitava uma história sob a base de grandes listas demográficas — com cujos argumentos elaborava uma identidade de estado imigrantista para o Paraná como um todo. A professora Westphalen afirmava que não cabia falar em classes e clivagens sociais de modo geral quando se tratava de demografia, uma vez que nela o povo era indistinto. A identidade paranaense que o curso de História da UFPR elaborava, de bem com o Estado, saltaria, porém, sobre teorias que açulassem conflitos. No curso de História da UFPR, não houve vez para o marxismo. É o que veremos a seguir.

História, ciência para o regionalismo: o salto sobre o marxismo[11]

Como assinalamos anteriormente, Falcon registrou como se estruturou a institucionalização da pós-graduação brasileira em 1971, relevando o que caracterizou como "o cerco ideológico das 'ideias subversivas'" na ponta do processo de critérios para a organização do sistema de ensino pós-graduado.

As palavras de Elza Nadai (*Idem*) relativas à renovação da produção histórica nos anos 1970 parecem não caber à produção historiográfica do curso de Mestrado em História da UFPR nos anos 1970:

> A ditadura implantada [...] desfechou também um golpe nas diferentes experiências de ensino. Escolas fechadas, professores e alunos presos e respondendo a processos-crimes [...] contraditoriamente, na mesma época, apesar da censura e da implantação de outros mecanismos coercitivos, a produção histórica foi se renovando com o emprego da dialética marxista como método de abordagem e com a incorporação de temas de pesquisa abrangentes e direcionados para o social como a escravidão e a economia colonial. Nos anos 1970, a busca de novos temas se acentuou com a incorporação de estudos sobre a classe trabalhadora, começando pelo operariado, sua imprensa, movimentos associativos, suas formas de luta e de resistência e atingindo os estigmatizados — camponês, mulheres, prostitutas, homossexuais.

Em 2.6.1980, Hubert Chabornneau, professor titular do Departamento de Demografia da Universidade de Montreal, depois de uma estada em Curitiba para oferecer um curso no DEHIS da UFPR, dizia em carta à professora Cecilia Westphalen que ela já poderia cogitar a criação de um programa de doutorado em Demografia Histórica e em História Social com as seguintes palavras: "*J'ai été très content de constater l'evolution de la Démographie Historique au* Departamento de Historia de l'Universidade Federal do Paraná."[12] E ainda completava: "*Je vous felicite donc d´avoir reussi à etablir en quelques années un centre d'excellence en démographie historique.*"[13]

---

[11] Agradeço a meu colega Ricardo Marques de Mello por me fazer, em conversa informal, esta formulação simples. O curso de História da UFPR "pulou o marxismo".

[12] "Eu estou muito contente de constatar a evolução da Demografia Histórica no Departamento de História da Universidade Federal do Paraná" (tradução nossa).

[13] "Eu a felicito por ter conseguido estabelecer em poucos anos um centro de excelência em Demografia Histórica [na UFPR]" (tradução minha). Carta de Hubert Charbonneau a Cecília Maria Westphalen. Arquivo Cecília Maria Westphalen. Arquivo Público do Paraná. Caixa 3, PI 15. Documento não identificado.

A criação em 1971 de seu curso de mestrado disparava a formação de uma mentalidade diferencial de seus professores em torno do aperfeiçoamento científico e técnico do historiador — na esteira do investimento em áreas de ciência e tecnologia incrementadas pela doutrina do desenvolvimento nacional. E o curso de História da UFPR assim o fez com ações voltadas para a identificação, conservação e localização de arquivos públicos administrativos, paroquiais e cartoriais, como já indicamos. A existência e a identificação de enormes séries de documentação regular favoreceram, aliadas a contatos acadêmicos nacionais e internacionais, o desenvolvimento de pesquisas quantitativas baseadas no tratamento e apresentação de dados estatísticos. Um centro reconhecido internacionalmente que punha o curso do Paraná como coevo com outros centros internacionais reconhecidos.

A celebração do Departamento de História da UFPR por Charbonneau e de sua *expertise* em Demografia Histórica decorre de uma longa série de acontecimentos e da execução de alguns conceitos ao longo de duas décadas, processo que resulta de um cálculo programático e pragmático articulado a oportunidades políticas, gestão de recursos humanos e observação da elaboração da legislação para o ensino superior e médio que promovia a pesquisa histórica, no entendimento dos formuladores do curso de História da UFPR, ao mais alto grau de prestígio com relação ao ensino especializado. No jornal *O Estado do Paraná*, em 4.7.1976, a professora Altiva Pilatti Balhana exaltava o mestrado do DEHIS, avaliando que, de 1972 até aquela data, 20 dos 23 alunos já haviam defendido tese (sic), o que seria uma "ótima média, já que em outros centros, não só do Brasil, mas do exterior, a média fica entre 50 e 60 por cento".

Em 1978, Cecília Maria Westphalen concedeu pequena entrevista à revista *Veja* sobre o contexto da abertura política brasileira e a relação com a universidade. À pergunta sobre se a UFPR era uma universidade com "pensamento de direita", a professora respondeu a partir de sua experiência.

> A universidade, profundamente inserida na vida da região, a um só tempo age sobre e reflete a realidade regional. O Paraná é uma região, pela sua própria formação, democrata. Democracia de sangue, de afetos, de crenças e de esperanças. O Paraná, com neve ou seca, é o celeiro que alimenta o Brasil, realizando na prática a liberdade que se conquista pela dignidade do trabalho. O Paraná é democrata. *Assim, a universidade, nesse sentido, é democrática, e não se curva ante a opressão ideológica*

> *das esquerdas de importação*, prosseguindo em paz e liberdade os seus trabalhos de ciência e ensino[14] [grifo nosso].

Há um documento no Arquivo de Cecília Maria Westphalen, uma folha sem data e solta, com o título de "Comentários ao relatório da área de História" — é provável que o relatório seja o *Diagnóstico e Avaliação dos cursos de História no Brasil*, de 1986. No interior do texto, há o que seria uma primeira parte intitulada "Decálogo do mal-querer", onde, numa linguagem semelhante à da entrevista da professora Cecília Westphalen à revista *Veja* citada anteriormente, podemos ler:

> [...] Tão pouco (sic), devem ser admitidas concessões feitas aos modismos e aos patrulhamentos ideológicos. Um dos modismos em voga é a admissão da falsa dicotomia de uma história dos vencidos e de uma história dos vencedores, como se o processo histórico não fosse um só, a história de todos, de vencidos e vencedores, como Hegel já o colocava, o senhor é na verdade o escravo do escravo. Depois, são questões metodológicas. *Somente o emprego de novas metodologias e a utilização de novas fontes, como o faz por exemplo a* "Demografia Histórica", *é que permitiram a inclusão de todos os homens e não apenas de alguns homens. Uma das patrulhas atuantes na historiografia brasileira da atualidade é a dos historiadores marxistas, sobretudo dos* soi-disant *marxistas* [...][15] [grifo nosso].

A afirmação, supostamente da professora Westphalen, é indicativa e taxativa acerca dos "historiadores marxistas". O curso de Mestrado de História na UFPR no contexto dos anos 1960 e 1970, em que as universidades brasileiras foram vigiadas pela ditadura militar, foi favorecido, convenhamos, ao não ser molestado, o que lhe permitiu prover o Estado do Paraná de uma História

---

[14] Cx 2, PI 15, Arquivo Cecília Maria Westphalen, Arquivo Público do Paraná (APP). O arquivo não tem tratamento da informação, não está organizado, não tem catálogo, notação, instrumento de busca. Apenas as 15 primeiras caixas têm numeração e são anotadas como PI, "produção intelectual", sem nenhum instrumento de busca de informação.

[15] Cx 2, PI 15. É bastante provável que o documento tenha sido de Cecília Westphalen, mas não se descarta a ideia, aqui, de que tenha sido um documento de outrem simplesmente recolhido ao seu acervo. No alto da página, à esquerda, há uma anotação com a letra da professora Westphalen, com os seguintes dizeres: "Original enviado à Maria Beatriz". As expressões "história dos vencidos" e "história dos vencedores" é alusão provável ao livro de Edgar de Decca *1930: o silêncio dos vencidos*, publicado em primeira edição em 1981. O livro teve grande aceitação da parte do pensamento de esquerda dentro da comunidade universitária de historiadores.

que elaborava um conhecimento como saber regional de identidade firmada na ideia de um receptivo e plural "estado de imigrantes", que não levantava críticas, fomentava solidariedades mas não conflitos, além de não dar curso à difusão do pensamento e da doutrina marxista. Não havia marxismo no curso de História da UFPR.

Num contexto de lutas políticas contra a ditadura em universidades de Rio de Janeiro, São Paulo, Minas Gerais, Brasília, a realidade do curso de História na UFPR era bem outra. O curso não sofria com a ditadura. Apenas a presença da ditadura através da Assessoria Especial de Segurança e Informação (AESI), cujos agentes eram quase onipresentes na universidade e, eventualmente, assistiam a aulas e faziam reprimendas, era contestada. Não havia exatamente uma blindagem, mas havia também alguma alienação dos alunos com relação aos acontecimentos políticos. Não havia professores militantes, e era possível dar aulas sobre a história do Fascismo, do Nazismo, do Comunismo, sem desconforto. Não havia pesquisas politicamente engajadas. As civilizações ocidentais podiam ser trabalhadas normalmente, facilitadas pelo que ex-professores identificam na base da bibliografia francesa, considerada suficiente para se trabalhar com todos esses temas.

A repulsa ao marxismo provinha ainda do crivo sobreposto pela professora Cecília Westphalen, em especial de um crivo ambíguo que deixa dúvidas sobre se havia uma opção teórica pelos *Annales* ou a política, receosa mesmo da emulação dos ânimos políticos que o marxismo poderia provocar. Da parte da professora, se não gostava da crítica marxista por questão aparentemente de escolha teórica, deveria imaginar que a liberdade de pensamento não poderia ser tolhida: não suportava a colocação de agentes da ditadura infiltrados no curso, a título de vigiar as aulas. A professora nunca falara em neutralidade do conhecimento histórico, comungava o que seriam as ideias de renovação dos *Annales*, mas era avessa a muita teorização, a que, provavelmente, identificava com um pouco de marxismo, a cujo fundamento teórico, na década de 1970, ela associava certa militância política deletéria ao bom desenvolvimento da ciência histórica. Sobre liberdade intelectual, a professora se identificava por certo limite que procurava impor ao uso muito livre do raciocínio e da abordagem, uma vez que era contra a citação de historiadores marxistas em trabalhos de dissertação e tese.[16] No curso dos acontecimentos

[16] As informações sobre o curso de História da UFPR no trecho acima, por nós editadas, nos foram dadas pelo professor Sérgio Odilon Nadalim, contemporâneo, aluno e orientando da professora

da criação do Mestrado em História da UFPR, mesmo com o fim da cátedra, foram os já ex-catedráticos que conduziram o processo e mantiveram a porção de autoridade a eles atribuída para fazer o curso acontecer. Mesmo que com ambiguidades. [17]

O curso de História da UFPR, com seus projetos estratégicos que nos anos 1960 abriram caminho ao Mestrado, localizou, levantou e identificou uma documentação alinhada à ideia de que ela seria imprescindível ao desenvolvimento do estado no curso do desenvolvimento nacional naqueles anos, quando seu Mestrado logo se qualificou como o primeiro Mestrado em História no Brasil de universidade federal reconhecido como "de excelência", em 1976. Durante seus primeiros anos de funcionamento, os encontros da APUH sempre registraram o empenho do curso de História da UFPR em cuidar dos arquivos paranaenses, cujas ações deveriam ser seguidas.

Daí a constituição de um campo de pesquisa que ganhou relevância na UFPR e lhe conferiu muita autoridade: o campo da pesquisa em História Demográfica Quantitativa, favorecido pelo vasto material de documentação sobre o Paraná localizado, identificado e descrito, onde os então mestrandos iam buscar material para suas dissertações. Vêm daí dois fatos indispensáveis para se pensar a história desse curso: o de que ele ajudou a criar na historiografia paranaense a tradição de que História do Paraná é a história da ocupação territorial do estado, tema persistente ainda hoje em boa parte da historiografia paranaense, e o de que foi dada ao Paraná uma identidade da qual o estado até hoje não se descolou: a identidade do estado imigrantista, branco, europeu — alemão, ucraniano, polonês, italiano. O curso de História da UFPR desempenhou papel indispensável na criação dessa identidade.

Cecília Westphalen, em entrevista concedida em Curitiba a 14.4.2014. Ao professor gostaríamos, agora, de agradecer pela cessão da entrevista e pela autorização de divulgar as informações que nos prestou, com grande gentileza e solicitude.

[17] No tocante ao antimarxismo, a história dessa rejeição no curso de História da UFPR vinha de mais longe. O clericalismo da primeira geração de professores, recrutados entre os anos 1930 e 1940, egressos de lugares acadêmicos de eruditos letrados — como o Círculo de Estudos Bandeirantes e o Instituto Histórico, Geográfico e Etnográfico do Paraná — embasava-se em ideais de repulsa ao marxismo que se mantiveram depois. Essa distinção fizemos em artigo mencionado antes: Fagundes (2014).

Considerações finais: a SBPH do afastamento escola universidade e a reconceituação dos dilemas atuais

Os desafios que os cursos de História enfrentam hoje com relação a suas graduações e sua relação com a escola básica têm história. Eles estiveram vincados a escolhas, no caso da UFPR, por uma universidade de pesquisa especializada e menos para o ensino de História escolar. Do curso de História da UFPR saíram figuras que estiveram à frente da criação da Sociedade Brasileira de Pesquisa Histórica (SBPH) em 1981 — dissidência da ANPUH derivada da discórdia da segunda metade dos anos 1970, quando pós-graduandos e professores de escola quiseram participar da associação, sofrendo resistência sistemática de muitos professores que desejavam uma História especialista para especialista *tout court*.[18]

No arquivo de Cecília Maria Westphalen, documentos espalhados em várias caixas, nem sempre documentos oficiais, mas cartas trocadas na intimidade e confidencialidade das amizades acadêmico-pessoais, registram os bastidores da criação, em 1981, da Sociedade Brasileira de Pesquisa Histórica, a SBPH, e seu histórico resumido é o do desdobramento de uma dissensão dentro da ANPUH suficiente para esclarecer com o que estão implicadas estas considerações finais.

O histórico de criação da SBPH está registrado nos termos proferidos talvez mais por historiadores da área do Ensino de História do que propriamente no interior de trabalhos historiográficos que discorrem sobre a história dos cursos de História. A criação da SBPH se inscreve numa narrativa do progressivo afastamento entre professores de História da escola e acadêmicos de História

---

[18] Sobre a criação da SBPH e suas vicissitudes, contextualizando-a, há um desenvolvimento razoável no texto de Ilka Miglio de Mesquita e Ernesta Zamboni, "A formação de professores na trajetória histórica da Associação Nacional de História (ANPUH)", publicado como capítulo em *Espaços de formação de professores de História* (Papirus, 2008), organizado por Ernesta Zamboni e Selva Guimarães Fonseca. Há ainda o texto de Margarida Maria Dias de Oliveira, no capítulo "O ensino de História como objeto de pesquisa no Brasil", em *O direito ao passado. Uma discussão necessária à formação do profissional de História* (Editora da Universidade Federal de Sergipe, 2011). E *História & ensino de História*, por Thais Nivia Lima e Fonseca, publicado pela Autêntica Editora, 2003. Há, no Arquivo de Cecilia Maria Westphalen, muito material não organizado que informa sobre seu envolvimento pessoal na criação da sociedade e sobre acontecimentos ligados ao fato. O curso de História da UFPR teve papel relevante na criação daquela entidade, principalmente encarnado na figura da professora Cecília Westphalen, integrante da diretoria da ANPUH naquela quadra histórica. Ele seguiu a tradição de sempre tentar fazer os cursos e cada vez mais próximos dos grandes centros de produção historiográfica nacional e internacional.

da universidade, revelando considerações em torno das diferentes finalidades úteis da História a cada um desses universos.

O advento de análises sob o aporte teórico da História Cultural, como quer Fonseca (2011:18), sobre a natureza vária da formação de professores de História, de estudos e conceituações — que requalificam, revalorizando, o que é disciplina escolar, saber histórico escolar, produção de conhecimento histórico escolar, cultura histórica escolar, e outros — fixa outra linha interpretativa que defendemos, a qual, com o devido cuidado com os anacronismos, não se furta, no entanto, a ver o passado com as perguntas do presente — com o que práticas anteriores ficam compreensíveis — e se enraíza numa herança em formação. A crítica peremptória do preceito reprodutivista de que a escola repassa o saber de referência universitário histórico foi feita e constata-se que há grandes disparidades quanto aos interesses pela História da parte de alunos/professores universitários e alunos/professores escolares da disciplina. Tudo induz à modificação na análise do juízo de valor da universidade com relação à escola quando se trata da articulação entre as instituições em prol da História saber — seus produtores, consumidores e tudo o que os vincula. Formulações atualizadas se voltam sobre o passado para revê-lo, a fim de examinar e lidar com heranças recebidas. As áreas de história da História, de Ensino de História — e, mais recente, de história dos cursos de História — ajudam-nos a perceber o que um padrão de curso nos ensinou e sobre o que só hoje conseguimos refletir: o que é a História para a escola, para a universidade, para públicos não especialistas. São distinções que informam nossas indagações. A história dos cursos de História pode nos ajudar a entender o manto sob cuja herança boa parte dos historiadores se acostumaram a desdenhar do conhecimento de História produzido pela escola. Iniciativas como os mestrados profissionais, projetos como o da criação do profissional historiador, o Programa de Iniciação à Docência (PIBID) são ações em cursos de História, ainda que com alguma dose de aleatoriedade e experimentação, que tentam equacionar dilemas derivados de realidades novas, induzindo outra relação da universidade histórica com a escola revista e rediscutida, tomada como *locus* de um público gigante de 50 milhões de pessoas.[19] Todas essas iniciativas e ações trazem fundamentos e razões que

[19] No artigo *Entre tradição, inovação e renovação: sobre cursos de História brasileiros* (Fagundes, 2015), tentamos alinhavar algumas iniciativas levadas a cabo por vários cursos de História brasileiros, realizadas em geral voluntariamente, não institucionalizadas, muitas com algum volun-

deslocam e/ou reveem a função da História, o perfil profissional, as áreas de atuação, os focos de formação, os desenhos institucionais de cursos, de modo a pôr em xeque uma ontologia do "ser da História".

A colaboração do curso de História da UFPR para a constituição de uma ciência histórica no Brasil é robusta, mas em certo momento da história não se pode desprezar o fato de que, provavelmente, seu desenho institucional e suas finalidades públicas não resistiriam, à luz das teorias desenvolvidas depois, a críticas sobre sua inadequação, como modelo a ser seguido hoje, aos dilemas postos ao campo histórico. Não é ilegítimo, nem metodologicamente inadequado, que uma história do curso de História da UFPR talvez requeira ser feita por uma *história a contrapelo*, uma história do ponto a que chegamos para trás, pensando hoje que, se pudéssemos voltar no tempo, teríamos feito de outro modo. O diagnóstico dos desafios da disciplina, como os vivemos hoje, não nos deixa enganar, situação desafiadora e repleta de nós e resistências para o que o curso de História da UFPR teve papel relevante como auxiliar direto na formação em História que temos hoje, desafios que ensejam críticas cruciais até mesmo ao destino de nossa profissão.

Referências

ATA I DA REUNIÃO DO DEPARTAMENTO DE HISTÓRIA DA FACULDADE DE FILOSOFIA DA UNIVERSIDADE DO PARANÁ, realizada em 2.12.1964 [registrando sua constituição em princípios de maio de 1959]. *Revista História: Questões & Debates*, Departamento de História (UFPR), n. 50, p. 285-315, jan.-jun. 2009.

BITTENCOURT Marly Accioly; ROTTEMBERG, Regina; PINTO, Marly G. de Souza. A necessidade de especialização para o magistério secundário de História. *Revista de História*, Centro de Estudos de História (UFPR), n. 1, p. 19-23, 1962.

BOLETIM DA UNIVERSIDADE FEDERAL DO PARANÁ. Faculdade de Filosofia, Ciências e Letras. Departamento de História. *Arquivos Paranaenses*. Curitiba, 1969: Departamento de História (Faculdade de Filosofia, Ciências e Letras), n. 9.

tarismo e na maior parte do tempo de caráter extracurricular. Algo, a nosso ver, que pode dizer muito sobre a história dos cursos de História — e, por que não? — do modelo de universidade brasileira predominante.

FAGUNDES, Bruno Flávio Lontra. História, historiador e identidade profissional. Sobre a história do curso de História da Universidade Federal do Paraná. *Revista Estudos Históricos*, Programa de Pós-Graduação em História, Política e Bens Culturais (PPHPBC), FGV, v. 27, n. 54, p. 295-315, 2014.

______. Entre tradição, inovação e renovação. Sobre cursos de História brasileiros. *Revista Saeculum, Revista de História*, PPG-História, Universidade Federal da Paraíba, n. 32, p. 159-181, jan.-jun. 2015.

FALCON, Francisco. História e memória: origens e desenvolvimento do programa de pós-graduação em História da Universidade Federal Fluminense. *Revista História da Historiografia*. Ouro Preto, n. 11, p. 15-32, abr.-mai. 2012.

______. A cadeira de História Moderna e Contemporânea e o ensino e a pesquisa histórica na FNFi-UB. In: MATTOS, Ilmar Rohloff de. *História do ensino de História*. Rio de Janeiro: Access, 1998, p. 111-134.

FERREIRA, Marieta de Moraes. Por um novo ensino de História: os desafios dos anos 1959-60. In: ROCHA, Helenice; MAGALHÃES, Marcelo; GONTIJO, Rebeca (orgs.). *O ensino de História em questão*. Cultura histórica, usos do passado. Rio de Janeiro, FGV Editora, 2015.

FONSECA, Thais Nivia de Lima e. *História & ensino de História*. 3ª ed., Belo Horizonte: Autêntica, 2011.

HOFF, Sandino. Os fundamentos educacionais da Revista Criteria — 1964-1968. *Revista Roteiro*, Educação da Universidade do Oeste de Santa Catarina, v. 33, n. 2, p. 283-304, jul.-dez. 2008.

MACEDO, Alceu Ribeiro de. A Universidade Federal do Paraná. Um pouco de sua história. Artigo introdutório ao *Catálogo da Universidade Federal do Paraná*, 1977.

MACHADO, Daiane Vaz. Dois tempos de um percurso de experiências historiográficas: 1958-59 e 1970. As cartas que Cecília Westphalen trocou com Altiva Pilatti Balhana e Fernand Braudel. *Revista Patrimônio e Memória*, UNESP, v. 11, n. 1, p. 137-159, jan.-jun. 2015.

______. Perfis de engajamento: a ANPUH e a SBPH, 1977-1981. *Anais eletrônicos do XV Encontro Regional de História, ANPUH (PR), 26 a 29 de julho*, Curitiba, UFPR 2016.

MARTINS, Maria do Carmo. *A história prescrita e disciplinada nos currículos escolares*: quem legitima esses saberes? Bragança Paulista: Ed. EDUSF, 2002.

MOELLER, Alda Aracy e MARANHÃO, Eny de Camargo. *Universidade Federal do Paraná, Histórico do curso de Geografia, 1938 — 50 anos — 1988.* Local e Editora, 2002.

NADAI, Elza. O ensino de História no Brasil: trajetória e perspectiva. *Revista Brasileira de História*. São Paulo, v. 13, n. 25/26, p. 143-162, set. 1992-ago. 1993, 1993.

OLIVEIRA, Margarida Maria Dias de. *O direito ao passado*. Uma discussão necessária à formação do profissional de História. Aracaju: Editora da UFS, 2011.

SÁ MOTTA, Rodrigo Patto. *As universidades e o regime militar*. Cultura política brasileira e modernização autoritária. Rio de Janeiro: Zahar, 2014, 429 p.

SIQUEIRA, Marcia Dalledone. DEHIS, 30 anos de história, *Boletim 32 do Departamento de História (DEHIS)*, 1995.

SOUTO, Américo Augusto da Costa. Problemas atuais que perturbam o bom andamento dos trabalhos de pesquisa histórica no Brasil. *Revista de História*, Centro de Estudos de História (UFPR), n. I, 1962, p. 15-18.

WACHOWICZ, Ruy. Problemas do Curso de História. *Revista de História*, Centro de Estudos de História (UFPR), n. I, 1962, p. 24-29.

______. *Universidade do Mate — História da UFPR*. Editora da UFPR, 2ª ed., 2006.

WESTPHALEN, Cecília Maria. Atividades pluridisciplinares da Universidade. *Revista Criteria*, Conselho Estadual de Educação (PR), n. 9, jan.-junho 1969, p. 1-20.

______. *Faculdade de Filosofia, Ciências e Letras do Paraná — 50 anos*. SBPH (PR), 1988.

______; BALHANA, Altiva Pilatti. Introdução. *Boletim 9 da Universidade Federal do Paraná, Arquivos Paranaenses*, Faculdade de Filosofia, Ciências e Letras, Departamento de História, Curitiba, 1969, p. 5-18.

6

A formação superior em História na Faculdade de Filosofia da Universidade Federal de Minas Gerais (1941-1967)

Alessandra Soares Santos

A Faculdade de Filosofia de Minas Gerais[1]

No emblemático dia 21.4.1939, em meio às celebrações em homenagem a Tiradentes, realizou-se em Belo Horizonte a assembleia inaugural da Faculdade de Filosofia de Minas Gerais (FAFI), organizada por um grupo de professores vinculados ao tradicional Colégio Marconi — Clovis de Sousa e Silva, Braz Pellegrino, Arthur Versiani Velloso, Orlando de Magalhães Carvalho, José Lourenço de Oliveira, Guilhermino César, Nivaldo Reis e Mário Casasanta. A fundação da FAFI nessa data remetia à realização plena e tardia de um suposto projeto dos Inconfidentes que previa a criação de uma universidade em Vila Rica, atual Ouro Preto. Embora a Universidade de Minas Gerais tivesse sido criada em 7.9.1927 — data escolhida pelo presidente do estado Antônio Carlos Ribeiro de Andrada para sancionar sua aprovação, provavelmente motivado pelo mesmo ideal de realização de uma aspiração histórica —, ela não contava com uma Faculdade de Filosofia, reunindo apenas as escolas de nível superior de Direito, Odontologia, Medicina e Engenharia.

A abertura de faculdades de Filosofia como entidades de ensino superior na década de 1930 significou uma redistribuição do espaço social, pois elas constituíram um novo lugar científico no qual puderam ser organizadas

[1] A Faculdade de Filosofia de Minas Gerais foi a origem da atual Faculdade de Filosofia e Ciências Humanas (FAFICH) da Universidade Federal de Minas Gerais (UFMG), que por sua vez sucedeu em 1949 à Universidade de Minas Gerais. Antes de receber o nome que tem hoje, a FAFICH se chamou Faculdade de Filosofia, Ciências e Letras e, ainda, Instituto Central de Ciências Humanas.

algumas ideias que circulavam na sociedade brasileira naquele momento. As mais repercussivas delas foram as que demandavam a profissionalização dos educadores e a criação das chamadas "verdadeiras universidades" ou "universidades modernas". Estas expressões foram exaustivamente utilizadas nos debates político-educacionais da segunda metade da década de 1920 e da década de 1930, embora não houvesse um consenso sobre seu significado. De modo geral, as "verdadeiras universidades" seriam instituições que valorizariam a pesquisa, que promoveriam a investigação científica de maneira autônoma e que atribuiriam às faculdades de Filosofia a função de promover a integração das diferentes áreas do ensino superior através da formação cultural que propiciariam. Estes ideais orientaram a normatização e o funcionamento das faculdades de Filosofia estabelecidos pelo governo federal em 1939 e, consequentemente, a própria organização da FAFI.

Conforme descrito em seu regimento interno, em conformidade com as orientações federais, entre as finalidades da FAFI estavam a preparação de trabalhadores intelectuais para exercer atividade de ordem desinteressada ou técnico-científica, a formação de professores, a promoção de pesquisas e a colaboração com instituições educacionais oficiais ou reconhecidas.[2] Sua orientação didática pretendia oferecer formação adequada e especializada aos professores do ensino secundário e "vantagens de ordem cultural" àqueles que não pretendiam exercer funções de magistério. A profissionalização dos docentes não se apresentava, portanto, como único objetivo da FAFI, que também manifestava interesse em criar condições para o desenvolvimento de "pesquisas desinteressadas" e "sem objetivos práticos imediatistas", com o intuito de "formar, antes de tudo, o pesquisador, o cientista, o estudioso, o letrado, isto é, o homem que faz avançar a ciência e não somente o homem que repete eternamente a ciência feita pelos outros".[3] A distância entre a declaração de intenções e a realidade que se configurava naquele momento não permitiu que se avançasse no cumprimento deste segundo objetivo.

Até 1946, a FAFI funcionou na sede do Colégio Marconi em condições precárias, praticamente sem recursos. Apesar das inúmeras taxas que eram

[2] Regimento da Faculdade de Filosofia de Minas Gerais, cópia de 1947. Anotado e corrigido por Arthur Velloso. Setor de Registro e Arquivo Acadêmico Permanente da Graduação da FAFICH/UFMG.

[3] Faculdade de Filosofia da Universidade de Minas Gerais. *Kriterion*. Belo Horizonte, n. 13-14, jul.-dez. de 1950.

cobradas em matrículas, mensalidades e inscrições para concursos,[4] o orçamento era deficitário e dependia do aporte da entidade de imigrantes Casa d'Itália. Alguns professores lecionaram sem nunca ter recebido nenhum pagamento. Provavelmente por isso foram reconhecidos pela história oficial da instituição como "desprendidos", "abnegados" e "generosos", capazes de "sacrifícios ingentes" e de servir "sem outro interesse que não o da alta cultura".[5] Esse discurso — que hoje contribui para a perpetuação de condições de trabalho inadequadas dos professores no exercício da sua profissão —, proferido no contexto de criação da FAFI, elevou os professores da instituição a verdadeiros heróis.

O regimento da FAFI previa que os vencimentos dos professores fossem fixados de acordo com três critérios, a saber, a capacidade orçamentária da instituição, a natureza do ensino ministrado e a extensão do trabalho exigido. A baixa procura pelos cursos, confirmada pela impressão de que "a Faculdade de Filosofia começou com mais professores do que alunos",[6] resultou em baixo orçamento e, consequentemente, em dificuldades para pagar os professores. Gastos com publicação de anúncios em jornais, nos quais eram informados desde a data e os documentos necessários para a matrícula dos interessados até a abertura de inscrições para os exames de segunda época e exame final, também faziam parte da despesa corrente da faculdade. Além disso, ao condicionar os vencimentos de acordo com "a natureza do ensino ministrado", o

---

[4] A FAFI taxava praticamente todas as atividades dos discentes na instituição, fossem eles ingressos ou egressos. Além das taxas de inscrição para o exame vestibular, para o exame de segunda época, para defesa de tese, para concurso de catedrático e para concurso de docente livre, havia também as taxas de matrícula no curso, em cada série e em cada disciplina, além da taxa da caderneta de matrícula e da taxa de matrícula em curso extraordinário. Havia, ainda, as taxas de frequência no curso, em cada série, em cada disciplina e em curso extraordinário, as taxas de frequência de laboratório e de biblioteca, a taxa de frequência para os alunos ouvintes por cadeira e por mês e também por série e por mês, as taxas de expedição de diploma de bacharel, de licenciado, de doutor, as taxas de certificado de aprovação para promoção por matéria, para promoção independente de exame por série, e a taxa de certificado de aprovação em curso extraordinário (Anexo do Regimento de 1940. Tabela das taxas exigidas). O problema era antigo, pois em 1932 a *Gazeta Universitária*, jornal dos estudantes da Universidade de Minas Gerais, já questionava o que chamavam de "muralha chinesa" das taxas dos estabelecimentos de ensino no Brasil. Segundo o jornal, as cobranças eram abusivas e funcionavam como barreira para o ingresso dos que não tinham dinheiro para pagá-las (*Gazeta Universitária*, n. 5, Ano I, Belo Horizonte, 7 abr. 1932).

[5] ANUÁRIO da Faculdade de Filosofia da Universidade de Minas Gerais, 1939-1953, p. 17.

[6] HORTA, Cid Rabello. A Faculdade de Filosofia, núcleo da Universidade de Minas Gerais. *Revista da Universidade de Minas Gerais*, n. 10, mai. 1953, p. 121.

regimento sugeria uma hierarquia entre as disciplinas que também poderia dificultar o recebimento por parte de alguns docentes, especialmente das cadeiras de História. Uma reclamação recorrente entre professores e estudantes do curso de História era o pouco reconhecimento das contribuições que os estudos históricos poderiam dar para a solução dos problemas brasileiros sendo considerados inferiores na escala das Ciências Sociais.[7]

O primeiro regimento da FAFI foi elaborado em 1940 pelo Conselho Técnico Administrativo nomeado pela Assembleia dos Fundadores. O conselho era composto por cinco membros — sendo um deles o diretor do Instituto Ítalo-Mineiro Guglielmo Marconi, pelo menos enquanto vigorasse o contrato de manutenção entre as duas instituições —, que também se responsabilizavam pela organização do corpo docente e discente e pela regularização dos cursos junto ao Conselho Nacional de Ensino do Ministério da Educação e Saúde. No ano seguinte, foi concedida a autorização provisória de funcionamento da FAFI, o que permitiu o início das atividades dos cursos de Filosofia, Matemática, Geografia e História, Ciências Sociais, Letras Clássicas e Neolatinas na instituição. Logo a seguir foram criados os cursos de Física, Química e História Natural. O reconhecimento oficial, entretanto, só aconteceu em 1946, após serem comprovadas as condições financeiras, administrativas e didáticas da instituição de ensino conforme a legislação vigente na época.

Mas não teria sido apenas a satisfação de critérios legais o motivo para a demora no reconhecimento oficial da instituição, colocando em risco, inclusive, o reconhecimento dos diplomas das turmas em curso desde 1941. O contexto marcado pela Segunda Guerra Mundial pode ter sido um entrave nesse processo, pois a fundação e a manutenção de uma faculdade por uma instituição italiana em pleno contexto de radicalização dos nacionalismos estava sendo percebida por alguns setores da sociedade como o caminho para a realização dos propósitos educacionais de uma cultura estrangeira na cidade. Esta situação incômoda acabou acelerando o processo de transferência da faculdade para o prédio da Escola Normal com o apoio do governo do estado,[8] embora a efetiva incorporação da FAFI pela Universidade de Minas Gerais (UMG) só tenha acontecido em 1948, um ano antes de sua federalização.

---

[7] FERREIRA, Marieta de Moraes. Um novo desenho: o curso de História, da FNFi à UFRJ. *A História como ofício:* a constituição de um campo disciplinar. Rio de Janeiro: FGV, 2013, p. 59.

[8] HADDAD, Maria de Lourdes Amaral. *Faculdade de Filosofia de Minas Gerais*: raízes da ideia de universidade na UMG [Dissertação de Mestrado]. Belo Horizonte: Faculdade de Educação da UFMG, 1988.

Estas mudanças foram consideradas importantes para que a FAFI conseguisse participar mais efetivamente dos ideais de "liberdade acadêmica" e de "saber desinteressado" que deveriam nortear as faculdades de Filosofia. A orientação para a escolha do professor catedrático que comporia seu corpo docente — formado por professores catedráticos, docentes livres, contratados e auxiliares de ensino — era que ela deveria se basear em aspectos objetivos de apreciação de seu mérito científico, de sua capacidade didática e de seus predicados morais. Inicialmente, os professores catedráticos deveriam ser nomeados pela Assembleia de Fundadores mediante concurso de títulos e de provas ou através da transferência de outras instituições reconhecidas pelo governo federal.

Entre as obrigações dos professores catedráticos figuravam: a) apresentar com dois meses de antecedência do início das aulas o programa de sua cadeira para ser estudado pelo Conselho Técnico Administrativo;[9] b) apresentar até 15 dias depois do encerramento dos cursos uma comunicação por escrito a respeito da natureza e do número dos trabalhos práticos executados, da plena execução do programa ou das alterações nele realizadas, bem como os motivos que as justificavam; c) submeter os alunos, durante o ano letivo, a exercícios da matéria explicada. O regime de ensino estabelecia até como as aulas deveriam ser ministradas: em sessões teóricas e práticas, quando fosse o caso, e em sessões de seminários. O regimento de 1940 determinava, inclusive, as características de cada uma dessas aulas: as aulas teóricas visavam a exposição sistemática da matéria; as aulas práticas eram realizadas em laboratórios, gabinetes e museus visando a aplicação do conhecimento desenvolvido nas aulas teóricas; e os seminários consistiam em reuniões de docentes com um grupo de alunos para a realização de colóquios sobre um tema relacionado à disciplina ensinada. As aulas deveriam ser dadas rigorosamente de acordo com o horário, de modo que o programa de cada disciplina fosse ministrado em sua totalidade.[10]

Ainda segundo o regimento de 1940, aprovado pelo Conselho Nacional de Educação, entre as obrigações dos professores constava, inicialmente, lecionar "pelo menos três quartos do programa respectivo". O documento, que está datilografado, foi posteriormente corrigido nesse ponto com uma

---

[9] A partir de 1956, os programas passaram a ser apresentados para a apreciação das Comissões de Ensino antes de serem levados para aprovação da Congregação.

[10] Regimento da Faculdade de Filosofia de Minas Gerais, 1940, p. 26. Setor de Registro e Arquivo Acadêmico Permanente da Graduação da FAFICH/UFMG.

observação feita a lápis alterando o texto para "todo o programa respectivo".[11] A preocupação com o cumprimento do programa e a transmissão de todo o conteúdo previsto era tão significativa que, a partir de 1956, o regimento passou a considerar que a distribuição horária do número de aulas ao longo da semana não seria predeterminada, e sim obedeceria à necessidade de esgotar o programa. Era facultado ao professor ministrar aulas suplementares durante o último bimestre, sem ônus para a faculdade.[12] Como se vê, por este regime didático, embora na prática o professor catedrático detivesse todo o poder relacionado a sua matéria, sua liberdade didática e pedagógica era limitada por um rígido conjunto de normas que deveriam direcionar o seu trabalho.

A partir de 1963, permaneceu a obrigatoriedade de cumprimento de todo o programa, ainda que fossem necessárias aulas extras, mas o novo regimento deu mais flexibilidade para a ação do professor. Além de instituir o Departamento de Ensino, acrescentou às prescrições sobre a forma de ministrar o ensino em aulas teóricas, práticas e seminários a possibilidade de realização de trabalhos de campo e de outras formas de atividade didática, deixando a critério de cada professor a definição quanto a elas.[13]

A FAFI compreendia quatro seções fundamentais — as de Filosofia, Ciências, Letras e Pedagogia —, além da seção especial de Didática. O curso de Geografia e História compunha a seção de Ciências, juntamente com os cursos de Matemática, Física, Química, História Natural e Ciências Sociais. A partir do regimento de 1956, foram estabelecidas comissões de professores, denominadas Comissões de Ensino, para dar unidade ao desenvolvimento das diferentes cadeiras, sendo uma delas a Comissão de Geografia e História, que reunia todos os professores das disciplinas que compunham o curso, fossem eles catedráticos, assistentes ou auxiliares de ensino. As Comissões de Ensino buscavam evitar o isolamento das cátedras, preocupação que se manifestava nos documentos oficiais desde a década de 1930.[14]

Cada uma dessas comissões era composta pelos professores que estavam ministrando aula e deveria eleger um presidente para convocar reuniões men-

---

[11] Idem, p. 25.

[12] Regimento da Faculdade de Filosofia de Minas Gerais, 1956, p. 21. Setor de Registro e Arquivo Acadêmico Permanente da Graduação da FAFICH/UFMG.

[13] Regimento da Faculdade de Filosofia de Minas Gerais, 1963. Setor de Registro e Arquivo Acadêmico Permanente da Graduação da FAFICH/UFMG. p. 24.

[14] FÁVERO, Maria de Lourdes de Albuquerque. Da cátedra universitária ao departamento: subsídios para discussão. *23ª Reunião da Anped*. Caxambu, out. 2000.

sais e dirigir os trabalhos. Cabia às Comissões de Ensino se manifestar sobre medidas necessárias ao progresso e à eficiência do ensino, bem como enviar ao diretor da faculdade informações que pudessem auxiliar na elaboração do orçamento anual da instituição. Mesmo após a separação dos cursos de Geografia e História, em 1957, cada um dos cursos estava submetido a essa mesma comissão, o que só foi oficialmente alterado no regimento de 1963, que instituiu o Departamento de Ensino em substituição às Comissões de Ensino.

Ao longo das décadas de 1940 a 1960, a Faculdade de Filosofia de Minas Gerais manteve como finalidade essencial a formação de professores e a realização de pesquisas relacionadas aos seus campos de atuação. De que maneira essa concepção que buscava articular a formação docente com a preparação de pesquisadores se manifestou na graduação de especialistas em História é o que veremos a seguir.

O curso de Geografia e História

De acordo com as determinações federais que regulamentavam o funcionamento da FNFi e que serviram de modelo para a organização das demais faculdades, o curso de Geografia e História da FAFI tinha duração de três anos e poderia ser acrescido do curso de Didática para a obtenção da licenciatura. As disciplinas pedagógicas eram ministradas na Faculdade de Educação ao longo de mais um ano. A grade de disciplinas do curso em Minas Gerais entre 1941 e 1956 foi organizada conforme a seriação apresentada no quadro 1.

As informações sobre os professores das disciplinas do curso de Geografia e História da FAFI são descontínuas e estão fragmentadas em documentos diversos. O quadro 2 reúne alguns dados encontrados na documentação disponível e permite uma visualização geral do perfil dos professores através de seus currículos resumidos. Ainda que boa parte desses docentes não tivesse uma preparação formal para o magistério, em especial para o magistério superior, sua notoriedade no campo cultural de Belo Horizonte, a afiliação a sociedades científicas e suas experiências em atividades ligadas à educação os credenciavam para atuar no novo estabelecimento de ensino superior da cidade.

Dos professores que estiveram em exercício entre 1941 e 1956, constavam bacharéis em Direito, engenheiros, farmacêuticos e médicos. Nota-se que, já a partir de 1945, com a graduação da primeira turma do curso, foram incorporados ao quadro docente cinco professores com formação especializada, sendo quatro licenciados em Geografia e História e um doutor com título conferido pela FAFI.

Quadro 1: Grade curricular do curso de Geografia e História da FAFI (1941-1956)

Série	Disciplinas
1ª série	Geografia Física Geografia Humana Antropologia História da Antiguidade e Idade Média
2ª série	Geografia Física Geografia Humana História Moderna História do Brasil Etnografia
3ª série	Geografia do Brasil História Contemporânea História do Brasil História da América Etnografia do Brasil
4ª série	Administração Escolar Fundamentos Sociológicos da Educação Fundamentos Biológicos da Educação Didática Geral Didática Especial Psicologia Educacional

O professor Amaro Xisto de Queiroz foi o primeiro com formação especializada a compor o quadro docente da FAFI. Formado em 1945 no curso de Geografia e História da mesma faculdade, foi admitido naquele ano para ocupar a cadeira de História do Brasil em substituição ao professor catedrático. Posteriormente, lecionou também História da Antiguidade e da Idade Média e Geografia Humana. Por ocasião de sua formatura, sintetizou o debate que estava sendo travado desde a década anterior quando afirmou que a missão atribuída às faculdades de Filosofia consistia em guardar o caráter propriamente universitário, na medida em que estas permitiam ultrapassar o interesse puramente profissional em favor dos "altos e autênticos valores da cultura", ao mesmo tempo em que estariam "destinadas a exercer uma influência renovadora no nosso sistema de ensino" através da formação de professores para o ensino secundário.[15]

[15] QUEIROZ, Amaro Xisto de. A missão das faculdades de Filosofia: na formatura dos primeiros bacharéis da Faculdade de Filosofia de Minas Gerais. *Folha de Minas*, Belo Horizonte, Domingo, 3 mar. 1946, p. 1-4.

Quadro 2: Professores do curso de Geografia e História da FAFI (1941-1956)

Professor	Disciplina	Período	Informações acadêmicas
Alisson Pereira Guimarães	Geografia Humana	1945-1947	Formado em Geografia e História na FAFI-MG. Bacharel em Direito.
Amaro Xisto de Queiroz	História do Brasil História Antiga e Medieval Geografia Humana	1945-1948 1949 1950-1954	Formado em Geografia e História na FAFI-MG. Professor do Colégio Estadual de MG, Padre Machado, Santa Maria e Anchieta.
Antônio Camilo de Faria Alvim	História do Brasil Geografia do Brasil	1941-1949	Bacharel em Direito. Professor de História do Brasil e de Educação Cívica da Escola Normal de Itabira (MG).
Antônio José Vieira	Antropologia	1943-1953	Bacharel em Direito. Professor do Colégio Arnaldo.
Aníbal Matos	História da América	1947	Bacharel em Direito. Professor do Instituto de Educação.
Arnaldo Mendes	Geografia Física	1947	Engenheiro. Livre-docente da Escola de Engenharia de Belo Horizonte.
Élzio Fonseca Dolabela	Geografia Física Geografia Humana	1945-1947 1948	Formado em Geografia e História na FAFI-MG e em Geografia pela FNFi-UB. Professor do Colégio Marconi.
Francisco Salles de Oliveira	História Antiga	1947	Bacharel em Direito. Professor da Academia de Comércio de Juiz de Fora (MG).
Hamilton Leite	História do Brasil História Antiga e Medieval	1948-1952 1953-1956	Formado em Geografia e História na FAFI-MG. Professor do Colégio Marconi e Anchieta.
Ivon Rodrigues Vieira	Etnografia	1947	Médico.
Javert de Sousa Lima	História Medieval	1947	Bacharel em Direito. Professor do Colégio Arnaldo de Belo Horizonte.
João Batista Miranda	História do Brasil História Antiga e Medieval	1950-1952 1955-1957	Bacharel em Direito. Inspetor de Ensino e Deputado Estadual.
João Camilo de Oliveira Torres	História do Brasil	1941-1943	Formado em Filosofia na Faculdade de Filosofia e Letras do Distrito Federal. Professor dos colégios Santa Maria e Padre Machado, em Belo Horizonte.
José Albano de Morais	História da América	1944-1953	Bacharel em Direito. Inspetor de Ensino, professor do Colégio Marconi e do Ginásio Afonso Celso, em Belo Horizonte.
Jurandir Navarro Gonzaga	Geografia Humana	1947	Formado pela Escola de Agronomia e Veterinária de Viçosa. Professor do Colégio Afonso Arinos e na Escola de Agronomia e Veterinária de Curvelo (MG).
Lauro Gonçalves de Souza	Geografia Física	1947	Engenheiro. Livre-docente da Escola de Engenharia de Belo Horizonte.
Manuel Casasanta	História Moderna História Contemporânea	1947; 1956-1957 1953-1954	Formado em Farmácia e Direito. Professor da Escola Normal de Campanha (MG) e Inspetor de Ensino.
Mozart Meniconi	Geografia Humana	1947	Bacharel em Direito. Professor do Instituto de Educação.
Olinto Orsini de Castro	Etnografia do Brasil	1947; 1957	Médico e Farmacêutico. Catedrático da Escola de Medicina de Belo Horizonte. Professor de Sociologia do Colégio Universitário.
Tabajara Pedroso	Geografia do Brasil	1942-1947	Engenheiro Agrimensor. Título de Doutor em Geografia e História na FAFI-MG. Professor dos Colégios Estadual, Santo Agostinho e Marconi.

Poucos anos depois, entretanto, em 1952, o jornal *O Diário* publicou uma enquete realizada com formandos da FAFI na qual os universitários foram unânimes na avaliação de que a Faculdade de Filosofia "não dá formação, não orienta para o magistério, não fomenta pesquisa".[16] Das três perguntas formuladas, duas levantavam questões sobre a formação para a pesquisa. A entrevistada do curso de Geografia e História, a formanda Marina Santos, manifestou a intenção de se especializar em História antes de começar a lecionar, pois não se sentia preparada para a regência da matéria. Segundo ela Geografia e História deveriam ser dois cursos distintos, e na sua avaliação "a Faculdade falha completamente nas suas finalidades: orientar para o magistério e fomentar a pesquisa".[17]

O professor catedrático de História do Brasil era Antônio Camilo de Oliveira Alvim. Ele foi admitido em 6.6.1939 por ato da Comissão de Administração no momento da fundação da FAFI. Em abril de 1942, ministrou a primeira aula do curso de Geografia e História. Após a incorporação da FAFI pela Universidade de Minas Gerais (UMG) em 1948, tomou posse da cátedra em maio de 1950. Formado em Direito pela UMG, exerceu os cargos de deputado estadual, prefeito de Itabira (MG) e promotor de Justiça de Belo Horizonte antes de se dedicar à docência. Foi diretor da FAFI por três vezes, e entre as atividades pedagógicas de seu currículo que justificavam sua escolha como professor catedrático constavam os cargos de professor de História do Brasil e de Educação Cívica da Escola Normal Oficial de Itabira e de examinador em concurso de História e de Geografia do Colégio Estadual de Belo Horizonte.[18] Durante suas licenças, a cadeira era ocupada por João Camilo de Oliveira Torres, professor contratado de Ética, formado em Filosofia pela Faculdade de Filosofia da Universidade do Distrito Federal. Membro do Instituto Histórico e Geográfico de Minas Gerais e da Academia Mineira de Letras, João Camilo publicou "O sentido e a finalidade do Ensino Universitário" (1940), "O Positivismo no Brasil" (1943), "O Homem e a Montanha" (1944), entre outros.

O programa de História do Brasil no curso de Geografia e História da FAFI sofreu poucas alterações formais entre 1941 e 1956, embora seu cumprimento não pudesse deixar de estar associado ao perfil do professor que ministrava a

---

[16] ENQUETE "E agora, José?... E agora, Maria?..." Uma "enquete" com os formandos deste ano. *O Diário*, Belo Horizonte, 19 nov. 1952.

[17] Idem.

[18] ANUÁRIO da Faculdade de Filosofia da Universidade de Minas Gerais, 1939-1953, p. 318.

matéria em cada ano. A disciplina era cursada em dois anos consecutivos, na segunda e na terceira série do curso. Na segunda série, a cadeira privilegiava o estudo do Brasil colonial e articulava questões de historiografia brasileira ao conteúdo consagrado da matéria. Além dos programas, os pontos organizados para o sorteio antes das provas parciais também informam sobre os conteúdos que eram efetivamente ministrados. Através deles, podemos conhecer alguns dos temas que foram abordados na segunda série do curso no ano de 1945:

> 1 — a) As origens brasileiras da teoria da bondade natural. b) Fatores geopolíticos da unidade nacional. c) Ciclo econômico do pau-brasil. 2 — a) Psicologia do povo brasileiro. b) Os governos gerais do Brasil. c) Ciclo do couro. 3 — a) Formação espiritual do Brasil. b) A divisão das terras. c) Ciclo econômico do açúcar. 4 — a) Tendências da economia patriarcal no Brasil. b) Capitanias hereditárias. c) Ciclo econômico do ouro. 5 — a) Os resíduos culturais luso-afro-ameríndios. b) Explorações do litoral brasileiro. c) Ciclo econômico do tabaco. 6 — a) O índio brasileiro e a revolução francesa. b) Administração de Duarte da Costa. c) Ciclo econômico do diamante. 7 — a) As raças do Brasil. b) Administração de Tomé de Souza. c) Ciclo econômico do café. 8 — a) Evolução da economia brasileira. b) A descoberta do Brasil. c) Os franceses no Rio de Janeiro. 9 — a) Fundamentos geográficos e étnicos da cultura brasileira. b) Consequências dos grandes descobrimentos. c) O ciclo do ouro. 10 — a) Psicologia do povo brasileiro. b) A carta de Pero Vaz de Caminha. c) Evolução religiosa do Brasil.[19]

Percebe-se a ênfase no Brasil colonial e a preocupação em conjugar de maneira equilibrada os conteúdos de aspecto cultural, político e econômico em cada um dos pontos de prova. Não havia uma excessiva valorização do político, nem o culto dos grandes heróis e prevalecia o estudo do conteúdo que na década anterior era atribuído à cadeira de História da Civilização no Brasil. O debate sobre a noção de "civilização brasileira" que prevaleceu durante toda a década de 1930 na produção de ensaístas como Sérgio Buarque de Holanda, Gilberto Freyre e Afonso Arinos de Melo Franco teve reflexos na concepção de História que norteou o programa da cadeira de História do Brasil da FAFI. A proposta de estudo das "origens brasileiras da teoria da

[19] Lista dos pontos organizados para a segunda prova parcial. Curso de Geografia e História. Cadeira de História do Brasil. Relatório do Ano Letivo de 1945 da Universidade de Minas Gerais. Setor de Registro e Arquivo Acadêmico Permanente da Graduação da FAFICH/UFMG.

bondade natural" indica a influência dos estudos pioneiros de Afonso Arinos de Melo Franco sobre o assunto, visto que o tópico repete o subtítulo do livro *O índio brasileiro e a Revolução Francesa*, publicado por Afonso Arinos em 1937, quando era professor de História da Civilização do Brasil no curso de História da UDF. A referência à obra retorna no item 6a, cujo tópico é o próprio título do livro. A influência de Afonso Arinos também pode ser percebida no tópico 5a, que trata dos "resíduos culturais". O autor tomou emprestada a expressão da teoria de Vilfredo Pareto e a defendeu no livro *Conceito de civilização brasileira*, publicado em 1936.

O programa da cadeira de História do Brasil ainda previa o estudo da "sociedade patriarcal", que incluía tópicos sobre "a casa, o mobiliário e as alfaias coloniais", "a indumentária e a alimentação nos tempos coloniais" e a "decadência do patriarcado rural", indicando significativa influência das obras de Gilberto Freyre. A unidade sobre a "formação dos centros urbanos", com tópicos sobre "os fatores de formação das primeiras povoações", os "centros iniciais da vida colonial" e o "esplendor e decadência das cidades coloniais" foi inspirada pelos estudos de Sérgio Buarque de Holanda. Uma unidade sobre a "evolução cultural" brasileira também estava prevista no programa com tópicos sobre "a língua e a literatura", "as artes e as ciências", "as expedições científicas" e "o ensino e a educação" no Brasil colonial.[20]

Os conteúdos abordados pela cadeira de História do Brasil naquele momento eram considerados inovadores para a época, pois incorporavam o que havia de mais moderno na historiografia do período. Além disso, antes mesmo que houvesse a separação dos cursos de Geografia e História, em 1957, a cadeira de História do Brasil acabou incorporando leituras e discussões teórico-metodológicas que ultrapassavam o escopo mais restrito da matéria. Assim, em 1954, por exemplo, entre os dez pontos organizados para as primeiras provas parciais da segunda série, sete propunham questões relacionadas à historiografia brasileira e à pesquisa histórica. Os conteúdos ministrados nas aulas versavam, portanto, entre outros temas, sobre as diferentes periodizações da História do Brasil, sobre a historiografia brasileira dos séculos XVI ao XIX, sobre a crítica de textos na historiografia brasileira,

---

[20] ANUÁRIO da Faculdade de Filosofia da Universidade de Minas Gerais, 1939-1953; Diário de Classe da Cadeira n. 29 — História do Brasil — Segunda Série e Terceira Série; Diários de Classe de Geografia e História (1943-1952). Setor de Registro e Arquivo Acadêmico Permanente da Graduação da FAFICH/UFMG.

sobre os centros de cultura e de pesquisa histórica no Brasil, sobre a pesquisa e a formação da historiografia brasileira, sobre os grandes pesquisadores da nossa historiografia, sobre as coleções de fontes de História do Brasil no país, na Europa e em Portugal.[21]

Em 1955, a relação de pontos da primeira prova parcial da cadeira de História do Brasil, na segunda série, alternava tópicos de teoria e metodologia da História, historiografia brasileira e História do Brasil propriamente dita. Os pontos listados indicam que foram ministrados conteúdos sobre o significado dos estudos históricos segundo Macauly e Dilthey, sobre a corrente especulativa dos estudos históricos, sobre a causalidade histórica, entre outros.[22] Portanto, ainda que o curso de Geografia e História da FAFI tivesse como objetivo primordial a formação de professores para o ensino secundário, não se pode dizer que a preocupação com as especificidades do conhecimento histórico não existisse.

A separação dos cursos de Geografia e História

O desdobramento do curso de Geografia e História em dois cursos independentes foi amparado por uma lei federal sancionada pelo presidente João Café Filho em 1955. O debate sobre a separação dos dois cursos vinha sendo travado desde a década de 1940, quando o Conselho Nacional de Geografia (CNG), criado em 1937, e o Instituto Brasileiro de Geografia e Estatística (IBGE), criado em 1938, divulgaram resoluções e pareceres sobre a regulamentação da profissão de geógrafo e sobre como deveria ser a formação deste profissional pelas universidades brasileiras.[23]

A FNFi foi a primeira a reorganizar, naquele mesmo ano, o currículo do curso de História independente da Geografia. A FAFI realizou a separação dois anos depois, em 1957. Na ocasião, o então diretor da FAFI, Antônio Camilo Faria Alvim, consultou o diretor da FNFi, Antônio Carneiro Leão, a respeito

---

[21] Relatório do Primeiro Período de 1954. Pontos organizados para as primeiras provas parciais. Curso de Geografia e História — 2ª Série — Cadeira de História do Brasil. Setor de Registro e Arquivo Acadêmico Permanente da Graduação da FAFICH/UFMG.

[22] Relatório do Primeiro Período de 1955. Relação dos pontos da primeira prova parcial de História do Brasil. Curso de Geografia e História. 2ª Série. Setor de Registro e Arquivo Acadêmico Permanente da Graduação da FAFICH/UFMG.

[23] ARANHA, Patricia. O IBGE e a consolidação da geografia universitária brasileira. *Terra Brasilis* (Nova Série), n. 3, 2014.

da maneira como estava sendo organizado o curso naquela instituição.[24] O currículo proposto pela FAFI, entretanto, manteve algumas distinções em relação à organização do curso de História na FNFi, conforme o quadro 3.

A lei previa que "o currículo mínimo dos cursos de Geografia e de História das Faculdades de Filosofia constará, respectivamente, das disciplinas de Geografia e de História".[25] No curso de História da FAFI, esse currículo mínimo foi garantido pela manutenção das disciplinas de História Antiga, História Medieval, História Moderna, História Contemporânea, História do Brasil e História da América. A diminuição da carga horária das disciplinas de Geografia foi acompanhada da inserção de disciplinas específicas, como Introdução aos Estudos Históricos e Civilização Ibérica. A ligação da História com as disciplinas que estruturavam as Ciências Sociais na época também foi alterada. As disciplinas de Antropologia e Etnografia, que constavam na grade do curso de Geografia e História até 1956, foram substituídas pela disciplina de Sociologia. Além disso, as disciplinas História da Filosofia, que já era ministrada pelos professores de História nos cursos de Filosofia e Ciências Sociais, e Literatura Brasileira, do currículo do curso de Letras Clássicas, foram incorporadas como disciplinas obrigatórias no curso de História.

A nova organização curricular manteve a formação didático-pedagógica dos estudantes no quarto ano do curso de História. A partir de 1958, outras disciplinas do currículo de História foram distribuídas pelo último ano do curso, mas com grande variedade de organização. A partir daí a grade curricular do curso de História se tornou instável e nos dez anos seguintes sofreu importantes alterações, conforme indica o quadro 4. Entre 1957 e 1967, apenas duas disciplinas que compõem o primeiro ano do curso se mantiveram em todos os anos: História Antiga e Introdução aos Estudos Históricos. No segundo ano do curso, o núcleo de disciplinas comuns a todos os anos letivos foi composto por História Medieval e História do Brasil. No terceiro ano, História Moderna, História do Brasil e História da América estão presentes em todos os anos letivos. Em 1964, aparece pela primeira vez a disciplina Técnica do Trabalho Histórico, voltada para as questões relativas ao trabalho do historiador. Entretanto, ela foi descontinuada a partir de 1967.

---

[24] "Desejando inspirar-me no exemplo essa grande faculdade no tocante à execução da Lei n. 2594 que desdobrou os cursos de Geografia e História, venho consultar vossência como estão organizados aí os currículos dos referidos cursos." Telegrama 40 de 17.4.1956. Setor de Registro.

[25] Lei nº 2.594, de 8.9.1955. *Diário Oficial da União*, 14.9.1955, Seção 1, p. 17.273.

Quadro 3: Grade curricular dos cursos de História da FNFi (1955) e da FAFI (1957) após a separação do curso de Geografia e História

	Grade curricular do curso de História da FNFi (1955)[26]	Grade curricular do curso de História da FAFI (1957)
1º ano	Introdução Metodológica à História História da Antiguidade Geografia Humana Etnologia	Introdução aos Estudos Históricos História Antiga Civilização Ibérica Geografia Sociologia I
2º ano	História da Idade Média História Moderna História do Brasil Etnografia do Brasil	História Medieval História da América I História do Brasil I Literatura Brasileira Sociologia II
3º ano	História Contemporânea História da América História do Brasil História das Ideias Políticas	História Moderna e Contemporânea História do Brasil II História da América II História da Filosofia
4º ano	História da América Psicologia Educacional Fundamentos Biológicos, Sociológicos e Filosóficos da Educação Didática Geral e Especial Administração Escolar (a partir de 1954)	Psicologia Educacional Didática Geral Didática Especial de História Administração Escolar

A instabilidade das disciplinas, que resultou numa variedade curricular entre os anos finais da década de 1950 e toda a década de 1960, pode ser consequência tanto da dificuldade para preencher as vagas para docentes através de concursos públicos, como dos diferentes posicionamentos que marcavam os professores catedráticos que compunham o Departamento de Ensino a respeito das cadeiras que deveriam fazer parte do currículo do curso. Apenas Introdução aos Estudos Históricos, entre as disciplinas específicas que foram acrescidas ao currículo mínimo, manteve sua estabilidade. Esta era a disciplina que diferenciava, formalmente, a formação específica do historiador em relação ao geógrafo.

---

[26] FERREIRA, Marieta de Moraes. Um novo desenho: o curso de História, da FNFi à UFRJ. *A História como ofício*: a constituição de um campo disciplinar. Rio de Janeiro: FGV, 2013, p. 51.

Quadro 4: Grade curricular do curso de História da Faculdade de Filosofia de Minas Gerais (1957-1967)

	1957	1958	1959	1962	1963	1964	1967
1ª série	História Antiga Introdução aos Estudos Históricos Civilização Ibérica Sociologia I Geografia	História Antiga Introdução aos Estudos Históricos Civilização Ibérica Sociologia I Geografia	História Antiga Introdução aos Estudos Históricos	História Antiga Introdução aos Estudos Históricos Antropologia Fundamentos Geográficos da História	História Antiga Introdução aos Estudos Históricos Civilização Ibérica Sociologia I Geografia	História Antiga Introdução aos Estudos Históricos Civilização Ibérica Sociologia I Geografia	História Antiga Introdução aos Estudos Históricos
2ª série	História Medieval História da América I História do Brasil I Literatura Brasileira Sociologia II	História Medieval História da América I História do Brasil I Literatura Brasileira Sociologia II	História Medieval História do Brasil I	História Medieval História Moderna História da América I História do Brasil I	História Medieval História da América I História do Brasil I Literatura Brasileira Sociologia II	História Medieval História da América I História do Brasil I Literatura Brasileira Sociologia II	História Medieval História do Brasil I
3ª série	História Moderna e Contemporânea História do Brasil II História da América II História da Filosofia	História Moderna História do Brasil II História da América II História da Filosofia I Didática Geral Psicologia da Aprendizagem	História Moderna História do Brasil II História da América História das Ideias Econômicas	História Contemporânea História da América II História do Brasil II Etnografia do Brasil	História Moderna História do Brasil II História da América II História da Filosofia Didática Geral Psicologia Educacional	História Moderna História do Brasil II História da América II História da Filosofia Didática Geral Psicologia da Aprendizagem	História Moderna História do Brasil II História da América História das Ideias Econômicas
4ª série	Psicologia Educacional Administração Escolar Didática Geral Didática Especial de História	História Contemporânea História do Brasil (Regional) História da Filosofia II Técnica do Trabalho Histórico Administração Escolar Didática Geral Didática Especial de História	História Contemporânea História do Brasil III História da Filosofia Administração Escolar Didática Especial de História	Psicologia Educacional Administração Escolar Didática Geral Didática Especial de História Fundamentos Biológicos da Educação Fundamentos Sociológicos da Educação	Psicologia Educacional Administração Escolar Didática Geral Didática Especial de História	Hist. Contemporânea História de Minas Gerais História da Filosofia II Técnica do Trabalho Histórico PARA LICENCIATURA: Matérias Pedagógicas e Prática do Ensino	História Contemporânea História do Brasil III História da Filosofia Administração Escolar Didática Especial de História

Os conteúdos tratados pela cadeira de Introdução aos Estudos Históricos, levantados a partir da publicação dos pontos de provas, alternavam temas de teoria da história e historiografia brasileira. Nota-se uma mudança no programa da cadeira de uma perspectiva mais próxima de uma história das teorias da história para um viés mais reflexivo acerca das questões relacionadas à produção do conhecimento. Assim, em 1958, por exemplo, discutiu-se da teoria linear da história, passando pelas teorias relativistas e o problema da biografia, pelas teorias naturalistas e as discussões acerca da necessidade dos cursos de Metodologia Histórica, pela moderna historiografia brasileira, pelas teorias transcendentalistas e as periodizações ideológicas da história, pelas teorias circulares e a divisão didática da história, pelo historicismo e a causalidade histórica, pelo positivismo e as discussões a respeito do fato histórico, até a crise do pensamento histórico e a tarefa científica da história.[27] Já em 1959, aparecem mais claramente pontos relacionados à significação dos estudos históricos — a história e a explicação do presente, a história e a compreensão do homem, fins e valores da história — e à metodologia histórica — as tarefas do historiador, objetos da história, o fato histórico.[28] Chama atenção, também, o destaque dado às discussões sobre a ideia de civilização a partir de autores como Oswald Spengler e Arnold Toynbee, sobre o historicismo a partir dos textos de Dilthey e sobre a filosofia da história, principalmente a partir das leituras de Karl Jaspers.

A separação dos cursos de Geografia e História e a criação da cadeira de Introdução aos Estudos Históricos contribuíram para uma maior especialização dos graduandos. Ainda assim, a pesquisa histórica não alçou posição de destaque na FAFI. O Centro de Estudos Mineiros, criado na UFMG em 1956 com a função de publicar e promover debates sobre a história de Minas Gerais, era o principal incentivador de pesquisas na época, mas não estava atrelado ao curso de História, nem mesmo à Faculdade de Filosofia. A iniciativa ficava sob responsabilidade do Gabinete do Reitor, o que levava à conclusão comum de que a pesquisa histórica da Universidade se fez sem os professores de história.

---

[27] Pontos de provas parciais do ano de 1958. Curso de História. Disciplina Introdução aos Estudos Históricos. 1ª Série. Setor de Registro e Arquivo Acadêmico Permanente da Graduação da FAFICH/UFMG.

[28] Pontos de provas parciais do ano de 1959. Curso de História. Disciplina Introdução aos Estudos Históricos. 1ª Série. Setor de Registro e Arquivo Acadêmico Permanente da Graduação da FAFICH/UFMG.

Considerações finais

Ao tomar como objeto de investigação histórica a dinâmica de construção e funcionamento do Curso de História da Faculdade de Filosofia de Minas Gerais, procuramos ir além das conclusões baseadas exclusivamente nos textos e dados oficiais, produzidos por órgãos do estado. Buscamos informações numa documentação que, ainda que descontínua e fragmentada, nos permitiu abordar o funcionamento interno da faculdade e do curso em questão confrontando sua realidade tanto com a visão oficial quanto com outras realidades do mesmo período.

Assim, por meio do estudo da organização da Faculdade de Filosofia de Minas Gerais e da formação oferecida pelo Curso de História desde o início de seu funcionamento em 1941, quando estava atrelado ao Curso de Geografia, passando pela separação dos dois cursos em 1957, até as vésperas da reforma universitária de 1968, analisamos a dinâmica acadêmica dos primeiros anos da Faculdade de Filosofia e da formação superior em História oferecida em Minas Gerais para conhecer o processo da institucionalização dessa disciplina.

A análise da grade curricular e dos conteúdos abordados nas cadeiras de História do Brasil e Introdução aos Estudos Históricos revelaram algumas características assumidas pelo curso no período de 1941 a 1967, especialmente relevantes para a compreensão da maneira como se construiu a identidade deste saber especializado e das concepções historiográficas que nortearam sua organização. Ainda que a configuração do Curso de Geografia e História impusesse uma pesada limitação ao aprofundamento das questões específicas do ofício de historiador, vimos que a cadeira de História do Brasil buscava articular o conteúdo consagrado da matéria ao estudo de autores e obras referenciais da historiografia brasileira e às discussões teórico-metodológicas. Além disso, ao conjugar de maneira equilibrada os conteúdos da história cultural, da história política e da história econômica, a cadeira de História do Brasil se afastava de uma concepção mais tradicional marcada pela excessiva valorização do político e pelo culto dos grandes heróis, e se aproximava da perspectiva ensaística da historiografia brasileira, especialmente preocupada com a noção de "civilização brasileira".

Portanto, ainda que o Curso de Geografia e História privilegiasse a formação de professores para o ensino secundário, o fazia a partir de referências atualizadas da historiografia brasileira e oferecendo, dentro de seus limites, noções básicas sobre a especificidade do conhecimento histórico e os problemas da pesquisa histórica. Com a separação dos cursos de Geografia e História, a cadeira de Introdução aos Estudos Históricos foi introduzida na grade curricular do Curso de História com o objetivo de aprofundar estas questões. Aí eram abordados temas relacionados à história das teorias da história e à produção do conhecimento histórico. O período coincidiu com a ampliação do ingresso de docentes com formação especializada saídos recentemente do próprio Curso de Geografia e História, o que pode ter contribuído para dar uma nova dinâmica ao curso.

Referências

ANUÁRIO da Faculdade de Filosofia da Universidade de Minas Gerais, 1939-1953.

ARANHA, Patricia. O IBGE e a consolidação da geografia universitária brasileira. *Terra Brasilis* (Nova Série), n. 3, 2014.

BOURDIEU, Pierre. *Homo academicus*. Florianópolis: UFSC, 2011.

CERTEAU, Michel de. *A escrita da história*. Rio de Janeiro: Forense Universitária, 2008.

ENQUETE "E agora, José?... E agora, Maria?..." Uma "enquete" com os formandos deste ano. *O Diário*, Belo Horizonte, 19 nov. 1952.

FACULDADE de Filosofia da Universidade de Minas Gerais. *Kriterion*. Belo Horizonte, n. 13-14, jul.-dez. 1950.

FÁVERO, Maria de Lourdes de Albuquerque. Da cátedra universitária ao departamento: subsídios para discussão. *23ª Reunião da Anped*. Caxambu, out. 2000.

FERREIRA, Marieta de Moraes. *A História como ofício:* a constituição de um campo disciplinar. Rio de Janeiro: FGV, 2013.

____. Notas sobre a institucionalização dos cursos universitários de História no Rio de Janeiro. In: GUIMARÃES, M. L. S. (org.) *Estudos sobre a escrita da história*. Rio de Janeiro: 7Letras, 2007.

HABERMAS, Jürgen. A ideia da Universidade: processos de aprendizagem. *Revista de Educação*, Lisboa, vol. 2, 1987.

HADDAD, Maria de Lourdes Amaral. *Faculdade de Filosofia de Minas Gerais*: raízes da ideia de universidade na UMG [Dissertação de Mestrado]. Belo Horizonte: Faculdade de Educação da UFMG, 1988.

HORTA, Cid Rabello. A Faculdade de Filosofia, núcleo da Universidade de Minas Gerais. *Revista da Universidade de Minas Gerais*, n. 10, mai. 1953.

JULIA, Dominique. A cultura escolar como objeto histórico. *Revista Brasileira de História da Educação*, Campinas, n. 1, jan.-jun. 2001.

QUEIROZ, Amaro Xisto de. A missão das faculdades de Filosofia: na formatura dos primeiros bacharéis da Faculdade de Filosofia de Minas Gerais. *Folha de Minas*, Belo Horizonte, 3 mar. 1946, p. 1-4.

SANTOS, Alessandra Soares. Francisco Iglésias e o curso de Geografia e História da Faculdade de Filosofia de Minas Gerais (década de 1940). *História da Historiografia*, v. 11, 2013, p. 104-121.

SANTOS, Boaventura de Sousa. Da ideia de universidade à universidade de ideias. In: *Pela mão de Alice:* o social e o político na pós-modernidade. 7ª ed. Porto: Edições Afrontamento, 1999.

7

Um divórcio em dois tempos: a separação do curso universitário de Geografia e História

Patricia Aranha

> Saliento ao ilustre Prof. Alírio de Matos que a Faculdade Nacional de Filosofia não forma geógrafos. Meu intuito é tornar bem clara essa matéria atinente aos profissionais geógrafos.[1]

Inicio este trabalho citando a contundente fala do geógrafo Jorge Zarur no X Congresso Brasileiro de Geografia; ela é bastante significativa e representa a posição dos profissionais do Instituto Brasileiro de Geografia e Estatística (IBGE) com relação à formação em Geografia na universidade, dando o tom das bandeiras que levantavam em relação ao curso.

Desde a criação da graduação em Geografia e História na Universidade de São Paulo (USP) em 1934, e em Geografia na Universidade do Distrito Federal (UDF) em 1935, a universidade tornou-se o local privilegiado de formação do geógrafo. Após a fundação do IBGE em 1938 e da Universidade do Brasil (UB) em 1939, ficou estabelecido seu campo profissional no Brasil. Estas instituições funcionavam em conjunto, numa relação de associação que marcava a interferência que um ambiente teria sobre o outro.

Contudo, as noções do que seria o campo da Geografia ou do tipo de profissional geógrafo defendidas pelas universidades e pelo IBGE não compunham um todo coeso; muito pelo contrário, estas eram questões de disputa das instituições. Isso fica mais claro quando observamos as discussões relacionadas às reformas no curso de Geografia e História. Elas demonstram um

[1] Anais do X Congresso Brasileiro de Geografia, 1949, v. I, p. 264.

embate entre os interesses dos profissionais do Rio de Janeiro e de São Paulo. Enquanto os geógrafos ligados à UB e ao IBGE defendiam a separação entre os cursos e a formulação de um currículo que fortalecesse a identidade e a autonomia da Geografia frente a outros campos do conhecimento, os professores da USP defendiam a manutenção da união das disciplinas no ensino superior. O modelo de disciplinarização em São Paulo estava intimamente ligado à universidade, à formação de professores e à associação com a História e outras Ciências Humanas.

Sendo a universidade esse *locus* formativo do geógrafo, a principal questão em relação ao curso estava centrada em quem sairia graduado de lá: seria o geógrafo treinado para o trabalho de campo, o professor de Geografia, o intelectual que depois assumiria uma cátedra no mesmo local que o formou? Quando pensamos na complexidade inerente à formação de um profissional, o mais provável é que cheguemos à conclusão de que o ideal seria se todos esses papéis pudessem ser conjugados em uma só formação.

Esta era também a concepção de todos os geógrafos em relação ao curso universitário, uma formação completa, que os preparasse para as potencialidades da ciência geográfica. Se pudéssemos perguntar para ambos os lados qual seria então a formação ideal, a resposta provavelmente seria a mesma: preparar o geógrafo para a pesquisa e para a sala de aula, um profissional que não reproduzisse indefinidamente o conhecimento obtido nos bancos da Universidade, mas que desenvolvesse pesquisas de campo, que ensinasse a seus alunos sobre a importância desse trabalho, que se renovasse. Assim, a pergunta que fica é: como se formaram então os dois polos da disputa em torno do curso de Geografia e História?

É interessante pensar na raiz da discórdia entre os geógrafos, porque ela não nasceu a reboque da Universidade, e inicialmente não parece ter havido maiores questões em relação ao curso. Até mesmo quando as graduações de Geografia e História foram reunidas na UB, no Rio de Janeiro, em 1939, sob a batuta do ministro Gustavo Capanema, não havia nenhuma voz dissonante na Universidade. A constituição dos dois grupos antagônicos deu-se somente após a consolidação do IBGE, depois que o órgão assumiu papel preponderante em relação à Geografia e aos planos de desenvolvimento estatal brasileiro.

Longe do que pode parecer a um primeiro olhar, a caracterização deste ou daquele grupo não se dava por uma maior ligação com a Geografia humana ou física. Em momento algum houve uma defesa de que a Geografia deveria ser mais física ou mais humana: muito pelo contrário, tanto no discurso quanto em seu próprio fazer é notável a interação entre aspectos físicos e humanos nos dois grupos profissionais. Destaco ainda que o que é hoje entendido como Geografia humana e Geografia física estava sendo definido na época, que ambas são construções sociais, inscritas no tempo e eminentemente históricas. O condicionamento do olhar para delimitar o que era Geografia humana e Geografia física não estava posto, e portanto é necessário pensar em categorias diferentes, sair do nosso pensamento sobre o que é a Geografia hoje.

Tínhamos de um lado os geógrafos do Rio de Janeiro e de outro os de São Paulo, lutando pelo modelo de formação que acreditavam ser o mais pertinente para o profissional geógrafo. Tratarei aqui dessas controvérsias acerca do curso universitário de Geografia e História.

Primeiras tentativas de regulamentação do curso de Geografia e História

Desde o começo da década de 1940 houve tentativas de regulação do currículo e, consequentemente, de sua uniformização em todas as universidades brasileiras. No entanto, com o passar dos anos, o que parecia ser um consenso entre os geógrafos do Rio de Janeiro e de São Paulo se converteu em uma rivalidade.

Tanto nos cursos cariocas, na UDF e na UB, quanto no curso paulistano, na USP, o sentido voltado para a formação de professores secundários não arrefeceu a ligação dos cursos com o preparo de pesquisadores. A contratação de professores estrangeiros, principalmente franceses — entre eles destaco Francis Ruellan, Pierre Monbeig e Pierre Deffontaines —, estava associada ao treinamento dos alunos para a pesquisa, apesar, contudo, de esta ser executada de formas diferentes: no caso do Rio de Janeiro, muitas vezes com a associação de técnicos do IBGE, militares e engenheiros, e em São Paulo com uma maior troca entre os professores e alunos dos outros cursos da Faculdade de Filosofia, Ciências e Letras (FFCL) da USP (Favero, 2004:143-162).

O curso da UDF tinha uma proposta bastante diferente da do curso da USP, contando com disciplinas de treinamento para a pesquisa geográfica, como por exemplo "Trabalho de Campo" no terceiro ano. Professores e alunos retratavam a organização dessas atividades e sua importância como uma possibilidade de integrar os conhecimentos que aparentemente se encontravam fragmentados na matriz curricular dos cursos. Para os professores da UB, como Carlos Delgado de Carvalho e Francis Ruellan, a função do curso de Geografia era formar profissionais comprometidos com a exploração do país. O curso não seria apenas o meio de receber um diploma, mas uma base orientadora para as atividades do futuro geógrafo.

A própria cooperação profissional entre os professores no Rio de Janeiro e o ambiente profissional do IBGE acabou determinando os caminhos que a disciplina universitária tomaria; os membros do Instituto consideravam a atividade de pesquisa como a mais importante a ser desempenhada pelos novos profissionais.

O geógrafo Jorge Zarur escreveu sobre o assunto em trabalho intitulado *Geografia: ciência moderna ao serviço do homem*:

> Tenho a grande responsabilidade de continuar uma tradição, a tradição começada pelo meu grande mestre, o professor Delgado de Carvalho. Há quatro anos, no Congresso de Santa Catarina, ele falou aos congressistas sobre a Geografia Moderna e sua conceituação. Hoje, um dos seus discípulos vos falará sobre a possibilidade de se pôr a Geografia a serviço do Homem, torná-la uma ciência aplicada.
>
> [...] Nos últimos quatro anos da minha vida profissional, tive oportunidade de observar como a ciência geográfica progrediu. Trabalhando, não só aqui, no Brasil, como também no estrangeiro, tive a feliz oportunidade de, nos Estados Unidos, acompanhar de perto o movimento renovador, essa luta tremenda dos geógrafos modernos que pretendem tirar a Geografia das lides puramente acadêmicas ou dos laboratórios, pondo-a a serviço do homem e tornando-a uma ferramenta útil e básica para os administradores e planejadores. Voltei um entusiasta dessa batalha e, agora, quero ser um de seus soldados aqui na minha terra, que é, na realidade, o paraíso e grande laboratório dos geógrafos ativos.
>
> [...] Poderia começar esta palestra especulando sobre a escola regionalista ou qualquer outra corrente geográfica, mas preferi concluir apelando para que o Geógrafo possa trazer elementos ao Administrador, que precisa conhecer mais que todos as realidades da nossa Terra — o Geógrafo, instrumento do Administrador; o fornecedor dos fatos básicos da vida nacional —, o Geógrafo é o cientista que tem olhos especiais e que vê certas coisas de maneira bem diferente. Colhe o material das várias regiões, interpreta-o e o oferece, já completamente manipulado e trabalhado, ao Administrador, que, então, poderá fazer seus planos, realizar as tarefas de direção, baseado em conhecimentos reais das coisas do Brasil.
>
> Nos últimos dez anos, as nossas universidades se têm esforçado em formar professores de Geografia. Geógrafos no verdadeiro sentido da palavra são poucos e quase todos autodidatas. Tenho esperança de que, no futuro, teremos também o técnico de Geografia, o Geógrafo profissional, como eu vi nas várias regiões americanas por onde

> passei, pesquisando e não somente ensinando Geografia, mas indo ao campo para realizar pesquisas, construindo a Ciência Geográfica e dando-nos um conhecimento maior do mundo em que vivemos.
>
> Tornar-se um geógrafo verdadeiro é trabalho de uma vida inteira e requer sacrifícios, principalmente no nosso país [Zarur, 1944].

Em seu texto, Zarur toma para si a defesa do papel pragmático da ciência geográfica: sua finalidade última era desnudar elementos que serviriam às iniciativas do governo. Defendendo uma Geografia com utilidade, o profissional acabava por argumentar em prol do próprio IBGE como, por essência, o local de trabalho do geógrafo: como ele poderia melhor fornecer dados especializados ao administrador público senão através das atividades do órgão? Assim, associando técnica e aplicação prática, Zarur também evidenciava o quão distante estava a formação do geógrafo na Universidade das atividades que desempenharia.

Indo além em suas declarações, em uma das sessões plenárias do X Congresso de Geografia, onde apresentou este mesmo trabalho em sua comunicação, Zarur chegou a ponto de afirmar, conforme cito no início deste texto, que a FNFi não formava geógrafos. Ora, se a formação de professores era o principal objetivo das faculdades, onde se formariam os profissionais que se dedicariam ao trabalho de campo? Seguindo sua argumentação, os espaços de formação e de trabalho não estavam devidamente ajustados um ao outro: formando apenas professores, e não "geógrafos profissionais", o curso acabava por delegar ao IBGE, ou mesmo aos próprios geógrafos, o seu treinamento.

É interessante salientar que Zarur habilita ao mesmo tempo o IBGE e suas atividades quando prioriza o trabalho de campo. O conhecimento "sobre o Brasil e suas vastas regiões" era possível através das inúmeras expedições capitaneadas pelo Conselho Nacional de Geografia (CNG), abrigado no IBGE. Nelas, geógrafos, técnicos e alunos da Universidade poderiam se congregar, trocando experiências e aprendendo conjuntamente sobre o que era desenvolver um trabalho de levantamento territorial.

O papel dessas expedições era tão considerado que vários professores da UB também advogavam em seu favor. Francis Ruellan, por exemplo, em seus artigos "Orientação científica dos métodos de pesquisa geográfica", "O trabalho de campo nas pesquisas originais de geografia regional", e "Os métodos modernos do ensino da geografia", publicados nos anos de 1943 e 1944, defendia o ponto assinalado por Zarur e inclusive ia adiante: apresentava uma metodologia específica, com etapas programáticas, para as excursões efetuadas com a coparticipação do Conselho e de estudantes.[2]

Destaco que todos esses artigos de professores do Rio de Janeiro estavam alinhados em um sentido bastante específico: à tentativa de fornecer à Geografia um papel de ciência útil, voltada para o conhecimento do país. Dessa forma, as demandas em relação à formação estavam em consonância com a tentativa de formar geógrafos para o IBGE, de fortalecer a identidade e a autonomia da Geografia frente a outros campos do conhecimento, principalmente depois da criação da UB e da fusão dos cursos de Geografia e História.

Seguindo os anseios dos geógrafos do CNG, entre os anos de 1944 e 1945 foram aprovadas pelo órgão duas resoluções que tinham como objetivo ajustar a formação dos geógrafos na Universidade. Elas estabeleciam a maneira como deveriam ser conduzidos os cursos, apontando para diferentes aspectos, como a especialização da formação em Geografia e sua consequente separação da História, o equilíbrio entre teoria e prática durante a graduação e a regulamentação da profissão de geógrafo.

Na Resolução nº 156, de 14.4.1944, o Conselho faz um apelo ao então ministro da Educação e Saúde Gustavo Capanema. Em todos os artigos que compõem o documento há formulações que refletem as demandas do IBGE quanto à profissionalização da Geografia. O primeiro deles trata especificamente da separação do curso de História, conforme pode ser verificado a seguir:

> Art. 1º. O Conselho Nacional de Geografia formula encarecido apelo ao senhor Ministro da Educação e Saúde no sentido de ser estabelecida, na reforma do ensino superior em preparo, a separação dos cursos de Geografia e de História nas faculdades de filosofia, de modo a se possibilitar a formação de geógrafos habilitados convenientemente nos trabalhos especializados, de gabinete e de campo, de que tanto carece a Geografia nacional, no seu aparelhamento atual.[3]

A estratégia dos profissionais do IBGE era deixar clara sua insatisfação com o modelo que vigorava no curso de Geografia e lutar por uma alteração

[2] Ruellan, Orientação científica dos métodos de pesquisa geográfica, *Revista Brasileira de Geografia*, Rio de Janeiro, v. 5, n. 1, 1943; O trabalho de campo nas pesquisas originais de geografia regional, *Revista Brasileira de Geografia*, Rio de Janeiro, v. 6, n. 1, 1944; e *Os métodos modernos do ensino da geografia*, Rio de Janeiro, Biblioteca Geográfica Brasileira, 1943.

[3] *Boletim Geográfico*, v. 2, n. 22, jan. 1945.

curricular que assegurasse maior especialização profissional já durante a graduação.

Outro ponto interessante da resolução 156 aborda a necessidade de maior equilíbrio na quantidade de disciplinas teóricas e práticas no curso de Geografia:

> Art. 2º. O Conselho encarece também a conveniência de se estabelecer, na medida do possível, uniformidade dos currículos nos cursos de Geografia das faculdades de filosofia do país, de maneira que, mediante equilibrado conjunto de estudos teóricos e práticos, melhor e mais extensamente se atendam as necessidades dos meios técnicos.[4]

O IBGE era um dos mais importantes ambientes de trabalho dos geógrafos formados pela Universidade do Brasil. Além dos que já estavam formados em cursos específicos de Geografia, os técnicos e profissionais que exerciam funções no Instituto procuravam adquirir formação na área; havia assim uma relação bastante próxima entre a Universidade do Brasil e o órgão.

As reivindicações em questão estavam em consonância com as atividades desenvolvidas pelos geógrafos no IBGE — eles desejavam uma formação que verdadeiramente os preparasse para seu ofício e, para além disso, também se alinhavam com a tentativa de fortalecer a identidade e a autonomia da Geografia.

A valorização da técnica nas atividades desenvolvidas pelo IBGE fica ainda mais clara quando observamos os artigos 3º e 4º da resolução:

> Art. 3º. Igualmente, salienta o Conselho a necessidade de ser restabelecido nas escolas de engenharia o curso de geógrafo, em virtude da falta desses técnicos no país, a criar-lhe embaraços no desenvolvimento dos trabalhos geográficos, e sugere dar-se ao diplomado nesse curso o título de "engenheiro geodesista".
> Art. 4º. Por fim, o Conselho ressalta a absoluta necessidade de ser dado cunho prático aos cursos superiores de Geografia, por forma que os geógrafos formados pelas faculdades de filosofia e pelas escolas de engenharia sejam profissionais aptos e em condições de aproveitamento imediato e efetivo.

O teor do artigo 3º é particularmente interessante, pois reafirma a conexão entre a Engenharia e a Geografia. Ora, antes da existência do curso univer-

---

[4] Idem.

sitário de Geografia havia diversas expedições de reconhecimento territorial e mapeamento levadas a cabo por engenheiros, que realizavam trabalhos essencialmente geográficos. Alguns dos primeiros alunos do curso universitário de Geografia eram engenheiros. Um bom exemplo é Christóvam Leite de Castro, secretário-geral do CNG, com formação em Engenharia Civil e aluno da primeira turma do curso implementado na UDF.

No último artigo podemos depreender que a reivindicação pela maior proximidade entre Geografia e Engenharia dava-se pelo "caráter acadêmico e pouco prático do novo curso". Os alunos que desejavam ter uma formação compatível com o exercício de atividades de campo se aproximavam dos professores que as realizavam no IBGE, como era o caso de Ruellan, que capitaneava expedições territoriais no órgão.

As determinações que buscavam uma formação mais condizente com as atividades profissionais do geógrafo ganharam continuidade na resolução 183, de 26.3.1945.[5] Ela objetivava regulamentar a profissão de geógrafo e criar uma Faculdade de Geografia e Cartografia:

> Art. 1º. Fica constituída uma Comissão Especial para o fim de estudar as questões relativas à regulamentação do exercício da profissão de geógrafo e à criação da Faculdade de Geografia e Cartografia, na conformidade das indicações nesse sentido aprovadas pelo X Congresso Brasileiro de Geografia e encaminhadas à consideração deste Conselho.

O ministro Capanema também se mostrava a favor do pedido de separação dos cursos formulado pelo CNG. Em seu discurso no X Congresso Brasileiro de Geografia, ocorrido em meados de 1944, afirmou com todas as palavras que na reforma do Ensino Superior que estava sendo formulada à época já estava prevista a separação das duas formações, o que causou verdadeira comoção entre os presentes, conforme pode ser analisado pela ampla receptividade de sua exposição:

> [...] Cumpre-me, entretanto, acentuar que não me parece satisfatória a situação atual. Por um lado, precisamos estabelecer um conjunto de exigências em virtude das quais as Faculdades Nacionais de Filosofia realmente pesquisem, estudem a ciência e formem os pesquisadores. É necessário que essas Faculdades não se preocupem

[5] *Boletim Geográfico*, v. 2, n. 23, fev. 1945.

exclusivamente com a formação de professores de geografia no mau sentido da palavra, está claro, mas com a preparação de estudiosos da ciência geográfica, com a pesquisa científica.

[...] temos outra a realizar e que pretendo executar brevemente, isto é, separar o estudo da geografia do da história *(muito bem, muito bem, palmas prolongadas)*, no intuito de formar pesquisadores da geografia separados dos da história. Assim, na próxima reforma do ensino superior, que está para sair e que espero dentro de um mês ter concluída, já aparecerão os dois cursos separados — o de geografia e o de história, ficando, assim, os currículos inteiramente autônomos.

Por aí podereis ver a preocupação do Ministério da Educação com referência às pesquisas no terreno da geografia. Como esta parte está mais diretamente vinculada a este Congresso, penso que a medida será aceita com agrado desta Casa, como aliás estou observando. A notícia é, pois, de que o ensino da geografia deve ser não só aumentado, como aprimorado em sua qualidade (*palmas*).

Pouco antes desta fala de Capanema, em abril de 1944, o presidente do IBGE, José Carlos de Macedo Soares, havia entregado ao ministro um documento[6] no qual fazia o apelo pela separação entre os cursos de Geografia e História a partir das duas resoluções às quais me referi anteriormente. Além disso Macedo Soares afirma ainda que o tema havia sido "objeto de uma das mais calorosas resoluções do IX Congresso Brasileiro de Geografia", realizado em setembro de 1940, portanto logo depois da reunião dos cursos de Geografia e História na UB.

Apraz-me encaminhar a V. Exa. a anexa resolução n. 156, de 18 corrente, aprovada pelo diretório Central do Conselho Nacional de Geografia deste Instituto, em que é formulado encarecido apelo a V. Exa. a propósito do ensino superior da Geografia.

2. Quanto à separação dos Cursos de Geografia e História nas Faculdades de Filosofia, dei esclarecer ainda que foi objeto de uma das mais calorosas Resoluções do IX Congresso Brasileiro de Geografia, reunido em Florianópolis em setembro de 1940.

3. E, quanto ao ensino da Geografia nas Escolas de Engenharia, constituindo um curso, permito-me lembrar que foi encarecido pela 3ª Convenção Nacional de Engenheiros, reunida em Belo Horizonte, em julho de 1942.

Certo de que as questões levantadas pelo Conselho Nacional de Geografia, em um movimento de espontânea e sincera colaboração, merecerão de V. Exa. atenta

---

[6] Dossiê FNFi, Arquivo Gustavo Capanema, CPDOC/Fundação Getulio Vargas.

consideração e o adequado atendimento — por isso que nelas se refletem as reais necessidades da Geografia Nacional —, apresento a V. Exa. agradecimentos antecipados, de par com os renovados protestos do seu elevado apreço.[7]

As "calorosas resoluções" citadas pelo presidente do IBGE são um episódio tão à parte que merecem destaque aqui.

O IX Congresso Brasileiro de Geografia ocorreu em 1940. Havia então pouco mais de um ano que a UB havia sido criada, e os cursos de Geografia e História reunidos na FNFi. Contudo, esse curto período de formação conjunta já levantava as críticas de professores e geógrafos do Rio de Janeiro.

Aconteceu então que, em uma das sessões plenárias do congresso, quando da votação das moções, houve uma grande discussão que envolveu o professor da USP Pierre Monbeig, o geógrafo Jorge Zarur e até mesmo o presidente da mesa deliberativa, o ministro do Tribunal de Contas da União Bernardino José de Sousa. Monbeig pediu a palavra quando a Comissão de Geografia Humana deliberava sobre o local onde seria sediado o congresso seguinte e, mudando totalmente de assunto, já deixava claras quais eram as suas intenções:

> Sr. Presidente [da mesa], parece-me que uma das moções apresentadas pela Comissão e sobre a qual já tive oportunidade de fazer algumas críticas, resolve, com excessiva pressa, uma coisa bastante importante — a ligação entre o ensino da Geografia e História nos cursos de ensino superior do Brasil.
>
> Desejaria, apenas, chamar a atenção do Congresso para esse fato, que envolve assunto sobre o qual, creio, não se deve deliberar com precipitação.

A seguir Jorge Zarur pede a palavra e então a briga estava iniciada. Transcrevo a seguir o que se passou:

> Sr. Presidente, tenho a esclarecer que a Comissão discutiu e rediscutiu o assunto. A matéria foi amplamente ventilada no seio da nossa Comissão, que chegou atrasada ao plenário, justamente porque chamou o prof. Pierre Monbeig para ouvir sua opinião. O prof. Pierre Monbeig manifestou seu ponto de vista, e o assunto foi, pela segunda vez, submetido à votação. A moção, de minha autoria, mereceu novamente aprovação, e é por isso que aqui estou em sua defesa.

---

[7] Idem.

O sr. ministro Bernardino José de Sousa *(presidente)*: Os ilustres confrades acabam de ouvir a informação prestada pelo distinto prof. Jorge Zarur; entretanto, com a devida vênia, pediria que se atendesse ao apelo do digno prof. Pierre Monbeig, no sentido de que a Comissão reexamine o assunto. Trata-se de uma delicadíssima solicitação do Presidente da 4ª Comissão, que, estou certo, será tomada no devido apreço. *(Muito bem)*. [...] É aceito o pedido do prof. Pierre Monbeig. A moção volta à 7ª Comissão, para reexame.

[...] O sr. Jorge Zarur: Sr. Presidente, a Comissão já se manifestou duas vezes sobre o assunto. A moção foi aprovada em duas oportunidades. Por que não há de ser agora submetida à deliberação do plenário? O critério que se pretende adotar, segundo me parece, não é aconselhável. Não vejo razão para que voltemos a examinar o assunto na Comissão.

[...] O sr. ministro Bernardino José de Sousa *(presidente)*: Seria indelicadeza de minha parte se não orientasse a digna Assembleia, proporcionando-lhe oportunidade de atender ao pedido desse ilustre mestre. Trata-se, apenas, de um reexame. De nova discussão pode surgir a luz. Como disse, não há aqui ideias preconcebidas. Estou certo, mesmo, de que [...] um dos dois retirará sua moção, para o fim de só aparecer uma em nossos anais. De fato, são teses inteiramente opostas, e o Congresso só poderá aprovar uma delas. É uma questão de alta importância cultural. Devemos, portanto, atender ao apelo do sr. prof. Pierre Monbeig, em homenagem à sua cultura e à colaboração que traz para os nossos trabalhos *(palmas)*.[8]

Podemos perceber então que a ideia inicial de Zarur e seu grupo era propor a separação entre os cursos; mas como as insatisfações relativas ao fim da formação conjunta não tardaram a aparecer, a resolução aprovada tentou apaziguar, em um consenso, as diferentes concepções acerca do futuro do curso universitário de Geografia e História. A resolução que foi aprovada no IX Congresso dizia:

Considerando o grande desenvolvimento da ciência geográfica e a sua relevante posição na educação moderna;

Considerando que o acúmulo de matérias que as suas disciplinas reunidas acarretam prejudica a inclusão de estudos básicos, quer para a Geografia, quer para a História (geologia, cartografia, toponímia, paleontologia, arqueologia etc.);

[8] Anais do IX Congresso Brasileiro de Geografia. Rio de Janeiro: IBGE, 1941, v. I., p. 131-133.

> Considerando que no ensino secundário a Geografia é ensinada separadamente da História,
>
> Propomos:
>
> 1. Que o IX Congresso Brasileiro de Geografia encareça ao Ministério da Educação e Saúde a separação do curso de Geografia do de História nas faculdades de filosofia do Brasil.
>
> 2. Será prevista uma organização de provas e trabalhos práticos, de modo que torne possível a especialização em uma das disciplinas essenciais da seção (geografia, história ou etnografia) sem que o aluno deixe de acompanhar as outras disciplinas.
>
> 3. Serão consideradas disciplinas comuns as disciplinas atualmente obrigatórias cujos cursos terão desenvolvimento que variará com a especialização.[9]

Destaco que as reivindicações contidas neste ofício eram bem mais conservadoras que as propostas aprovadas quatro anos depois pelo CNG, onde não havia nenhuma voz dissonante à ideia da separação. Fica claro no item de número 3 que a especialização não ocorreria desde o primeiro ano, mas que haveria disciplinas comuns às três formações (Geografia, História e Etnografia) e que elas seriam as mesmas que já eram ministradas no curso conjunto. Outro ponto que merece atenção é o próprio fato de haver menção a um curso de Etnografia como possível especialização, o que não ocorre na resolução do CNG, onde há alusão apenas aos cursos de Geografia e História. Do que posso depreender, após o apelo ao plenário, o professor Monbeig deve ter cooperado de forma decisiva na redação da moção aprovada.

Mas o caso é que, quatro anos depois, no Congresso de 1944, a batalha parecia ganha pelos profissionais do Rio de Janeiro, visto que aprovaram não somente a separação dos cursos em assembleia do CNG como também conseguiram a simpatia de Capanema às suas reivindicações. E, de acordo com o discurso do ministro no mesmo evento, a separação das formações realmente parecia ser fato consumado. Para completar, um mês depois de ter recebido o ofício de José Carlos de Macedo Soares, o ministro afirmou, em uma resposta de telegrama ao professor de Tupi-Guarani da USP, Plínio Ayrosa, que: "Pessoalmente, considero acertada essa separação [dos cursos de Geografia e História]."[10]

---

[9] Dossiê FNFi, Arquivo Gustavo Capanema, CPDOC/Fundação Getúlio Vargas.

[10] Idem.

Os geógrafos da Capital Federal estavam tão seguros da anuência do Ministério ao seu projeto que Christóvam Leite de Castro, então secretário geral do CNG, chegou a enviar um telegrama agradecendo a determinação da formação específica em Geografia.[11]

Em contrapartida, os professores da USP iniciaram uma ofensiva contra o projeto ibegeano.

A contraofensiva paulistana

Em uma orientação oposta aos profissionais do Rio de Janeiro, os professores da USP formulavam pedidos em favor da manutenção do curso conjunto de Geografia e História nas Faculdades de Filosofia.

A posição apresentada pelos professores paulistanos era a de reivindicar o cumprimento do acordo firmado em 1940 no IX Congresso Brasileiro de Geografia: o curso seria reformado, contando com disciplinas conjuntas e com um curso de especialização em Geografia, História ou Etnografia,[12] visto que a especialização em Etnografia fazia sentido na USP, onde a área contava com o mesmo número de disciplinas que a Geografia. É interessante salientar que na UB havia apenas duas disciplinas de Etnografia[13] e apenas nos dois últimos anos, numa proporcionalidade absolutamente reduzida em relação às áreas de História e Geografia, o que poderia dificultar a aplicabilidade dessa terceira especialização.

Desse modo, em documento enviado a Capanema em 1944, os professores Pierre Monbeig, João Dias da Silveira e Aroldo Azevedo, de Geografia Humana, Geografia Física, Geografia do Brasil, apresentaram sugestões para a organização do curso de Geografia e História.[14] Elas estavam centradas na ampliação do curso para quatro anos. De acordo com estes professores haviam três principais razões para isso: a falta de preparo dos alunos que ingressavam na faculdade, a curta formação do professor, que formado em apenas três anos teria uma "visão incompleta da ciência", e a riqueza trazida

---

[11] Idem.

[12] Secretaria Geral do Conselho Nacional de Geografia, Congressos de Geografia. In: *Revista Brasileira de Geografia*, Rio de Janeiro: v. 3, n. 3, 1941.

[13] Ferreira, Marieta de Moraes. Notas sobre a institucionalização dos cursos universitários de História no Rio de Janeiro. In: Guimarães, Manoel Luiz Salgado. *Estudos sobre a escrita da história.* Rio de Janeiro: Editora 7 Letras, 2006, p. 153.

[14] Dossiê FNFi, Arquivo Gustavo Capanema, CPDOC/Fundação Getúlio Vargas.

pela articulação entre História, Geografia e Etnografia na formação do professor e do pesquisador:

> I. Os alunos que entram na Faculdade não têm nem o preparo técnico, nem os conhecimentos suficientes para serem capazes de aproveitar bem do primeiro ano de ensino superior. Nossa prática de ensino demonstra que o primeiro semestre do 1º ano é inteiramente gasto no que se refere à aquisição de conhecimento da parte dos alunos, somente a partir do segundo semestre é que os melhores começam a se adaptar ao ritmo de trabalho da Faculdade, a sentir a necessidade do esforço individual, das leituras, além do curso dado pelo professor. [...]
>
> II. O prazo para formação do professor secundário, sendo limitado a três anos, obriga-nos a ensinar "comprimidos" de ciência. O aluno sai com uma noção imperfeita do que é a verdadeira ciência, e, apesar de ser professor secundário, ele possui uma mentalidade "primária", no sentido pejorativo da palavra. A Faculdade já está caminhando para ser uma espécie de Escola Normal e, não, um centro de cultura científica. [...]
>
> III. A Faculdade de Filosofia, Ciências e Letras é essencialmente heterogênea, e quase todos os seus cursos apresentam o mesmo caráter. Assim, é o caso da seção de História e Geografia, que inclui três ciências humanas bem diversas: História, Geografia e Etnografia. A consequência é dupla: é difícil, em três anos, ensinar mais do que elementos dessas três ciências; por outro lado, os alunos do curso têm vocações, disposições diferentes. Os alunos saem sabendo muito pouco de cada disciplina e contraria-se a vocação de muitos, que, em geral, são os melhores e que, a partir do 2º ano, já revelaram suas tendências.
>
> Mas não deve ser realizada a separação total entre as disciplinas em boa hora reunidas (História, Geografia e Etnografia).
>
> A solução seria, pois, organizar o curso com uma duração de quatro anos; durante os dois primeiros, o jovem estudante poderia adaptar-se ao espírito do ensino superior, e, ao mesmo tempo, adquirir os conhecimentos essenciais e comuns às três disciplinas. Nos dois últimos anos, teria a possibilidade da especialização, ou seja, em História, ou seja, em Geografia, ou ainda, em Etnografia. Cursos comuns aos três grupos poderiam ser organizados (cursos básicos como História do Brasil, Geografia do Brasil e Etnografia Brasileira) a fim de evitar o excesso de especialização.[15]

[15] Dossiê FNFi, Arquivo Gustavo Capanema, CPDOC/Fundação Getulio Vargas.

Os professores propuseram ainda um modelo de currículo para o curso que contemplasse estas disciplinas conjuntas e de especialização. O plano era que nos dois primeiros anos todos os alunos cursassem as mesmas matérias, escolhendo uma especialização (Geografia, História ou Etnografia) apenas no terceiro ano, onde às disciplinas comuns se juntariam as específicas; o quarto ano continuaria na mesma lógica do terceiro, conforme podemos analisar a seguir:

	Disciplinas comuns às três formações	Especialização em História	Especialização em Geografia	Especialização em Etnografia
Primeiro Ano	Geografia Física Geografia Humana História Antiga e Medieval			
Segundo Ano	Etnografia Geografia Física Geografia Humana História Moderna			
Terceiro Ano	Etnografia Brasileira Geografia do Brasil História Contemporânea História do Brasil	História da América História da Arte Paleogeografia	Geografia Física Geografia Humana Geologia	Antropologia Etnografia Tupi-Guarani
Quarto Ano	Geografia do Brasil História do Brasil	Economia Política História Contemporânea História da América História da Arte	Elementos de cartografia e topografia Geografia Física Geografia Humana Sociologia	Antropologia Etnografia Brasileira Tupi-Guarani Sociologia

Nessa mesma época o professor Monbeig escreveu um artigo publicado no *Boletim de Geografia* no qual esmiúça os motivos pelos quais a Geografia não deveria se separar da História. Em sua concepção, estas eram disciplinas complementares, portanto era impossível a professores e pesquisadores construir suas explicações e pesquisas em apenas uma das áreas, e a formação conjunta era então uma saída para instrumentalizar os profissionais, fossem eles de quaisquer uma das seções.

Monbeig é inclusive bem ácido quando discute os motivos levantados pelo CNG para a separação da Geografia, afirmando que "a geografia tomou gosto pela independência", e finaliza fazendo uma irônica pergunta retórica: "qual a utilidade em perder tempo ensinando-lhes história antiga ou medieval?" Isso sem mencionar a alusão à separação realizada no governo de Vichy na França.[16]

Assim como Monbeig, que enviou um artigo para o *Boletim de Geografia* defendendo sua posição em relação ao curso, Aroldo de Azevedo, professor de Geografia do Brasil na USP, escreveu um trabalho sobre a comemoração dos dez anos da implementação do curso universitário de Geografia onde destaca que concorda com a separação, mas nos moldes propostos pelos professores de seu departamento, ou seja, apenas após alguns anos de curso conjunto.

> [...] O tema tem dado margem a muitos debates e, até São Paulo, chegaram os ecos das vozes dos que, na capital brasileira, bateram-se decididamente por uma separação radical entre a Geografia e a História. Se me fosse permitido opinar, nada mais teria a fazer senão reforçar o ponto de vista já externado ao ministro Gustavo Capanema [...] pelos professores de Geografia da Universidade de São Paulo: concordamos em tese com a separação, mas não podemos conceber que se o faça de maneira radical e absoluta.
>
> A este propósito, os professores de Geografia da Universidade de São Paulo são unânimes em desejar uma separação apenas nos últimos anos do curso, pois consideram que tanto a História necessita da Geografia, como esta daquela; aliás, já se tornou lugar comum esta estreita interdependência. Assim fazendo, por outro lado, amplia-se o horizonte cultural de um como de outro dos especialistas, o que virá aumentar a cultura geral de ambos. [17]

É interessante destacar que a controvérsia não ficou restrita aos geógrafos, mas também foi assunto de um telegrama enviado pelo professor da área de Etnografia e Tupi-Guarani ao ministro Capanema em 1944. Nele, Plínio

---

[16] "É precisamente assim que raciocinam os que pedem a especialização do curso de geografia. A mesma reforma já foi, aliás, introduzida na França pelo governo de Vichy (este é, evidentemente, o único ponto de contacto entre meus excelentes amigos do Conselho e o pessoal vichiista). É claro que, se o divórcio ainda não foi pronunciado mais cedo em França, não é porque as instituições republicanas a isso se opusessem; creio que isso só foi possível depois da morte, logo após o armistício, dos dois líderes da geografia humana em França, os professores Demangeon e Sion, e quando se eclipsou o grupo dos melhores historiadores, tais como Hauser, Febvre, Bloch e seus colegas dos Anais de História Econômica e Social." Pierre Mombeig, Comentários, Estudos Geográficos, *Boletim de Geografia*, Rio de Janeiro, v. 1, n. 11, 1944.

[17] Azevedo, Aroldo de. Dez anos de ensino superior de geografia. In: *Revista Brasileira de Geografia*, Rio de Janeiro: vol. 8 nº. 2, 1946.

Ayrosa solicitava ao Ministério da Educação a fixação de uma data para uma discussão ampla e definitiva sobre a separação dos cursos.[18]

Como em toda a regra, havia aqui uma exceção. Os professores de São Paulo contavam com o apoio de um professor do curso de Geografia e História da UB e membro do IBGE. O professor Carlos Delgado de Carvalho, que havia lecionado Geografia Humana, e a partir de 1943 passou a ministrar a disciplina de História Moderna e Contemporânea, era contrário às posições de seus colegas e advogava a favor de um currículo muitíssimo parecido com o defendido por São Paulo.

Delgado de Carvalho e seu projeto de currículo

Penso que aqui é necessário fazer um parêntese sobre as posições do professor Delgado de Carvalho a respeito da separação do curso universitário. Inicialmente, destaco seu papel na Comissão de Metodologia do IX Congresso de Geografia, no sentido de ver contemplada a proposta de reexame apresentada por Pierre Monbeig, e cito o trecho onde este fato é abordado pelo presidente da mesa deliberativa:

> O sr. ministro Bernardino José de Sousa *(presidente)*: Ilustres companheiros de Congresso: Não quero acreditar que haja, em qualquer das comissões técnicas, quem quer que seja com espírito preconcebido em matéria de ciência!
>
> O prof. Pierre Monbeig pediu que se demorasse mais o julgamento da questão e que se estudasse detidamente o problema. A última sessão realizada pela digna e honrada Comissão de Metodologia foi, como se deduz das palavras do nobre prof. Jorge Zarur, um tanto apressada, pelo fato de terem os seus membros de comparecer a esta reunião plenária para efeito da leitura do relatório.
>
> *Que pediu o prof. Pierre Monbeig?*
>
> *Apenas o reexame do assunto. Penso que devemos atendê-lo. E a Comissão de Metodologia, que já está com sua tarefa bem adiantada, como demonstrou o parecer do ilustrado e querido companheiro prof. Delgado de Carvalho, abrirá de novo o debate do assunto, trazendo-o definitivamente ao julgamento do plenário na próxima sessão.*[19]

[18] Dossiê FNFi, Arquivo Gustavo Capanema, CPDOC/Fundação Getúlio Vargas.

[19] Anais do IX Congresso Brasileiro de Geografia. Rio de Janeiro: IBGE, 1941, v. I, p. 132 [grifos meus].

Mas alguns anos depois, por volta de 1950, ele parece ter feito parte da articulação que elaborou projeto de lei que separou definitivamente os cursos na Universidade. Falarei mais detidamente sobre este assunto a seguir.

Retornando ao ano de 1944, no mês de março o professor enviou ao ministro Capanema o seguinte modelo de programa:

	Seção História	Cursos comuns às duas Seções	Seção de Geografia
Primeiro Ano		Antropologia Desenho Geografia Geral História Geral Sociologia	
Segundo Ano	História Antiga e Medieval História do Brasil História das Letras e das Artes	Biologia e Psicologia Educacional Etnografia	Geografia Física Geografia Humana Meteorologia e Oceonografia
Terceiro Ano	História da América História do Brasil História Moderna	Etnografia do Brasil Sociologia da Educação	Geografia Física Geografia Humana Geologia
Quarta Série	Crítica histórica e Bibliografia História Contemporânea História Econômica	Didática	Cartografia História do Brasil Geografia Regional

Fonte: Dossiê FNFi, Arquivo Gustavo Capanema, CPDOC/Fundação Getulio Vargas.

A proposta de Delgado de Carvalho determinava que inicialmente os alunos cursariam disciplinas comuns às áreas de Geografia e História, e, a partir do segundo período, seriam incorporadas a estas disciplinas mais específicas, de modo que mesmo o aluno que se especializasse em Geografia teria um ano de História na sua formação. Também sublinho que as disciplinas de Antropologia e Sociologia constituíam um diferencial em relação aos outros currículos. A principal discrepância entre a proposta de Delgado de Carvalho e a dos professores de São Paulo está na inexistência da especialização em Etnografia.

O professor inclusive estava ligado aos profissionais da USP. Explico-me, em nota de rodapé do artigo de Aroldo de Azevedo na *Revista Brasileira de Geografia* o professor escreve que "Delgado de Carvalho afirmou que se cuida na Universidade do Brasil de rever-se a seriação dos cursos de Geografia e História separados, contra sua opinião, mas de acordo com a opinião dos professores e técnicos do CNG a partir do 1º ano".[20]

[20] Azevedo, Aroldo de, *op. cit.*, 1946, p. 227.

Desta forma, o projeto de Delgado de Carvalho se constituía em uma junção da proposta de São Paulo à do Rio de Janeiro. Nem tanto ao céu, nem tanto à terra, era um ponto intermediário entre as duas, visto que propunha uma separação nas especializações, mas não a partir da entrada na Universidade, como queriam os geógrafos do CNG, e sim bem antes do terceiro ano, como requeriam os professores da USP.

A bem da verdade, o currículo de Delgado de Carvalho era tão similar à moção de consenso aprovada no IX Congresso de Geógrafos que me leva a considerar que ele tenha trabalhado ativamente na costura daquela posição entre os geógrafos do grupo de Zarur e de Monbeig.

Assim, em fins de 1944 parecia que a disputa terminaria numa vitória fácil para os geógrafos do IBGE, que, articulados ao governo federal, já davam a separação como certa, enquanto os profissionais de São Paulo reivindicavam, aparentemente sem sucesso, uma reforma mais conservadora do curso.

Contudo, em 1945 houve uma reviravolta. Com a deposição de Getúlio Vargas e o fim do Estado Novo, as discussões voltaram à estaca zero. Um novo ministro da Educação e Saúde foi nomeado (Clemente Mariani Bittencourt), e toda a reforma capitaneada por Capanema foi engavetada. O que parecia firmado e decidido foi assim colocado em xeque.

Em 1946 saíram as novas determinações do governo federal em relação aos cursos, e por meio do Decreto-Lei nº 9.092 o currículo dos cursos das Faculdades de Filosofia no país foi ampliado ao invés de dividido.[21]

Segundo ato: a aprovação da lei que separou a Geografia da História

Entre os anos de 1946 e 1955 o assunto da divisão dos cursos estava aparentemente inerte. Contudo, essa é somente uma impressão superficial. Os movimentos pela aprovação da lei que separou oficialmente as duas graduações foram iniciados no Congresso em maio de 1950, no projeto de autoria do deputado José Alves Linhares. Em 30.5.1950, Linhares encaminhou à Comissão de Educação e Cultura e à Comissão de Finanças um projeto de lei que dispunha sobre os cursos de Geografia e História nas Faculdades de Filosofia, determinando não somente a sua separação, como também o papel de destaque da UB e, consequentemente, de sua FNFi, que estava então incumbida de

---

[21] Presidência da República, Casa Civil. On-line. Disponível em: https://www.planalto.gov.br/ccivil_03/decreto-lei/1937-1946/del9092.htm. Acesso em: 12 ago. 2017.

reformular os novos currículos dos cursos de Geografia e História, conforme podemos ver na matéria proposta:

> Art. 1º. Serão separados os cursos de Geografia dos de História nas Faculdades de Filosofia do país.
>
> Art. 2º. É autorizada a Reitoria da Universidade do Brasil, ouvida a Congregação da Faculdade Nacional de Filosofia, a organizar os novos currículos dos cursos de Geografia e de História, de acordo com a legislação vigente.
>
> Art. 3º. Esta Lei entrará em vigor na data de sua publicação, revogadas as disposições em contrário.[22]

Como justificativa para seu pedido, o deputado afirmava que:

> Somos o único país que reúne o ensino da Geografia ao da História, nos cursos de formação de professores para níveis secundário e superior, lecionados pelas Faculdades de Filosofia. Os três anos dedicados ao preparo dos Geógrafos e dos Historiadores, em cursos conjuntos, não possibilitam a variedade de matérias, horas de pesquisas e trabalhos no campo indispensáveis à constituição de um corpo de bons professores. Sendo especializações inteiramente diversas, não permitem a concordância nos currículos, pois enquanto um exige trabalhos atenciosos em gabinete e seminários, o outro requer grande dispêndio de horas em atividades no campo.[23]

É interessante destacar que nessa justificativa o deputado estabelece duas tipologias diferentes do que ele pensava serem as atividades formativas do historiador (trabalhos de gabinete e seminários) e do geógrafo (atividades no campo); as características assinaladas por Linhares vinham ao encontro dos argumentos já destacados pelos geógrafos nas resoluções do CNG quanto à diferença das tarefas executadas pelos profissionais de Geografia e de História. Linhares prossegue sua argumentação reiterando que a UDF, "bem compreendendo o problema", já formava professores nas duas matérias separadamente entre 1935 e 1939, mas, quando de sua dissolução e incorporação à UB, o currículo foi modificado, reunindo os cursos em um só, situação vigente em 1950.

---

[22] Dossiê do Plano de Lei nº 297/1950. Apensados e outros documentos da matéria. Depositados no Arquivo da Câmara dos Deputados, folha 5.

[23] Idem.

Linhares frisa que os dois grupos, tanto geógrafos quanto historiadores, já haviam votado em seus respectivos congressos — o IX Congresso Brasileiro de Geografia em 1940, já analisado neste mesmo capítulo, e o IV Congresso Nacional de História em 1949 — decisões que ratificavam sua recomendação. Arrola também a resolução de 1944 do CNG que recomendava a separação dos cursos.

Para além das decisões aprovadas pelo corpo de historiadores e geógrafos em seus congressos, o deputado aponta ainda a decisão da própria Congregação da FNFi-UB, que havia aprovado por unanimidade, entre os professores tanto de História quanto de Geografia, um projeto de padrão mínimo apresentado em 1946 ao Ministério da Educação e Saúde, que já separava os dois cursos. "E enquanto aguardava a concretização da proposta, aquela Faculdade, pelo artigo 18 do seu Regimento Interno, procedeu à separação dos dois Departamentos, hoje autônomos. [...] e inteiramente isolados em seus regimes de trabalho." Contudo, a questão do curso ainda não estava resolvida a contento para estes professores.[24]

Na última parte da fundamentação da lei proposta, Linhares cita o exemplo francês, que havia dividido os cursos ainda na década de 1940,[25] criando a regra que estava sendo aplicada em "todo o mundo". Neste caso, a hipérbole deve ter servido ao objetivo de destacar o "atraso" brasileiro no que tange à formação de historiadores e geógrafos; provavelmente o Brasil não era o último país a conjugar as duas formações e, além disso, a Geografia associada à Engenharia, à Geologia e à Arquitetura permaneceu como modelo em algumas universidades estrangeiras.[26]

O projeto de lei tramitou por cinco anos entre a Câmara dos Deputados e o Senado e, em 8.9.1995, foi aprovada a Lei nº 2.594, que separou os cursos de Geografia e História.

Após refletir sobre as questões intrínsecas ao projeto de lei, é interessante pensar nos motivos que teriam levado o deputado José Alves Linhares a propor tal projeto. Sua formação não justificava, em absoluto, tal interesse. Linhares havia feito "o curso primário no Colégio Santo Antônio Maria Zacaria no Rio de Janeiro, então Distrito Federal, e o secundário no Colégio Castelo Branco

[24] Idem, folhas 65-66.

[25] Até 1943 a agregação era conjunta em História e Geografia; o professor de Martonne negociou então a criação de um concurso para recrutamento específico em Geografia.

[26] Sobre os cursos de Geografia em universidades estrangeiras cf. Berdoulay (1981); Blouet and Stitcher (1981); Buttimer (1971); Darby, H. C., and Williams, Michael (2002); e Taylor (1957).

em Fortaleza. De volta ao Rio de Janeiro, concluiu o complementar em 1937 na Faculdade Nacional de Medicina da Universidade do Brasil".[27] Os projetos de lei apresentados anteriormente por Linhares também não diziam respeito à educação. Em 1947 e 1948 o deputado pretendeu isentar de tributação o calcário utilizado na fabricação de cimento, e a partir daí nada mais foi proposto, até 1950, quando do projeto sobre o curso universitário.

Realmente, ao olharmos para a sua vida pública não teremos mesmo respostas. Elas estão todas em sua vida privada: o deputado era casado com a historiadora Maria Yedda Leite Linhares. Aluna da primeira turma de Geografia e História da Universidade do Brasil, Maria Yedda formou-se e, logo depois, em meados dos anos 1940, foi trabalhar como assistente do professor Delgado de Carvalho (Ferreira, 2013:216-223).

Chegamos assim a um ponto bastante interessante: na época da proposta do projeto de lei Maria Yedda era recém-formada, professora assistente de Delgado de Carvalho, que havia sido professor de cadeiras tanto de Geografia quanto de História. Retomo ainda o fato de que o professor já demonstrava sua insatisfação com o curso universitário de Geografia e História desde 1944, quando desenvolveu um projeto de curso e o enviou ao ministro Gustavo Capanema, bem na época da querela entre IBGE e USP. Não é de estranhar supor que pudesse ter havido então uma articulação com Maria Yedda, seu esposo e Delgado de Carvalho na proposição de tal projeto.

Chama a atenção o fato de que a lei propunha a separação do início da graduação, ao contrário do currículo que Delgado de Carvalho havia proposto anos antes. É perceptível o cuidado no sentido de manter algum nível de formação geográfica para os historiadores e de formação histórica para os geógrafos, mas as exigências em relação à integração dos cursos paravam por aí, no estabelecimento de um plano de "currículo mínimo".

Deste modo, os geógrafos do Rio de Janeiro viam finalmente materializada sua demanda pelo curso exclusivo de Geografia. Com um atraso de mais de 15 anos, "conseguiram" a separação das formações. Contudo, o que destaco neste momento é que a discussão já não os mobilizava com a mesma força de antes. Não havia mais uma grande controvérsia, uma guerra de telegramas, sugestões de currículo e moções enviadas ao Ministério da Educação. A separação veio calma porque já chegou tarde...

---

[27] CPDOC, FGV. On-line. Disponível em: http://www.fgv.br/cpdoc/acervo/dicionarios/verbete-biografico/linhares-jose-alves. Acesso em: 10 ago. 2017.

Referências

ALMEIDA, Roberto Schmidt. *A geografia e os geógrafos do IBGE no período 1938-1998.* Tese de Doutorado em Geografia, UFRJ, Rio de Janeiro: 2000.

AZEVEDO, Aroldo de. Dez anos de ensino superior de geografia. *Revista Brasileira de Geografia*, Rio de Janeiro, v. 8, nº 2, 1946.

BERDOULAY, Vincent. *La formation de l'école française de géographie*: (1870-1914). Paris: Bibliothèque Nationale, 1981.

BLOUET, Brian W. and STITCHER Teresa L. *The origins of academic Geography in the United States.* Hamden, Conn: Archon Books, 1981.

BOURDIEU, P. *As regras da arte*: gênese e estrutura do campo literário. São Paulo: Companhia das Letras, 1996.

______. O campo científico. In: ORTIZ, R. *Pierre Bourdieu* — Coleção Grandes Cientistas Sociais. São Paulo: Ática, 1983.

BUTTIMER, Anne. *Society and milieu in the French geographic tradition.* Chicago: Published for the Association of American Geographers by Rand McNally, 1971.

DARBY, H. C., and WILLIAMS, Michael. *The relations of History and Geography*: studies in England, France and the United States. Exeter: University of Exeter Press, 2002.

FAVERO, Maria de Lourdes. A UDF, sua vocação política e científica: um legado para se pensar a universidade hoje. *Pro-Posições* (Unicamp), Campinas/SP, v. 15, n. 3 (45), p. 143-162, 2004.

FERREIRA, Marieta de Moraes. *A História como ofício*: a constituição de um campo disciplinar. Rio de Janeiro: FGV, 2013.

______. Notas sobre a institucionalização dos cursos universitários de História no Rio de Janeiro. In.: GUIMARÃES, Manoel Luiz Salgado. *Estudos sobre a escrita da História.* Rio de Janeiro: Editora 7 Letras, 2006.

LEFEBVRE, Jean-Paul. Les professeurs français des missions universitaires au Brésil (1934-1944). *Cahiers du Brésil Contemporain,* 1990, n. 12.

MONBEIG, Pierre. Comentários, estudos geográficos. *Boletim de Geografia*, Rio de Janeiro, v. 1, nº 11, 1944.

RUELLAN, Francis. Orientação científica dos métodos de pesquisa geográfica. *Revista Brasileira de Geografia*, Rio de Janeiro, v. 5, nº 1, 1943.

______. O trabalho de campo nas pesquisas originais de Geografia regional. *Revista Brasileira de Geografia,* Rio de Janeiro: v. 6, nº 1, 1944.

______. *Os métodos modernos do ensino da geografia.* Rio de Janeiro: Biblioteca Geográfica Brasileira, 1943.

TAYLOR, Thomas Griffith. *Geography in the twentieth century*: a study of growth, fields, techniques, aims, and trends. Nova York: Philosophical Library, 1957.

ZARUR, Jorge. Geografia: ciência moderna ao serviço do homem. *Revista Brasileira de Geografia*, Rio de Janeiro, v. 6, nº 3, 1944.

Fontes

Anais do IX Congresso Brasileiro de Geografia. Rio de Janeiro: Instituto Brasileiro de Geografia e Estatística, 1941.

Anais do X Congresso Brasileiro de Geografia. Rio de Janeiro: Conselho Nacional de Geografia, vol. I, 1949.

Arquivo do Instituto de Educação e acervo PROEDES/UFRJ, Rio de Janeiro.

Boletim da Associação dos Geógrafos Brasileiros. Rio de Janeiro e São Paulo, v. 1 a 5.

Dossiê FNFi, Arquivo Gustavo Capanema, depositado no Centro de Pesquisa e Documentação de História Contemporânea do Brasil, CPDOC/Fundação Getulio Vargas.

Dossiê do Plano de Lei nº 297/1950; Apensados e outros documentos da matéria. Depositados no Arquivo da Câmara dos Deputados

Secretaria Geral do Conselho Nacional de Geografia, Congressos de Geografia. In: *Revista Brasileira de Geografia*, Rio de Janeiro, v. 3, nº 3, 1941.

8

Universidade e ensino de história: o curso de História do IFCS/UFRJ (1968-1980)

Marieta de Moraes Ferreira

Introdução

A discussão acerca das relações entre as universidades e o regime militar no Brasil (1964-1985) tem despertado a atenção dos historiadores e suscitado a elaboração de significativos trabalhos.[1] O foco central dessa produção é analisar os processos de acomodação e negociação da comunidade científica frente às lideranças militares e aos órgãos vinculados à educação e à ciência e tecnologia. A linha de orientação desses estudos tem sido enfatizar especialmente a colaboração entre intelectuais e pesquisadores acadêmicos com o regime militar, secundarizando os atos de resistência.

O objetivo deste texto é analisar, no período de 1968 a 1980, o curso de História do então recém-criado do Instituto de Filosofia e Ciências Sociais (IFCS) da Universidade Federal do Rio de Janeiro (UFRJ) buscando compreender as relações de resistência/colaboração com o regime, mas especialmente os impactos e consequências por ele trazidos para o curso. O eixo orientador da pesquisa está voltado para correlacionar os eventos políticos com as transformações ocorridas no curso de História destacando as alterações curriculares, as mudanças no corpo docente, os embates historiográficos, o desenvolvimento de novas linhas de pesquisa e a criação da pós-graduação.

A justificativa para o recorte cronológico proposto, de 1968 a 1980, deve-se ao fato de o ano de 1968 ser um divisor de águas na história política brasileira, bem como na trajetória das universidades do país. No final daquele ano o

[1] Ver Rodrigo Patto Sá Motta (2014) e Bruno Flavio Lontra Fagundes (2019).

presidente Costa e Silva decretou o fechamento do Congresso e promulgou o Ato Institucional nº 5 (AI-5), que garantia, em nome dos interesses e da segurança nacionais, poderes absolutos ao chefe do governo. Pelo AI-5, que só seria revogado dez anos depois, estabeleceu-se a ordem autoritária militar que, atrelando-se a uma rígida doutrina de segurança nacional, submeteu a sociedade brasileira a um longo período de arbitrariedades.[2] No caso específico das universidades, e em particular da UFRJ, o ano de 1968 significou a concretização da Reforma Universitária com grandes mudanças de caráter burocrático administrativo, como o fim da Faculdade Nacional de Filosofia (FNFi) e a implantação do novo Departamento de História integrado ao IFCS juntamente com os cursos de Filosofia e Ciências Sociais, a adoção do regime de créditos e o fim das cátedras.

Por sua vez, o ano de 1980 significou também uma grande mudança no país, com a abertura política e o retorno dos exilados, que incluíam os professores cassados, propiciado pela Lei da Anistia sancionada no ano anterior. Essa nova conjuntura inaugurou um período de democratização, permitindo a eleição de uma nova direção para o Departamento de História do IFCS.

Através do recorte apresentado teremos a oportunidade de verificar os resultados da Reforma Universitária, com a criação do IFCS, as consequências do AI-5, com as cassações, e também os efeitos da abertura política, com o desenho de um novo curso. O foco na UFRJ e em especial no curso de História deve-se ao fato de aí ter havido um forte processo repressivo, que provocou uma transformação substantiva do seu corpo docente e a perda de sua relevância diante de novos cursos que ganharam importância ao longo dos anos 1970.

Os impactos do AI-5

A conjuntura que se inaugurou a partir de 1964 foi marcada por um processo de contestação e resistência ao regime militar recém-implantado no país que intensificou o processo de polarização política. Ao mesmo tempo, delineava-se uma reestruturação das organizações de esquerda, com novas orientações e a criação de novos grupos com tendências políticas mais radicais, o que levou

---

[2] O recesso do Congresso por tempo indeterminado foi determinado pelo Ato Complementar nº 38, de 13.12.1968. O AI-5, promulgado na mesma data, só seria revogado no final do governo Ernesto Geisel pela Emenda Constitucional nº 11, de 13.10.1978.

setores dos estudantes universitários a optar pela luta armada, e ao mesmo tempo intensificou a repressão política.

Todas essas discussões se refletiam de forma intensa no IFCS e, em especial, no curso de História. Se nos anos anteriores eclodiram intensos debates sobre as diferentes concepções de História e as divergentes visões sobre o formato dos cursos e as relações entre ensino e pesquisa, a nova conjuntura impôs um novo modelo de universidade e um forte processo repressivo que visava controlar o que se lia e o que se ministrava nas salas de aula.

Nos momentos que antecederam o movimento militar em 1964, e mesmo nos que a ele se seguiram, debates importantes foram travados, provocados pelo entendimento de que os programas do nível médio tinham sido organizados em consonância com uma concepção em que o presente não era o campo de estudo da História. O ponto fundamental defendido nesses debates era privilegiar o estudo da História Contemporânea (séculos XIX e XX), realçando a posição e os problemas do Brasil e da América, assim como dos povos em processo de desenvolvimento. A partir do AI-5, porém, essas propostas de inovação — que tinham como meta melhor preparar os docentes para atuar no ensino básico, que refletiam os debates acerca da educação e do seu papel na luta contra o subdesenvolvimento e na conscientização da população, e encontravam eco nas universidades e nos centros de estudos de História — foram interrompidas.

Entre 1964 e 1968 foram encaminhadas as principais questões referentes ao ensino superior, tais como o modelo de universidade, a natureza e estrutura dos cursos de pós-graduação e o controle político-ideológico sobre os corpos docentes e discentes (Falcon, 2012). Já em agosto de 1965 foi aprovado o Parecer nº 977/65, de autoria de Newton Sucupira, que definiu o que deveria ser a pós-graduação, fixando-lhe a natureza e objetivos e impondo um modelo único, o que contrariava as alternativas debatidas no pré-1964.[3]

Com a decretação do Ato Institucional nº 5, em dezembro de 1968, uma era estava chegando ao fim. A cassação de vários professores, a aplicação do Decreto nº 477 que permitia a expulsão de alunos, o clima de denúncia e perseguição que

---

[3] Logo em seguida, em agosto de 1965, foi sancionada a Lei nº 4.759, dispondo que as "Universidades e Escolas Técnicas Federais da União, vinculadas ao MEC, sediadas nas capitais dos Estados, serão qualificadas de federais e terão a denominação do respectivo Estado". No caso do Rio de Janeiro e de Niterói, as universidades passariam a denominar-se UFRJ e UFF. Finalmente, em 1967 o Decreto-Lei nº 464 instituiu a Reforma Universitária, e em 1969 o Parecer nº 77/69 fixou normas para o credenciamento dos cursos de pós-graduação, aprovadas pelo CFE (Falcon, 2012).

se instaurou no IFCS — transferido para o Largo de São Francisco — dificultou enormemente a sua instalação. O curso de História, mais especificamente, teria suas atividades comprometidas, e nesse contexto o professor Vianna passaria a desempenhar um papel-chave ao se encarregar da sua gestão.

O testemunho de Nara Saletto (2010), que ingressou no curso de História en 1970, nos dá uma ideia do ambiente reinante no IFCS:

> Como estou dizendo, os primeiros tempos do IFCS foram terríveis. Havia funcionários espiões, que entravam nas salas de aula a pretexto de ninharias, e seguiam os passos dos professores por toda a parte, até nos elevadores! Eu não podia conversar com os alunos, muito menos convidá-los para ir à minha casa. Eles iam, claro, mas ninguém devia saber: era malvisto, pecaminoso [risos]. A vigilância se estendia dos corredores à cantina, e, se, aos poucos, o clima foi se atenuando, isso se deveu principalmente aos estudantes.

O depoimento da professora Miridan Falci também é esclarecedor a respeito das dificuldades enfrentadas pelos professores no IFCS. Miridan foi aluna do curso de História da FNFi e tornou-se professora do IFCS em 1969, indicada pelo historiador e governador do Amazonas Arthur Cesar Ferreira Reis, afinado com o regime. A despeito dessa indicação, Miridan, mesmo não tendo vínculo com grupos de esquerda, também acabou enfrentando dificuldades com as forças da repressão. A esse respeito ela declarou:

> Um dia mencionei *O processo civilizatório*, do Darcy Ribeiro, e *Formação econômica da América Latina*, de Celso Furtado. São dois livros extraordinários, e que eu adoro. Escrevi os títulos e o nome dos autores no quadro-negro, e disse aos alunos que estudassem o primeiro capítulo de um e de outro, porque eu ia fazer o confronto entre o antropólogo, pensando como é a América — povos primitivos, no México e no Peru, povos novos, como o brasileiro e o norte-americano, e povos transplantados, como o argentino, por exemplo, que se supõe inglês sendo espanhol —, e o historiador econômico, avaliando as diferenças entre fornecedores de matérias-primas, seja ouro, prata, minérios ou açúcar e café, e exportadores de produtos com valor agregado. Resumindo, um debate: Darcy Ribeiro *versus* Celso Furtado. Mal concluíra a proposta, uma aluna levantou-se e veio a mim avisar que dois agentes do Dops estavam sentados no fundo da sala. Eu já ouvira comentários sobre policiais infiltrados, mas estes, vestindo ternos pretos, um deles carregando uma pasta, faziam questão de ostentar o seu descaramento. Sua tarefa era assistir à minha aula. [...]

Uma semana depois, fui chamada ao gabinete do prof. Eremildo. Ele queria saber se era verdade que eu estaria indicando aos alunos livros de autores contrários ao regime. Confimei. Então, ele me contou que tanto Célia Freire como Ondemar haviam feito o mesmo, mas, ao serem cobrados, negaram. E me advertiu de que o AI-5 proibia portar, difundir e até mesmo falar a respeito da obra de autores cassados.

Francisco Falcon, ex-assistente de Maria Yedda Linhares, professora cassada em 1968, e um dos poucos professores do período anterior ao regime militar que permaneceram no curso, narra o que ocorreu após sua estada fora do país para uma bolsa de pesquisa durante o ano de 1968:

Quando voltei para o IFCS, tinha mudado tudo. Com o fracionamento da Faculdade de Filosofia, Marina Vasconcellos tinha assumido a direção do IFCS. Quando fui embora, a diretora era ela. Quando voltei, o diretor era o Prado de Mendonça. Eu me dava bem com ele, telefonei, e ele disse: "Ô Falcon, você não se apresse não, porque nós tivemos aqui um problema com essa chuva que caiu outro dia e inundou tudo. Nós estávamos com a maior parte da biblioteca estocada no porão para arrumar, e a água subiu um metro e tanto. Tivemos um prejuízo enorme de livros." Isso já era no Largo de São Francisco...

Finalmente assumi lá. Quando cheguei na primeira reunião, encontrei Eremildo, que era o novo chefe do departamento. E, ao sentar-me na mesa, notei que, dos antigos, só restávamos eu, o José Luiz Werneck, Marilda Ceribelli, Maria Christina Caldas Freire, Maria Sonsoles, Ondemar. O resto era tudo gente nova...

O relato da professora Eulália acerca de sua volta ao IFCS é esclarecedor ao recuperar alguns eventos que tiveram lugar no Departamento de História da UFRJ, transmitindo-nos uma visão sobre as perdas sofridas depois do afastamento obrigatório de professores dos IFCS:

Ficou bastante enfraquecido, não só o Departamento de História, mas os departamentos de Antropologia, de Filosofia. O que aconteceu foi que não havia pessoas disponíveis para substituir os que saíram. Houve um declínio de qualidade, que se reflete inclusive num catálogo publicado pela universidade. Lá você vê que durante todo o período da ditadura foram feitas três pesquisas no Departamento de História. Três pesquisas mínimas, monográficas. Se você compara essa produção com o período anterior, com Luciano Martins trabalhando, Stella Amorim, Maurício Vinhas de Queiroz, Yedda, eu e muitos outros, fica claro que a atividade era muito maior. O obscurantismo foi tal que a biblioteca foi fechada!

Esses relatos indicam o clima de controle exercido sobre os professores, o que dificultava enormemente qualquer nível de debate e discussões não só de temas políticos, mas também historiográficos.

Além do relato dos professores, o depoimento dos alunos que ingressaram no curso de História nesse período também é revelador das dificuldades enfrentadas para a reestruturação das disciplinas. A visão dos alunos de graduação a respeito do curso também não era muito animadora.

Ana Maria Monteiro, que cursou a graduação de 1968 a 1971, relata a situação caótica que enfrentou com o afastamento dos antigos catedráticos por cassações ou aposentadoria e o ingresso de professores contratados precariamente para suprir a carência e garantir o funcionamento do curso. Inicialmente funcionando no prédio da rua Marques de Olinda, em 1970 o curso foi transferido para o largo de São Francisco.

> Começamos o segundo ano em março de 1969 com muitas expectativas de ter aulas com grandes professores. Manoel Mauricio, Maria Yedda Linhares, Eulália Lobo! Mas em abril cheguei para ter aulas e tinha um papel pregado avisando que as aulas tinham sido suspensas por tempo indeterminado. [...] Foi uma bomba! O IFCS foi fechado, pois não havia professores para substituir os cassados. No IFCS foram 10 cassados!
>
> Com esse clima muitos alunos abandonaram o curso e a sensação é que aquilo tinha acabado.[4]

Os depoimentos apresentados estão longe de indicar possibilidades de negociação, e sim, ao contrário, indicam iniciativas de grande cerceamento e repressão, mesmo nos casos dos professores recém-ingressos e não envolvidos nas lutas políticas pré-1968.

Fragmentação e reestruturação

Além do cerceamento das atividades docentes e discentes, a estrutura do curso de História também sofreu mudanças. O afastamento dos antigos catedráticos e o ingresso de muitos novos professores, alguns bastante inexperientes, provocou uma desorganização da grade curricular e mesmo dos programas das diciplinas. Do mesmo modo, com a exclusão de vários professores, abriu-se espaço para o ingresso de um novo grupo que passaria a compor o corpo docente, inaugurando um formato de curso diferenciado.

---

[4] Entrevista com Ana Maria Monteiro em 14.1.2019.

Nesse novo quadro, a área de História Antiga e Medieval era a que se mantinha estruturada, com Eremildo Vianna e suas antigas assistentes não enfrentando escassez de professores. As áreas realmente problemáticas eram as de História Moderna e Contemporânea e História do Brasil. A aposentadoria de Helio Vianna, a cassação de Manoel Mauricio e o afastamento de José Luiz Werneck provocaram uma total carência de professores para cumprir a grade. Como chefe de Departamento, Eremildo deveria buscar uma alternativa para enfrentar o problema. A solução encontrada foi convidar em 1970 Célia Freire de Aquino Fonseca, ex-aluna do curso de História da FNFi, que na época, depois de uma temporada na França, cursava o doutorado na USP, para assumir as disciplinas de História de Brasil. A partir de então Célia Freire passaria a ter um papel importante no recrutamento de novos professores. Além disso, iria ajudar Eremildo a estruturar um curso de pós-graduação que deveria se tornar um mestrado. A primeira turma começou em 1971 e contava com os seguintes professores: Célia Freire, Fernando Sgarbi, Silvio Julio, Vicente Tapajós, Emannuel Hasselmann. A dificuldade para compor um corpo docente titulado faz Eremildo, coordenador do curso, recrutar velhos professores da antiga FNFi que não tinham nenhuma experiência com programas de pós-graduação. A novidade era Célia, que procurava dar um ar de modernidade ao curso, mas sem sucesso. Embora tendo feito alguns processos seletivos e iniciado novas turmas, a falta de um projeto bem estruturado fez com que o curso permanecesse como *lato sensu*, só vindo a ser credenciado como mestrado em 1982.

A despeito do fracasso da ideia de criar um mestrado, o curso cumpriu a função de possibilitar o recrutamento de jovens professores para atuar na graduação ou mesmo tentar titular aqueles já estavam atuando. Esse foi o caso da professora Philomena Gebran,[5] que, ao iniciar o curso, foi indicada pela professora Célia Freire para começar a dar aulas de História da América na graduação. Outras professoras já atuando como auxiliares de ensino, como Nara Saletto, Neyde Thelm, Miridan Falci, também foram instadas a ingressar no curso de pós-graduação.

Se as dificuldades eram grandes para a estruturação de um curso de mestrado, a reorganização da graduação não enfrentava desafios menores. A forma de contratação dos docentes era muito precária, com permanentes entradas e saídas por períodos curtos, e em geral eram professores com pouca experiência.

---

[5] A dificuldade de localização de documentos não permite a identificação de todos os nomes de docentes que por lá passaram no período. Além daqueles que conseguimos levantar (ver anexo) e que tiveram uma estada mais duradoura na instituição, muitos outros colaboradores são mencionados nos depoimentos, mas não foram localizados na documentação.

O relatório de atividades do IFCS relativo ao ano de 1976 e concluído em fevereiro de 1977 é um dos poucos documentos localizados que nos permite uma visão geral do curso de História com a lista dos professores e disciplinas oferecidas. Nessa listagem constam 19 professores, sendo 16 em atividades e três afastados, com suas respectivas cargas horárias e cargos. São mencionados ainda dois professores que não têm situações bem definidas (Paulo Werneck da Cruz e Fernando Sgarbi).

Nesse quadro de professores, apenas Eremildo Vianna era titular, e os demais estavam distribuídos entre um adjunto, sete assistentes, dez auxiliares de ensino e dois colaboradores. A partir dessa lista podemos ver que a maioria dos docentes tinha vínculo precário, e que um percentual significativo não teve seu contrato renovado. Além disso, somente sete professores tinham 40 horas.

Relação professores e seus regimes de trabalho

Professor	Nível	Regime (CH)
Eremildo Luiz Vianna	Titular	40h
Emmanuel Adolpho Pinheiro Hasselmann	Adjunto	20h
Célia Freire d'Aquino Fonseca	Assistente	40h (DE)
Francisco José Calazans Falcon	Assistente	12h
Lucinda Coutinho de Mello Coelho	Assistente	40h
Maria Christina Caldas Freire Rocha	Assistente	40h
Maria Sonsoles Guerras Martins	Assistente	20h
Marilda Corrêa Ciribelli	Assistente	20h
Miridan Brito Knox	Assistente	20h
Ondemar Ferreira Dias Jr.	Assistente	20h
Amélia Maria de Sousa	Auxiliar de ensino	20h
Arno Wehling	Auxiliar de ensino	20h
Ivone da Silva Brandão	Auxiliar de ensino	20h
José Walter Trindade	Auxiliar de ensino	20h
Maria de Lourdes Viana Lyra	Auxiliar de ensino	40h (DE)
Maria Philomena Gebran	Auxiliar de ensino	40h
Nara Saletto Costa	Auxiliar de ensino	40h
Neyde Theml	Auxiliar de ensino	20h
Paulo Werneck da Cruz	Auxiliar de ensino	20h
Silvia Norberto Barbosa	Auxiliar de ensino	20h
Norma Bello Musco	Colaboradora e Auxiliar de ensino	40h
Lilian Salomão de Pinho	Colaboradora	–
Vicente Costa Santos Tapajós	Colaborador	–
Fernando Sgarbi de Lima	Professor requisitado	–

Fonte: Relatório de atividades do Departamento de História, IFCS, 1978.

Lista das disciplinas com suas respectivas cargas horárias

Departamento de História (UFRJ) — 1977		
Disciplina	**Professor**	**CH (SEMANAL)**
A América e os Organismos Internacionais	Vicente Tapajós	5h
Arqueologia Americana	Ondemar Ferreira Jr.	5h
Civilização Helênica e Helenística	Neyde Theml	5h
Civilização Romana	Maria Christina Rocha	5h
Cultura Cafeeira e a Economia Brasileira	Célia d'Aquino Fonseca	5h
Cultura Cafeeira e a Economia no Século XIX	Lucinda Coelho	4h
Economia Nordestina: das Feitorias à SUDENE	Célia d'Aquino Fonseca	5h
Extremo Oriente na Antiguidade	Maria Christina Rocha	5h
História Contemporânea I	Ivone Brandão	4h
História Contemporânea II	Ivone Brandão e Arno Wehling	4h
História da América Colonial I	Ondemar Ferreira Jr. e Miridan Knox	4h
História da América Colonial II	Ondemar Ferreira Jr.	4h
História da América Independente I	Miridan Knox	4h
História da América Independente II	Vicente Tapajós, Philomena Gebran e Miridan Knox	4h
História da Antiguidade	Eremildo Vianna, Maria Christina Rocha, Neyde Theml e Norma Musco	8h
História da Arte	Maria Sonsoles	5h
História da Cultura na América	Philomena Gebran	5h
História da Idade Média I	Eremildo Vianna, Marilda Ciribelli e Neyde Theml	4h
História da Idade Média II	Eremildo Vianna, Marilda Ciribelli e Maria Sonsoles	4h
História da Península Ibérica I	Maria Sonsoles	5h
História da Península Ibérica II	Maria Sonsoles	5h
História da Península Ibérica III	Arno Wehling	5h
História do Brasil Colonial I	Célia d'Aquino Fonseca e Silvia Notaroberto	4h
História do Brasil Colonial II	Célia d'Aquino Fonseca, Lucinda Coelho e Silvia Notaroberto	4h
História do Brasil Independente I	Célia d'Aquino Fonseca, Lilian de Pinho, Maria de Lourdes Lyra e Silvia Notaroberto	4h
História do Brasil Independente II	Célia d'Aquino Fonseca e Maria de Lourdes Lyra	4h
História Econômica da América	Philomena Gebran	5h
História Econômica da Idade Média	Eremildo Vianna	5h
História Econômica do Brasil	Célia d'Aquino Fonseca e Lucinda Coelho	5h

Departamento de História (UFRJ) — 1977		
Disciplina	**Professor**	**CH (SEMANAL)**
História Econômica do Brasil (Geociências)	Lilian de Pinho	4h
História Econômica Geral (Geociências)	Ivone Brandão	4h
História Econômica Moderna	Arno Wehling	5h
História Econômica, Social e Política	Nara Saletto	4h
História Econômica, Social e Política do Brasil	Célia d'Aquino Fonseca	5h
História I	Norma Musco	5h
História II	Maria Christina Rocha	5h
História III	José Valter Trindade	5h
História IV	Arno Wehling	5h
História Moderna I	Eremildo Vianna	4h
História Moderna II	Fernando de Lima	4h
Metodologia da História	Emmanuel Hasselmann	4h
Paleografia	Emmanuel Hasselmann	5h
Problemas brasileiros	José Valter Trindade	4h
Sociedade e Cultura do Império Romano	Neyde Theml	5h
Técnica de Pesquisa em História	Célia d'Aquino Fonseca	4h
Vida Urbana Medieval	Eremildo Vianna	5h

Fonte: Relatório de atividades do Departamento de História, IFCS, 1978.

A análise do quadro acima indica para os dois semestres de 1977 a grande concentração da carga horária nas disciplinas de História Antiga e Medieval, totalizando 75h. Em contrapartida História Moderna com 25h e Contemporânea com apenas 8h totalizavam 33h; História do Brasil, 41h, e História da América, 36h. Ainda que se possa questionar a fidedignidade desses dados é evidente a discrepância dos pesos das disciplinas no currículo do curso. Além disso, também fica evidenciada a concentração de disciplinas nas mãos de Célia Freire e Eremildo Vianna, que, além das obrigatórias, também estavam encarregados de optativas.

Como já dissemos, com a aposentadoria por idade dos catedráticos Hélio Viana, de História do Brasil, e Silvio Julio, de História da América, e as cassações de Maria Yedda Linhares, catedrática de Moderna e Contemporânea, e de Eulália Lobo, de América, essas áreas perderam suas principais lideranças, abrindo-se um vazio de poder. Com a não contratação de professores mais titulados e experientes para ocupar os espaços abertos, o único antigo catedrático que restou foi Eremildo Vianna. Assim, sua autoridade e controle no departamento era evidente, não só por seu alinhamento total com o regime, mas também por ser ele o único titulado diante de um corpo docente composto majoritariamente de colaboradores, auxiliares de ensino e assistentes.

No entanto, algumas vozes buscavam encontrar margens para garantir sua atuação e conquistar espaços institucionais. A entrada de Célia Freire no departamento em 1970, com titulação, qualificou-a para buscar algum espaço de autonomia. O convite feito por Célia Freire a Maria de Lourdes Lyra, em 1972, indica suas intenções de formar um grupo de jovens professores sob sua liderança.[6] Maria de Lourdes em seu depoimento defende que os espaços eram realmente muito reduzidos, mas que Célia buscava atrair jovens docentes e promover algumas iniciativas na área de pesquisa. Em 1977 Célia Freire fez concurso para livre docente na UFRJ, o que lhe daria a possibilidade de se tornar professora titular e assim conquistar de fato maior independência.

Ana Maria Moura, que ingressou como aluna no IFCS em 1970 e em 1979 se tornou professora do departamento, relembra suas primeiras experiências de pesquisa.

> Vale rememorar: entramos na UFRJ em 1970 numa época em que não se cogitava espaços laboratoriais. Essa prática chega com uma professora muito louca, Célia Freire d'Aquino Fonseca, que acabara de ser aluna de Braudel. Assim, de Paris para o estudo de Brasil Colônia, em um IFCS dos anos de chumbo da ditadura militar. A sua presença foi um impacto tão grande, que nas primeiras aulas não entendíamos nada do que ela estava falando. Não sabia qual era a matéria... Uma das primeiras iniciativas de Célia Freire foi montar um laboratório, que hoje seria estranhíssimo. Um Núcleo de Pesquisa, onde qualquer professor de qualquer área poderia trabalhar, poderia trazer suas pesquisas em qualquer área de História para serem debatidas. Um projeto ousado e impensável ainda hoje, imagem naqueles tempos. Todos participavam, instigados pelo desenvolvimento da pesquisa em História.[7]

---

[6] Maria de Lourdes Lyra foi aluna de Célia Freire em Pernambuco e em 1967 ingressou no mestrado na USP sob a orientação de Sergio Buarque. Em 1972, já residindo no Rio, foi convidada para dar aulas no curso de História da UFRJ. Fonte: depoimento de Maria de Lourdes Lyra à autora, Rio de Janeiro, fev. 2020.

[7] Entrevista de Ana Maria Moura, *Revista de História*, Rio de Janeiro, 8 dez. 2016.

A despeito da repressão e do clima de terra arrasada, alguns professores tentavam oferecer em suas aulas no Departamento de História uma concepção de História mais arejada e menos comprometida com o modelo de História *Événementielle*. Lana Lage, que ingressou no curso em 1970, relembra que tomou contato com a historiografia dos Annales através das aulas de Célia Freire e de Francisco Falcon, que mesmo timidamente estimulavam os alunos a fazer novas leituras e incorporar uma bibliografia mais atualizada.

Ainda assim são muitas as críticas à qualidade do curso e das aulas. Sidney Chalhoub, que ingressou no IFCS em1976, declara que a maioria dos cursos era muito ruim, com professores jovens sem experiência e que proferiam aulas escolares. Nas palavras de Chalhoub: "Chegar no IFCS foi um choque!... Os colegas eram fantásticos ... mas o clima era opressivo, não havia biblioteca e as aulas eram ruins proferidas por professores que não pesquisavam e que não tinham uma produção relevante." Essa avaliação negativa do curso ganhou destaque especialmente quando este foi comparado com a graduação de História da Universidade de Wisconsin. Desapontado com o curso, Chalhoub se candidatou a uma bolsa e em1977 embarcou para os EUA, onde teve contato com grandes professores e cursos de grande qualidade.[8]

No final dos anos 1970 uma nova leva de professores sob a liderança de Célia Freire ingressou no curso de História, tais como Maria Manoela, Lilian Salomão, Magda Jaolino Torres, Ana Maria Moura, Odaleia Bianchine, Conceição de Goes e Creusa. Também no ano de 1977 os auxiliares de ensino Arno Wehling (Metodologia), Neyde Theml (Antiga) e Maria de Lourdes Lyra (Brasil) tornaram-se assistentes. Pouco a pouco um novo grupo de professores passou a integrar o curso de História, e mudanças tornaram-se próximas de serem efetivadas com a aprovação da anistia e o retorno dos cassados.

Reformas educacionais e ensino de História

A despeito das perdas trazidas pelo regime militar com as cassações e afastamentos de alunos e professores, a partir dos anos 1970 o crescimento do sistema de pós-graduação foi exponencial. Nesse contexto começou a se delinear um novo modelo de curso de História, em que a pós-graduação e as

[8] Sidney Chalhoub regressou ao Brasil em 1979 e ainda cumpriu alguns créditos no IFCS para poder revalidar seu diploma. Entrevista concedida por Marieta de Moraes Ferreira em julho de 2019. Recife.

atividades de pesquisa passavam lentamente a ocupar um lugar-chave, com investimentos expressivos para a estruturação da pós-graduação em detrimento da graduação (Ferreira, 2016).

Até os anos de 1970, as mudanças, inovações ou permanências do curso estavam direcionadas para a formação de professores da educação básica. No entanto, com a consolidação dos programas de pós-graduação, tornou-se crescente a tendência a valorizar a pesquisa em detrimento da docência; alguns professores chegavam a oferecer resistência em realizar trabalho com a graduação. O debate sobre o formato ideal para os cursos de licenciatura, sobretudo no que diz respeito à distribuição entre as disciplinas de formação pedagógica e as de conteúdo, era uma questão bastante enfatizada naquele período.

A instauração do regime militar alterou significativamente não apenas o sistema universitário, mas também a organização do sistema educacional na educação básica, através da legislação aprovada em 1971 (5.692/71). Naquele contexto, o treinamento de professores caracterizava-se pela introdução de elementos técnico-pedagógicos no ensino público, como a massificação de conteúdos através de livros didáticos, técnicas de estudo dirigido, novos contornos curriculares e conteúdos técnico-profissionalizantes. O objetivo era possibilitar o acesso a habilidades básicas, que consolidariam um contingente de profissionais minimamente capacitados para o ingresso no mercado de trabalho. Nesse sentido, é emblemática a instituição do curso que ficaria conhecido como "licenciatura curta", chamado pela Lei nº 5.692 de *licenciatura de primeiro grau*, cuja função era formar professores para lecionar da 1ª à 8ª série (Ferreira e Franco, 2008).

No caso específico do ensino de História, a mudança mais significativa foi a criação de uma nova licenciatura, denominada Estudos Sociais, que reunia os conteúdos de História, Geografia e Organização Social e Política do Brasil, suprimindo, no então chamado primeiro grau, o ensino da disciplina História. Os resultados dessas iniciativas não poderiam ser mais danosos tanto para os cursos de licenciatura como para os alunos do ensino básico, que se deparavam com currículos inadequados e docentes mal preparados.

No caso específico do curso de História do IFCS da UFRJ, a reforma da educação básica de 1971 não parece ter tido um impacto direto, já que ali sequer se cogitou a implantação de uma licenciatura em Estudos Sociais. Mas, de toda forma, efeitos indiretos se faziam notar nas preocupações com a formação de licenciandos que iriam dar aulas dessa nova disciplina e a criação da disciplina obrigatória intitulada Problemas Brasileiros. Com relação à expansão da pós-graduação no país, como já foi dito, o projeto do professor Eremildo não teve sucesso, vindo a ser reconhecido sob a coordenação da professora Eulália Lobo em 1982.

Novos tempos: abertura política e redemocratização

O processo de abertura política iniciado com o governo Geisel (1974-1979) e o avanço das lutas pela anistia inauguraram novos tempos para o IFCS e para o curso de História. Já em 1977 pode-se perceber que novas forças estavam se organizando no departamento e, mesmo que num primeiro momento não ficasse evidenciado, que o poder de Eremildo estava começando a ser solapado. Naquele ano foram abertas vagas para que alguns auxiliares de ensino fizessem um concurso para assistentes, e nos anos seguintes ingressaram como auxiliares de ensino sete novos docentes de alguma forma indicados por Célia Freire.

No âmbito mais amplo da UFRJ os tempos também já estavam mudando. Em 1977 Luis Renato Carneiro Caldas foi escolhido reitor. Segundo Alexandre Pinto Cardoso, o novo reitor iniciou um processo de mudanças acolhendo os debates com vistas a refazer os Estatutos da UFRJ.[9]

Naquele contexto iniciou-se uma grande discussão nos Centros da UFRJ, com a formação de comissões para propor iniciativas de maior democratização na estrutura da universidade. A partir desses debates, surgiram inúmeras reivindicações que não puderam ser levadas adiante, e as mudanças desejadas nos estatutos acabaram não sendo concretizadas. Mas esse movimento estimulou o desejo dos professores de criação de um espaço para abrigar suas demandas, e assim surgiu a PROAD, embrião do que seria a ADUFRJ.

Na cena política brasileira o processo de abertura caminhava a passos largos com a ampliação do movimento da anistia, que finalmente foi aprovada em 1979 e permitiu a volta dos exilados e a reintegração dos cassados. Ainda nesse ano, o movimento interno para a criação da Associação dos Docentes da UFRJ (ADUFRJ) se concretizou com a eleição da sua primeira diretoria. Uma das suas primeiras bandeiras foi promover uma manifestação pela reintegração dos docentes cassados. Entre os professores do curso de História nessa situação estavam Eulália Lobo, Hugo Weiss, já falecido na ocasião, Manoel Maurício de Albuquerque e Maria Yedda Linhares. Os depoimentos de alguns professores podem nos ajudar a recuperar alguns eventos importantes daquele momento.

---

[9] Depoimento de Alexandre Cardoso. Rio de Janeiro, fev. 2020.

O relato da professora Philomena Gebran fornece um quadro interessante do novo contexto do Departamento de História no final dos anos 1970. Oriunda do estado do Paraná e com parentesco com o então ministro da Educação Ney Braga, Philomena ingressou no Departamento de História do IFCS como auxiliar de ensino em 1972 para lecionar na cadeira de História da América. Em sua fala, a professora busca sempre retratar o enorme poder do profesor Eremildo Vianna no comando do curso e os altos níveis de repressão vigentes.

Mas o foco mais importante do seu relato diz respeito ao processo de redemocratização a partir do Departamento de História, em particular, e na UFRJ, de maneira mais geral. Nesse início dos anos 1980, Philomena afirma que foram articuladas várias ações para reivindicar a reintegração dos professores cassados e, por fim, para promover sua eleição para a chefia do Departamento de História em 1980, o que foi conseguido graças à derrota das forças comprometidas com o regime militar, representadas especialmente por Eremildo Vianna, que dominou o curso por 12 anos seguidos. Referindo-se a esse processo, Philomena declarou:

> Em 1980 [...] eu fiz uma reunião na minha casa, no Cosme Velho. Convidei o Manoel Maurício, a Eulália, a Yedda, o Darcy Ribeiro. [...] Eu disse: "Olha, essa reunião [...] tem um motivo específico: eu quero que saia daqui o candidato, futuro chefe do Departamento de História, porque vai ter uma assembleia, eu já comuniquei ao Eremildo que *tem* que fazer uma assembleia" [...]. Porque eu cheguei para ele e disse assim: "Olha, esse é um documento da Associação dos Cientistas Sociais pedindo que a eleição do departamento seja aberta. Seja aberta para o IFCS todo e para os alunos."

Naquela reunião, então, foi indicado o nome da professora Philomena Gebran como candidata da oposição à chefia do Departamento de História. De acordo com seu depoimento, o professor Eremildo tentou impedir sua eleição e indicou um outro nome que acabou não aceitando a candidatura.

> Eu ganhei pelo voto dos estudantes. Dos estudantes da pós-graduação e da graduação [...]. E eu saí chefe do departamento. Os alunos me carregaram! Gritaram, soltaram foguetes. Olha, foi uma coisa muito linda. Foi uma das coisas mais bonitas que eu vivi. Aliás, do IFCS foi a mais bonita que vivi. E da minha vida foi uma das mais bonitas.

Os anos 1980 trouxeram novas perspectivas, não só com a incorporação dos cassados como também com o retorno daqueles que foram obrigados a se afastar em função da repressão. Foi nessa década que os programas de pós-graduação se expandiram de forma expressiva no país, e as atividades de pesquisa ganharam um novo impulso, graças ao apoio das agências de financiamento governamentais.

Na pós-graduação, algumas mudanças foram de grande relevância, como a reincorporação da professora Eulália Lobo e sua eleição para a coordenação da pós-graduação. Nesse contexto, o curso de mestrado em História Social da UFRJ depois de vários anos foi reconhecido, e as atividades de pesquisa tornaram-se objeto de maior preocupação. Dando continuidade ao seu relato, Eulália recupera as memórias do que significou a volta à universidade, seu desalento com a situação encontrada:

> Minha volta foi constrangedora, aflitiva. Não houve uma satisfação, uma euforia. Entramos lá, eu, Darcy Ribeiro, mais um grupo, e aquilo era tão triste, cadeiras quebradas, tudo sujo. Aquele prédio do Largo de São Francisco é bonito, mas estava sinistro, sujo de pombo, maltratado, esfacelado. Foi muito triste. O diretor queria que a seção da congregação fosse fechada, estava com medo de manifestações. Os alunos forçaram, entraram na sala...
>
> Quando voltei para o IFCS, com a Anistia, a primeira coisa que fiz foi lutar pela biblioteca. Abrimos uma câmara escura no quarto andar, onde estavam os livros empacotados, e trouxemos tudo para fora em carrinhos de mão emprestados da seção de obras do prédio.
>
> Depois consegui uns caminhões do Fundão para levar os móveis velhos para consertar no Centro das Ciências de Saúde. Ninguém queria dar um tostão de verba para o IFCS, de modo que mandei arrumar o que tinha, de quatro cadeiras fazia-se uma. Depois conseguimos tinta, pintamos as paredes. No princípio foi um trabalho braçal. Voltei a dar aula, não mais especificamente sobre História da América, mas sobre vários assuntos: operariado, História das cidades, vários temas que abrangiam o Brasil e a América Latina. Hoje a biblioteca está de bom nível.

O processo de revitalização do IFCS foi lento e custoso. O depoimento da professora Manoela Ramos, que ingressou no curso de História em 1979 como auxiliar de ensino indicada pela professora Célia Freire, nos fala das iniciativas para uma renovação do curso. Com o departamento então dirigido por Philomena Gebran foi criada uma comissão para a elaboração do novo currículo: os principais temas em debate estavam focados na redistribuição da carga horária com a diminuição do número de cursos de Antiga e

Medieval, a criação da área de Teoria e Metodologia e a ampliação da oferta de disciplinas eletivas.

Nos anos seguintes, o Departamento de História começou a incorporar uma nova geração de professores, que ingressava mediante concurso público, possibilitando a renovação da graduação e associando numa única carreira o professor e o pesquisador: uma nova identidade para o profissional de História estava em constituição. Esse formato de curso que ia se consolidando, se por um lado renovava seu corpo docente, buscava melhorar seu curso de mestrado e ampliava a produção da pesquisa, por outro se afastava do seu compromisso com a licenciatura e de formar professores para a educação básica. A preocupação de superar um passado traumático e de desprestígio do curso durante os anos de chumbo colocava como meta recuperar os anos dourados da antiga FNFI.

Considerações finais

Cabe destacar, por fim, que os debates e os desdobramentos dos eventos ocorridos no período aqui enfocado (1968-1980) revelam-se fundamentais para a compreensão do desenvolvimento dos cursos universitários de História.

Os debates e as consequências dos eventos que tiveram lugar nas décadas de 1960 e 1970 se revelam fundamentais para compreender o desenvolvimento dos cursos universitários de História. No caso específico do curso do IFCS, o processo de esvaziamento acadêmico não só em virtude da repressão, mas também em função das condições materiais, tais como ausência de biblioteca, precariedade na contratação de docentes, ausência de realização de concursos, fez com que a recuperação do prestígio dos velhos tempos da FNFi fosse lenta e enfrentasse muitas dificuldades. As limitações herdadas dos anos de chumbo, o percurso tortuoso para a implantação de um curso de mestrado, a fragilidade das estruturas de pesquisa colocaram para a geração seguinte um grande desafio e esforço para recuperar o tempo perdido. A empreitada obteve êxito em reconquistar seu prestígio ao eleger a pesquisa como foco principal da graduação de História, mas a formação dos professores em grande medida foi secundarizada.

Merecem destaque, nesse sentido, a importância e as possibilidades do estudo acerca das memórias de eventos traumáticos e da repressão desencadeada no IFCS. A dificuldade de acesso à documentação escrita referente ao período nos obrigou a priorizar os depoimentos orais, que foram elementos fundamentais.

Uma análise dos testemunhos dos alunos e professores coletados para este estudo nos permite destacar alguns pontos importantes. Como já sabemos, os testemunhos orais são memórias que representam diferentes versões do passado, expressam lembranças contraditórias, esquecimentos, distorções, conflitos, e não podem ser considerados relatos "verdadeiros" e "objetivos" sobre os feitos narrados; ainda assim e por isso mesmo, nos permitem ter acesso a um rico material e a informações pouco encontradas em outras fontes. Os relatos obtidos se revestiram de uma grande relevância como chave e ponto de partida para mapear questões a serem investigadas em um emaranhado de documentos dispersos e fragmentados.

Além de preencher muitas lacunas, que a documentação escrita não conseguiria alcançar, os relatos orais se tornam caminhos seguros e ricos para esclarecer as disputas e conflitos de memórias, e para nos dar pistas a fim de compreender as versões construídas sobre a trajetória dos cursos.

Dessa forma, as discussões que se estenderam pela década de 1980 apontavam para a superação das concepções da legislação do regime militar. Nesse sentido, a aprovação de uma nova Lei de Diretrizes e Bases da Educação Nacional (Lei nº 9.394) em 1996, a partir do projeto apresentado ao Senado por Darcy Ribeiro, foi o auge desse processo de amplo debate social sobre a educação, iniciado principalmente com a redemocratização do país.

Referências

ABREU, Alzira Alves de et al. (org.). Reforma universitária. In: *Dicionário histórico-biográfico brasileiro pós-1930*. Rio de Janeiro: FGV, 2001, v. 4.

AMADO, Janaína; FERREIRA, Marieta de Moraes (org.). *Usos e abusos da história oral*. Rio de Janeiro: FGV, 1998.

FERREIRA, Marieta de Moraes. *A História como ofício*. Rio de Janeiro: FGV, 2013.

PATTO, Rodrigo. *Universidade e regime militar*. Rio de Janeiro: Zahar, 2014.

Entrevistas consultadas

Entrevista com Eulália Maria Lahmeyer Lobo. *Estudos Históricos*, Rio de Janeiro, CPDOC/FGV, v. 5, n. 9, p. 84-96, 1992. Disponível em: http://bibliotecadigital.fgv.br/ojs/index.php/reh/article/view/2334/1473. Acesso em: 30 jan. 2019.

Entrevista com Miridan Falci. In: FERREIRA, Marieta de Moraes Ferreira. *A História como ofício*. Rio de Janeiro: FGV, 2013.

Entrevista com Francisco Falcon (2008). In: FERREIRA, Marieta de Moraes. *A História como ofício*. Rio de Janeiro: FGV, 2013.

Entrevista com Nara Saletto (2010). In: FERREIRA, Marieta de Moraes. *A História como ofício*. Rio de Janeiro: FGV, 2013.

Entrevista com Maria Yedda Linhares. *Estudos Históricos*, Rio de Janeiro, CPDOC/FGV, v. 5, n. 10, p. 216-250, 1992. Disponível em: http://bibliotecadigital.fgv.br/ojs/index.php/reh/article/view/1946/1085. Acesso em: 30 jan. 2019.

Entrevista com Philomena Gebran concedida a Marieta de Moraes Ferreira, set. 2016.

Entrevista com Ana Maria Monteiro concedida a Marieta de Moraes Ferreira, jan. 2019.

Entrevista com Sidney Challoub concedida a Marieta de Moraes Ferreira.

Entrevista com Maria Manoela Ramos concedida a Marieta de Moraes Ferreira, ago. 2019.

Entrevista com Francisca Azevedo concedida a Marieta de Moraes Ferreira, ago. 2019.

Entrevista com Maria de Lourdes Vianna Lyra concedida a Marieta de Moraes Ferreira, jan 2020.

Entrevista com Lana Lage da Gama Lima concedida a Marieta de Moraes Ferreira, mar. 2020.

Entrevista com Alexandre Cardoso concedida a Marieta de Moraes Ferreira, jan. 2020.

Arquivo do DOPS — Arquivo Público do Estado do Rio de Janeiro (Aperj). Dossiês de Eremildo Vianna, Maria Yedda Linhares, Eulália Lobo, Pedro Celso Uchoa Cavalcanti, Faculdade Nacional de Filosofia.

9

O curso de História da UFRN (1956-2016): alguns vestígios de memórias e pautas para a escrita de histórias

Margarida Maria Dias de Oliveira
Wendell de Oliveira Souza

As histórias dos cursos superiores de História no Brasil

Há pelo menos três décadas os cursos superiores de História no Brasil são objeto de reflexão por parte dos historiadores. Reflexões que, com o passar do tempo, tornaram-se objeto central de falas em congressos, artigos científicos, monografias de conclusão de curso,[1] dissertações de mestrado, teses de doutorado[2] e livros publicados.[3]

Nas últimas duas décadas, as pesquisas dedicadas a estudar os cursos de graduação em História nas universidades brasileiras têm se multiplicado. Da tese de Helenice Ciampi sobre a experiência da Pontifícia Universidade Católica de São Paulo (PUC-SP) entre as décadas de 1970 e 1980, defendida em 1998 no Programa de Pós-Graduação em História Social da Universidade de São Paulo (USP), à tese de Aryana Costa sobre as práticas de sala de aula e

[1] Alguns desses pesquisadores produziram monografias de final de curso, um prelúdio das pesquisas sobre os cursos superiores de História no Brasil que continuariam na pós-graduação. Como exemplos, podemos citar as monografias de Francisco Bezerra (2000), Aryana Costa (2007) e João Paulo Oliveira (2008).

[2] Aryana Costa defendeu em 2018 a tese de doutorado *De um curso d'água a outro: memória e disciplinarização do saber histórico na formação dos primeiros professores do curso de História da USP.*

[3] Em *A História como ofício* (2013), Marieta de Moraes Ferreira reuniu artigos que publicou ao longo de sua vida acadêmica sobre as experiências do Curso de História da Universidade do Brasil (UB), atualmente Universidade Federal do Rio de Janeiro (UFRJ). O livro ainda conta com uma série de entrevistas com alunos e professores do Curso de História da Universidade do Distrito Federal (UDF), da Faculdade Nacional de Filosofia (FNFi-UB) e do Instituto de Filosofia e Ciências Sociais (IFCS-UFRJ).

suas relações na produção da historiografia, defendida em 2018 no Programa de Pós-Graduação em História Social da Universidade Federal do Rio de Janeiro (UFRJ), podemos citar outros 20 trabalhos que se dedicaram a estudar a complexidade de experiências vivenciadas nos cursos de História em outras partes do Brasil. Observemos o quadro a seguir.

Quadro 1: Os cursos superiores de História como objeto de pesquisa no Brasil (1998-2018)

Ano de conclusão	Autoria	Título	Filiação institucional	Professor(a) orientador(a)
1998	Helenice Ciampi	A História pensada e ensinada na PUC-SP: 1971-1988	Doutorado em História Social na USP	Elias Thomé Saliba
1998	Silvana M. B. de Carvalho	Os egressos da UEPG e o ensino de História: a formação dos professores	Mestrado em Educação na Universidade Estadual do Centro-Oeste	Ernesta Zamboni
2000	Ilka Miglio de Mesquita	Formação de professores de História: experiências, olhares e possibilidades (Minas Gerais, anos 1980 e 1990)	Mestrado em Educação na Universidade Federal de Uberlândia	Selva Guimarães Fonseca
2002	Mara C. de M. Rodrigues	A institucionalização da formação superior em História: o curso de Geografia e História da UPA/URGS — 1943 a 1950	Mestrado em História na Universidade Federal do Rio Grande do Sul	Regina Weber
2002	Célia R. de S. e Silva	Faculdade Estadual de Filosofia, Ciências e Letras de Ponta Grossa/ Universidade Estadual de Ponta Grossa: 50 anos do curso de História	Mestrado em Educação na Universidade Estadual de Ponta Grossa	Ivo José Both
2003	Cláudia Sapag Ricci	A formação do professor e o ensino de História: espaços e dimensões de práticas educativas (Belo Horizonte, 1980-2003)	Doutorado em História Social na Universidade de São Paulo	Marcos Silva
2004	Diogo da Silva Roiz	A institucionalização do ensino universitário de História na Faculdade de Filosofia, Ciências e Letras da Universidade de São Paulo entre 1934 e 1956	Mestrado em História na Universidade Estadual Paulista Júlio de Mesquita Filho	Ivan Aparecido Manoel
2004	Isaíde Bandeira Timbó	Memórias do ensino de História — Experiências vividas na licenciatura da FAFICE/UECE (1966-1982): mitos, rótulos e contradições	Metrado em História Social na Universidade Federal do Ceará	Almir Leal de Oliveira

Ano de conclusão	Autoria	Título	Filiação institucional	Professor(a) orientador(a)
2006	Simone A. Borges	Os cursos de História da Universidade Católica de Goiás e da Universidade Federal de Goiás: um olhar histórico	Mestrado em Educação na Universidade Federal de Goiás	Maurides Batista Macêdo Filha
2006	Marcos A. C. Rassi	Uma canção inacabada: formação de professores de História — A experiência da FEPAM (1970-2001)	Mestrado em Educação na Universidade Federal de Uberlândia	Selva Guimarães Fonseca
2007	Francisco C. Bezerra	O ensino superior de História na Paraíba (1952-1974): aspectos acadêmicos e institucionais	Mestrado em História na Universidade Federal da Paraíba	Raimundo Barroso Cordeiro Júnior
2008	Roberto C. de Andrade	Construindo discursos e compartilhando memórias: a década de 1970 e a formação de professores de História na Universidade Estadual de Londrina	Mestrado em Educação na Universidade Estadual de Londrina	Magda Madalena Tuma
2008	Sérgio B. do Nascimento	A formação de professores no curso de História da UFPA: uma análise do projeto pedagógico	Mestrado em Educação na Universidade Federal do Pará	Josenilda Maria Maués da Silva
2009	Ana Luíza Araújo Porto	O curso de História na Universidade Federal de Alagoas: dos primórdios à sua consolidação (1952-1979)	Mestrado em Educação na Universidade Federal de Alagoas	Elcio de Gusmão Verçosa
2010	Silvana M. B. de Carvalho	A formação do professor de História na Faculdade de Filosofia da Universidade Estadual de Ponta Grossa de 1950 a 1970: propostas curriculares e memórias docentes	Doutorado em Educação na Universidade Federal do Paraná	Marcus Aurélio Taborda de Oliveira
2010	Aryana Lima Costa	A formação do profissional de História — o caso da UFRN (2004 a 2008)	Mestrado em História na Universidade Federal da Paraíba	Vilma de Lurdes Barbosa
2010	Ludmila Gama Pereira	O historiador e o agente da História: os embates políticos travados no curso de História da Faculdade Nacional de Filosofia da Universidade do Brasil (1959-1969)	Mestrado em História na Universidade Federal Fluminense	Marcos Alvito Pereira de Souza
2011	João Paulo Gama Oliveira	Disciplinas docentes e conteúdos: itinerários da História na Faculdade Católica de Filosofia de Sergipe (1951-1962)	Mestrado em Educação na Universidade Federal de Sergipe	Eva Maria Siqueira Alves

Ano de conclusão	Autoria	Título	Filiação institucional	Professor(a) orientador(a)
2011	Norma Lúcia da Silva	Institucionalização do ensino superior de História e profissionalização docente no interior do Brasil — Araguaína, TO (1985-2002)	Doutorado em História Social na Universidade Federal do Rio de Janeiro	Marieta de Moraes Ferreira
2011	Roniglese P. de C. Tito	A institucionalização do Ensino Superior de História em Porto Nacional — Tocantins (1963-2002)	Doutorado em História Social na Universidade Federal do Rio de Janeiro	Marieta de Moraes Ferreira
2018	Célia Santana Silva	Memórias em disputa: o processo de interiorização dos cursos de licenciatura em História na Bahia (1980-2002)	Doutorado em História pela Universidade do Estado de Santa Catarina	Cristiani Bereta da Silva
2018	Aryana Lima Costa	De um curso d'água a outro: memória e disciplinarização do saber histórico na formação dos primeiros professores no curso de História da USP	Doutorado em História Social na Universidade Federal do Rio de Janeiro	Marieta de Moraes Ferreira

Fonte: Autores.

Apesar de essas teses e dissertações serem resultantes de um trabalho de natureza histórica, isto é, da problematização de fontes, do uso do tempo como categoria principal de análise, da utilização de referenciais teórico-metodológicos e da consubstanciação dos resultados da pesquisa em forma de texto acadêmico,[4] podemos perceber que existe uma quantidade expressiva de trabalhos locados nos Programas de Pós-Graduação em Educação. Dos 22 trabalhos arrolados, 10 foram desenvolvidos em Programas de Pós-Graduação em Educação (45%) e 12 em Programas de Pós-Graduação em História (55%).

[4] A produção do conhecimento histórico na pesquisa foi esquematizada por Oliveira e Freitas (2014) em cinco passos ou procedimentos necessários: (1) o estabelecimento de uma *problemática* que motive a investigação; (2) o uso do *tempo* como categoria principal do trabalho do historiador; (3) a investigação por meio de *fontes*; (4) a utilização de *referenciais teórico-metodológicos* que auxiliem a análise da realidade investigada; e, (5) a consubstanciação da pesquisa em *textos acadêmicos*. Essa esquematização condensa e ressalta os principais aspectos característicos da ciência da História como campo de conhecimento autônomo desde sua institucionalização no século XIX, passando pelos grandes debates historiográficos do século XX, até como a conhecemos atualmente.

Esse movimento faz parte da constituição do campo de pesquisa "História da Educação" no Brasil. Os argumentos de Vidal e Faria Filho (2003) nos ajudam a entender como esse processo se desenvolveu historicamente. Sistematizando-os em três ideias principais, os autores apontam o histórico da disciplina História da Educação a partir de três vertentes: 1) uma tradição alicerçada no Instituto Histórico e Geográfico Brasileiro (IHGB); 2) uma tradição associada à inserção da disciplina nas Escolas Normais a partir de 1928; e 3) a produção acadêmica que cobre os anos de 1940 a 1970.

Não existe homogeneidade na delimitação espacial dos trabalhos. Se utilizarmos a atual configuração geográfica brasileira, adotada pelo Instituto Brasileiro de Geografia e Estatística (IBGE) desde 1988, teremos a seguinte configuração: na Região Norte, foram desenvolvidos três trabalhos, sendo um sobre o curso de História da Universidade Federal do Pará (UFPA) e dois sobre o curso de História da Universidade Federal de Tocantins (UFT); na Região Nordeste, há seis trabalhos sobre os cursos de História, sendo um sobre a Universidade Federal do Rio Grande do Norte (UFRN), um sobre a Universidade Federal da Paraíba (UFPB), um sobre a Universidade Estadual do Ceará (UECE), um sobre a Universidade Federal de Alagoas (UFAL), um sobre a Universidade Federal de Sergipe (UFS), e um sobre a Universidade Estadual de Feira de Santana (UEFS), Universidade do Sudoeste da Bahia (UESB) e Universidade do Estado da Bahia (UNEB); na Região Centro-Oeste, há dois trabalhos, sendo um sobre os cursos de História da Universidade Católica de Goiás (UCG) e um sobre a Universidade Federal de Goiás (UFG); na Região Sudeste, há sete trabalhos, sendo um sobre o curso de História da Pontifícia Universidade Católica de São Paulo (PUC-SP), dois sobre a Universidade de São Paulo (USP), um sobre a atual Universidade Federal do Rio de Janeiro (UFRJ), um sobre a Universidade Federal de Uberlândia (UFU), dois sobre a Pontifícia Universidade Católica de Minas Gerais (PUC-MG), dois sobre a Universidade Federal de Minas Gerais (UFMG) e um sobre o Centro Universitário de Patos de Minas (UNIPAM), UNICENTRO Newton Paiva e UNI-BH; e, na Região Sul, há cinco trabalhos sobre os cursos de História, sendo um sobre a Universidade Estadual de Londrina (UEL), três sobre a Universidade Estadual de Ponta Grossa (UEPG) e um sobre a Universidade Federal do Rio Grande do Sul (UFRGS). Observemos, no gráfico a seguir, a desigual distribuição dos objetos de pesquisa analisados.

Gráfico 1: Distribuição espacial dos objetos de pesquisa, segundo configuração do IBGE

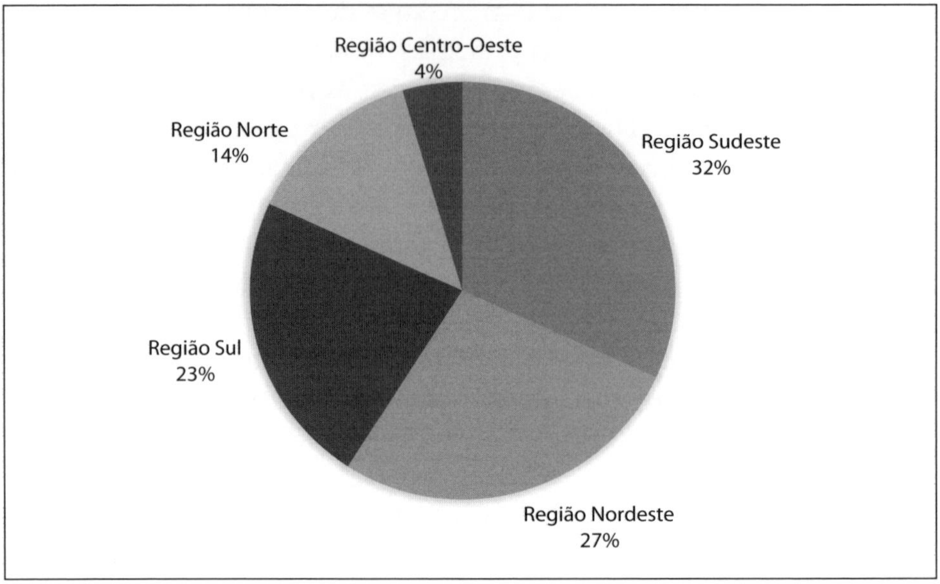

Fonte: Autores.

Observando esta distribuição, é possível afirmar que quase 1/3 dos trabalhos analisados tomou os cursos de História dos estados de São Paulo, Rio de Janeiro e Minas Gerais como objeto de pesquisa.[5]

Se a distribuição regional é desigual, internamente a distribuição estadual também o é. Como é possível observar no gráfico a seguir, das 27 unidades da Federação, Paraná, São Paulo, Minas Gerais e Tocantins concentram 12 destes trabalhos, quase 55% de toda a produção nacional analisada. Vejamos:

[5] Preferimos não usar a expressão "Sudeste" neste parágrafo, uma vez que não localizamos estudos sobre os cursos de História nas universidades espírito-santenses.

Gráfico 2: Distribuição dos objetos de pesquisa, por unidade da federação

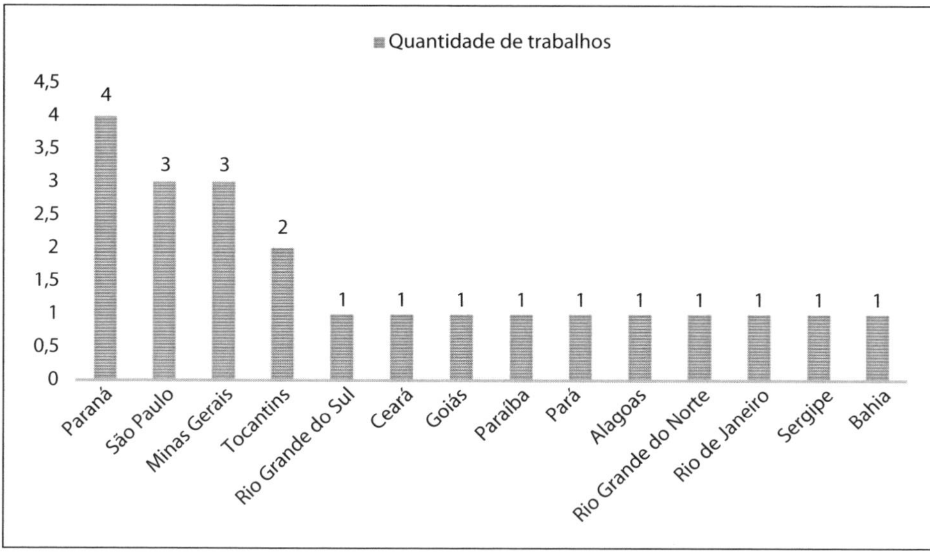

Fonte: Autores.

Igualmente, não existe uniformidade na delimitação temporal das análises. Os trabalhos de Diogo Roiz e Aryana Lima Costa (2018), em comparação com os demais, são os que mais recuam no tempo, indo até os anos 1930 estudar as origens do curso de História e Geografia da USP. Na outra ponta da linha do tempo, temos o trabalho de Aryana Lima Costa (2010), que estudou o período pós-implantação de um novo Projeto Político Pedagógico no Curso de História da UFRN nos anos 2000, mais precisamente entre os anos de 2004 e 2008. Se não existe uniformidade temporal, há uma grande concentração de reflexões entre as décadas de 1950, 1960, 1970 e 1980 nas teses e dissertações, como podemos observar no gráfico a seguir:

Gráfico 3: Distribuição temporal dos objetos de pesquisa

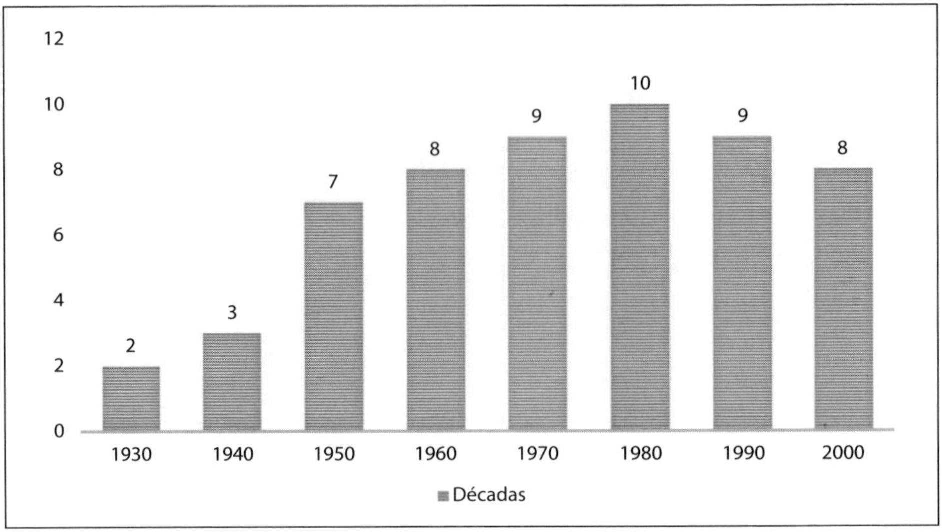

Fonte: Autores.

Nada menos que 19 trabalhos delimitam, ou como marco inicial de desenvolvimento ou final, seus objetos de pesquisa entre as décadas supracitadas.[6] Esses trabalhos foram tomados como ponto de partida, visto que já encerraram uma etapa da pesquisa de alta complexidade e qualidade, seja em nível de mestrado ou de doutorado.

Com exceção do trabalho de Nascimento (2008), as demais pesquisas utilizaram entrevistas como fontes para (re)construir a narrativa histórica sobre as vivências dos cursos. Essas entrevistas foram realizadas com ex-alunos das antigas faculdades às quais os cursos de (Geografia e) História, objeto das pesquisas, estavam ligados; ex-alunos que se tornaram professores dos cursos; e professores então aposentados ou em atividade docente. Apesar desse — quase — consenso na utilização de entrevistas nas pesquisas, chama atenção a ausência do uso de textos clássicos sobre memória que problematizem essas narrativas sobre as genealogias dos cursos.[7]

[6] Apenas três trabalhos não se enquadraram nesta temporalidade: os trabalhos de Nascimento (2008), Costa (2010) e Costa (2018).

[7] Os trabalhos de Ciampi (2000), Rodrigues (2002), Silva (2002), Ricci (2003), Rassi (2006), Porto (2009) e Pereira (2010), apesar de lançarem mão das entrevistas, não utilizam referências clássicas sobre memória. Borges (2006) aponta no corpo do texto que trabalharia com as categorias "memória individual e coletiva" de Halbwachs; no entanto não o faz, nem tampouco referencia o autor nas referências bibliográficas consultadas na pesquisa.

Mesquita (2000), Bezerra (2007), Carvalho (2010) e Costa (2010) referenciaram Le Goff (2003) e partiram das suas definições para explicitar as diferenças entre História e Memória, sendo esta última objeto da primeira, e não o inverso. Os trabalhos de Mesquita (2000), Andrade (2008) e Carvalho (2010) lançaram mão dos conceitos de *memória coletiva* e *memória individual* de Halbwachs (1989). Esses conceitos são trabalhados na perspectiva de que a memória individual complementaria a memória coletiva. No entanto, apesar de Silva (2011: 20) também se utilizar do trabalho de Halbwachs sobre *memória coletiva*, sua intenção difere da dos demais ao tomar essas memórias com o objetivo de "complementar a pesquisa documental", não como objeto de questionamentos, mas como informações que preencheriam lacunas de um quebra-cabeça.

Os trabalhos de Timbó (2004), Andrade (2008) e Oliveira (2011) se apropriaram das ideias de Michael Pollak (1989) para pensar seus objetos de estudo, observando nas entrevistas como ocorreu o processo de construção dessas narrativas-memórias com o sentido coerente da identidade (individual ou coletiva) e questionando/relativizando a seleção dos (re)cortes/referências nas falas dos entrevistados. Esse quadro de referências foi conceituado por Pollak, tomando de empréstimo uma expressão de Henry Rousso, como "memória enquadrada" (1989:10).

Tomar os cursos superiores de História no Brasil como objeto de análise significa inserir-se em uma rede de pesquisas que visa compreender a formação do ensino superior no país a partir de experiências múltiplas e diversificadas, descentrando das narrativas que tomaram (e inventaram) a *Escola Uspiana de História* (Capelato; Glezer; Ferlini, 1994) como referência central para compreender a trajetória do ensino de História no Brasil.

As memórias e memórias históricas dos cursos superiores de História no Brasil: continuidades e mudanças

Existe um movimento na historiografia, à medida que se desenvolvem as pesquisas, no sentido de se construir e instituir marcos e periodizações que se tornam *clássicas*, referências obrigatórias para todos aqueles que pesquisam sobre um mesmo objeto.

Com relação ao ensino de História — enquanto processo histórico e não como objeto de pesquisas[8] —, uma historiografia centrada no eixo Rio de

[8] Em *O direito ao passado*, Margarida Oliveira estudou a constituição do ensino de História como objeto de pesquisa no Brasil tomando como fonte principal de análise a *Revista Brasileira de História* (1981-2002), da Associação Nacional de História — ANPUH. Ver Oliveira, 2003.

Janeiro-São Paulo definiu a criação do IHGB, do Colégio Imperial Pedro II e do curso de Geografia e História da USP como marcos obrigatórios para quem se interessar por esse tema. A criação dos programas de pós-graduação nos anos 1970 e 1980 veio acrescentar um novo elemento a essa narrativa que se consolidou como eventos fundantes e indeléveis.

Segundo Michel de Certeau,

> Toda pesquisa historiográfica se articula com um lugar de produção socioeconômico, político e cultural. Implica um meio de elaboração circunscrito por determinações próprias [...]. Ela está, pois, submetida a imposições, ligadas a privilégios, enraizada em uma particularidade. É em função desse lugar que se instauram os métodos, que se delineia uma topografia de interesses, que os documentos e as questões, que lhes serão propostas, se organizam. [...] Esta instituição se inscreve num complexo que lhe *permite* apenas um tipo de produção e lhe *proíbe* outros. Tal é a dupla função do lugar. Ele *torna possíveis* certas pesquisas em função de conjunturas e problemáticas comuns. Mas torna outras *impossíveis*; exclui do discurso aquilo que é a sua condição num momento dado; representa o papel de uma censura com relação aos postulados presentes (sociais, econômicos, políticos) na análise. Sem dúvida, essa combinação entre *permissão* e *interdição* é o ponto cego da pesquisa histórica e a razão pela qual ela não é compatível com *qualquer coisa*. É igualmente sobre essa combinação que age o trabalho destinado a modificá-la [2011:47, 63].

Faz-se necessário explicitar essa memória histórica para evidenciar que sua construção e reprodução geraram interdições na narrativa histórica que encobriram e silenciaram outras experiências.

Em 1993, a *Revista Brasileira de História* publicou um artigo de Elza Nadai cujos objetivos eram: 1) identificar os pressupostos teórico-metodológicos e as mudanças da História enquanto disciplina escolar do primeiro e segundo graus; e 2) destacar novas propostas e perspectivas. Para realizar essa empreitada, Nadai, que já havia tomado o ensino de História como objeto de reflexão, institui uma periodização que será largamente reproduzida:

> [...] a criação do primeiro estabelecimento seriado oficial de estudos secundários que marcou a introdução da História no currículo, na terceira década do século XIX; a instalação de cursos específicos dedicados à formação de docentes para o ensino secundário, superando o autodidatismo, um século depois e, por último, as mudanças operadas tanto no aparelho escolar como na sociedade civil brasileira no

> pós-guerra, mas sobretudo nas décadas de sessenta/setenta do século XX, que criaram novas demandas e impuseram novas interrogações não só em relação às finalidades da escola, aos conteúdos do ensino e às formas de ensinar como também à própria sociedade nacional [Nadai, 1993:144].

Elza Nadai foi professora de Prática de Ensino de História da USP. Entre 1983 e 1988, seis textos foram publicados em revistas, anais de eventos e livros cujo foco central era a História ensinada.[9]

Em 1994, três pesquisadoras, também professoras do Departamento de História da USP, reafirmam como origem dos estudos históricos no Brasil a criação do IHGB. Em *A Escola Uspiana de História*, Maria Helena Capelato, Raquel Glezer e Vera Lúcia Ferlini se propuseram a reconstruir e historicizar a geração de professores que as formaram a partir de três linhagens historiográficas:

> [...] o da formação dos historiadores uspianos, o da primeira geração orientada pelos formadores e o da segunda geração, orientada por alguns formadores, mas principalmente pelos doutores da primeira geração, correspondendo ao processo de mudança institucional significativa, que extinguiu as cátedras e introduziu os cursos de pós-graduação [Capelato; Glezer; Ferlini, 1994:350].

A instituição de uma *Escola Uspiana de História* como a origem do ensino superior de História no Brasil naturalizou os anos 1930 e o curso de Geografia e História da USP como *o* fato histórico necessário no processo de reconstituição da genealogia dos cursos superiores de História no Brasil.

Em 2005, quando publicou o livro *Ensino de História: fundamentos e métodos*, Circe Maria Fernandes Bittencourt, ao analisar a trajetória da História como disciplina, prosseguiu como reprodutora dos lugares-comuns instituídos desse processo:

> [...] Quando se analisa a trajetória da disciplina, constata-se que esta faz parte dos "planos de estudos" de 1837 da primeira escola pública brasileira, considerada de nível secundário. Acompanhado o percurso da História nos cursos de nível superior no Brasil, no entanto, verifica-se que os estudos históricos e a formação de seus profissionais foram criados apenas a partir da década de 30 do século XX [...] [Bittencourt, 2011:33].

[9] Nadai (2011 [1988]:27-35; 1988:109-114; 1987:26; 1987b; 1985:9-116; 1986:99-116; 1983:261-275).

Nadai, Glezer, Capelato, Ferlini e Bittencourt transformaram experiências locais em experiências nacionais. A força desse discurso foi absorvida pelos cursos de História, principalmente nas disciplinas que tratam da historicidade da Ciência da História no Brasil, e pelas pesquisas que elegeram os cursos de História como objeto de estudo e passaram a analisá-los historicamente e projetá-los nacionalmente tomando como referência esses marcos.

É nesse sentido que os trabalhos de Rodrigues (2002), Silva (2002), Borges (2006), Bezerra (2007), Nascimento (2008), Porto (2009), Oliveira (2011) e Silva (2011) tratam da questão ao discutir os cursos de História da UFRGS, UEPG, UCG e UFG, UFPB, UFPA, UFAL, UFS e UFT, respectivamente. Será comum encontrar nesses trabalhos as palavras "primeira", "pioneira", "renovação", "modernizador" e similares para caracterizar o contexto de criação do curso de História e Geografia da Faculdade de Filosofia, Ciências e Letras da USP em 1934, associada às consequências do golpe de 1930 e da reforma chefiada por Francisco Campos em 1931.

Ora, tratar todas essas experiências díspares e frutos de historicidades diferenciadas como continuadoras das vivências dessas três importantes instituições, embora informe sobre redes de informação e sociabilidade que foram sendo construídas, não contribui para a compreensão das formas locais de relações de poder que fizeram surgir as instituições de ensino superior, suas diversidades, a formação de intelectuais e seus contatos no Brasil e no exterior, nem tampouco dos mecanismos mais gerais de investimentos, subsídios, projetos e programas que resultaram nos sistemas federais de ensino (Germano, 1990).

Comemorar, celebrar, lembrar: instituição de memória

Fundado no final dos anos 1950, o curso de História da UFRN tornou-se o principal centro de formação de historiadores no Rio Grande do Norte.[10] O único estudo de relevância que o tomou como objeto de pesquisa foi produzido

[10] A UFRN foi fundada em 1958 e formada a partir das faculdades existentes em Natal, a saber, a Faculdade de Filosofia, Ciências, Letras e Artes, a Faculdade de Farmácia e Odontologia, a Faculdade de Direito, a Faculdade de Medicina e a Escola de Engenharia. Só em 1960 ela foi federalizada. Para fins de compreensão, manteremos a denominação atual — UFRN — sempre que houver referência à instituição. O outro grande polo de formação em História no Rio Grande do Norte é a Universidade Estadual do Rio Grande do Norte (UERN). O curso de História dessa instituição, na cidade de Mossoró, foi fundado no final dos anos 1960. Há carência de pesquisas quanto à história desse curso.

por Aryana Lima Costa em 2010. Após apresentar sua dissertação de mestrado no Programa de Pós-Graduação em História da UFPB, orientada por Vilma de Lurdes Barbosa, a ex-aluna do curso de História da UFRN deu continuidade à sua pesquisa monográfica, que tomou o Projeto Político-Pedagógico (PPP) do referido curso como fonte principal de pesquisa. Essa pesquisa se insere em uma rede de outras que tomaram essa documentação como fonte principal, a saber: Ricci (2003); Borges (2006); Nascimento (2008) e Silva (2011).

Ao tomar o Projeto-Político Pedagógico do curso de História da UFRN como objeto de análise, a autora estudou o período que formou a primeira turma pós-implantação (2004 a 2008) diante da ruptura formativa que separava, a partir daquele momento, licenciatura e bacharelado (Costa, 2010).

A relação entre memória, esquecimento e silêncio foi discutida por Pollak (1989) a partir de quatro argumentos principais: 1) as "memórias subterrâneas" florescem quando há momentos de crise e essas crises se relacionam com as disputas pela memória; 2) existem nas lembranças zonas de silenciamento e de interdição frente a um contexto histórico desfavorável; 3) para manter coesa e defender a identidade de grupo, faz-se necessário criar um quadro e pontos de referência, ou seja, *enquadrar a memória*; e 4) o trabalho de reconstrução/organização do passado e da identidade tende a definir um lugar social para o indivíduo e resulta de tensões e contradições.

Esses elementos trazidos por Pollak nos servem para pensar o conjunto de narrativas que tentaram fabricar um passado para o curso de História da UFRN. Igualmente, abrem possibilidades para refletirmos sobre os silêncios que plasmam as falas; que, ao tentar organizar um passado a partir das memórias de sujeitos específicos, enquadram uma memória. Essas memórias, constituídas por acontecimentos, personagens, lugares e fenômenos de projeção e transferência, são seletivas, construídas e constituintes das identidades de grupo (1992).

Tomando nossas fontes como indícios, percebemos a existência de uma disputa pela legitimação do que é *ser historiador*. Nessa disputa, identificamos os discursos de ex-alunos e professores do curso, que, a partir dos anos 1980, tentaram fabricar e autolegitimar suas práticas pela negação do outro. Prost (2012) apontou um conjunto de características comuns que ajudariam a entender o que seria essa comunidade científica:

> [...] Esse grupo, por sua vez, diversificado, compreendendo essencialmente professores e pesquisadores, está unido por uma formação comum, uma rede de associações e

de revistas, assim como pela consciência nítida da importância da história. Além de compartilhar critérios de julgamentos — sobre a produção de obras históricas, sobre o que é um bom ou ruim livro de história, sobre o que um historiador deve, ou não deve, fazer —, ele está unido por normas comuns, a despeito de previsíveis clivagens internas [...] [Prost, 2012:33].

Essas memórias tentam instituir uma identidade profissional ao produzir um panteão de personagens a serem lembrados ao mesmo tempo em que silenciam sobre outros, considerados não importantes na narrativa. Institui aqueles que podem dizer e qual a legitimidade dessas falas no conjunto de articulações que formam um todo coeso e coerente.

Um passado necessário para o curso de História da UFRN (1987): 30 anos?

1492, 1792, 1822, 1922.
Datas. Mas o que são datas?
Datas são pontas de icebergs.
O navegador que singra a imensidão do mar bendiz a presença dessas pontas emersas, sólidos geométricos, cubos e cilindros de gelo visíveis a olho nu e a grandes distâncias. Sem essas balizas naturais que cintilam até sob a luz noturna das estrelas, como evitar que a nau se espedace de encontro às massas submersas que não se veem?
Datas são pontas de icebergs.
A memória das sociedades, que a velha e hoje moça história das mentalidades reconquista com zelo e paixão; a memória das sociedades, que deve ter no historiador o seu ouvinte mais atento; a memória das sociedades precisa repousar em sinais inequívocos, sempre iguais a si mesmos; e o que há de mais inequívoco e sempre igual a si mesmo do que o número? Datas são números.
Datas são pontos de luz sem os quais a densidade acumulada dos eventos pelos séculos causaria um tal negrume que seria impossível sequer vislumbrar no opaco dos tempos os vultos das personagens e as órbitas desenhadas pelas suas ações. A memória carece de nomes e de números. A memória carece de numes.
Mas de onde vem a força e a resistência dessas combinações de algarismos? 1492, 1792, 1822, 1922... Vêm daquelas massas ocultas de que as datas são índices. Vêm da relação inextricável entre o acontecimento, que elas fixam com a sua simplicidade aritmética, e a polifonia do tempo social, do tempo cultural, do tempo corporal, que pulsa sob a linha de superfície dos eventos [Bosi, 1992].

1987, 2006, 2018: essas são as pontas dos icebergs da memória histórica do curso de História da UFRN. Ao longo das últimas décadas, o curso comemorou, celebrou, lembrou e tentou instituir 30 anos em 1987, 50 anos em 2006 e 60 anos em 2018.

Nas comemorações do trigésimo aniversário do curso de História, em 1987, o Departamento de História produziu uma revista em comemoração ao fato. Essa revista contou com a colaboração e textos de professores e ex-alunos do curso, a saber: Alberto Pinheiro de Medeiros, João Wilson Mendes Melo, Tarcísio da Natividade Medeiros, Denise Monteiro Takeya, Márcia Maria L. Souza, Sebastião Fernandes Gurgel Filho, Marisa Moura Miranda e Marlene da Silva Mariz.

A apresentação da revista, feita por Alberto Pinheiro de Medeiros, revela: 1) a necessidade de se construir uma identidade de grupo, afastada dos primórdios do curso, caracterizado como "fase heroica" (Medeiros, 1987:5); e 2) a necessidade de autoafirmação da revista enquanto um espaço plural (teórica e metodologicamente) e democrático. Essa necessidade de construção identitária está relacionada aos possíveis embates e discussões que havia entre os próprios professores. A necessidade de autoafirmação, enquanto historiadores profissionais, exigia o distanciamento de um passado caracterizado como "heroico".

João Wilson Mendes Melo, que assina o primeiro artigo da revista, intitulado "Um começo de história", foi, literalmente, o primeiro professor do curso. Como as disciplinas eram anuais e o modelo quadripartite francês orientava o currículo, ele, professor de História da Antiguidade e da Idade Média, ministrou as aulas durante todo o ano de 1957.[11] O texto que assina é uma narrativa-memória dos caminhos trilhados até 1957.

É interessante comparar essas definições de João Wilson Mendes Melo com a entrevista que ele concedeu em 2006 para as comemorações do cinquentenário do curso, visto que ele é peça fundamental nas tentativas de se (re)construir essa narrativa: além de ser o primeiro professor, foi um dos responsáveis por criar a disciplina "Introdução aos Estudos Históricos", a partir do desmembramento de "História da Antiguidade e da Idade Média". Ao indicar dois ex-alunos para assumirem "História da Antiguidade" e "História da Idade Média", ele se considerava, conforme entrevista concedida a Vital Nogueira de Souza, a pessoa mais qualificada para ministrar "Introdução aos Estudos Históricos".

---

[11] Chamamos de quadripartite francês a periodização da História em História Antiga, Medieval, Moderna e Contemporânea, assim conceituada por Chesneaux, 1994.

É imperioso problematizar essa narrativa-memória que cumpre um papel de instituidora de marcos e de legitimadora da genealogia do curso. Nas comemorações do cinquentenário, João Wilson foi apresentado na mesa-redonda "50 anos de História" como o "Professor da 1ª turma do Curso de História da UFRN em 1956". Apesar de a Faculdade de Filosofia, Ciências, Letras e Artes ter sido fundada pelo Decreto-Lei nº 40.573, em dezembro de 1956, e de o curso de História ter tido início em março de 1957, o que predominou nas comemorações dos 30 anos foi a instituição feita a partir das aulas de João Wilson, haja vista ele ter sido "o primeiro professor". Possivelmente, o que explicaria a comemoração do cinquentenário em 2006 e não em 2007 seria a perda de força do "mito fundador", pois a demanda criada na disciplina de História Oral, de incentivar os alunos a produzir fontes sobre a trajetória do curso, revela a inexistência delas e, portanto, a escassez de vestígios para a elaboração desses marcos. Acrescente-se a isso o fato de João Wilson Mendes Melo estar afastado do departamento desde 1988, quando se aposentou.

Tomando nossas fontes como indícios, percebemos a existência de uma disputa pela legitimação do que é *ser historiador*. Nessa disputa, identificamos os discursos de ex-alunos e professores do curso, que a partir dos anos 1980 tenta(ra)m fabricar e autolegitimar suas práticas pela negação do outro.

Alberto Pinheiro de Medeiros foi aluno da segunda turma do curso de História. Ex-aluno de João Wilson Mendes Melo, foi convidado na década de 1960 para lecionar História da América. A apresentação que escreveu para a revista *História UFRN*, em comemoração aos 30 anos de fundação do curso, chama de "fase heroica" os anos iniciais da formação do curso, que correspondem, também, à sua própria formação.

Ao propor a superação desse passado, do qual foi aluno, Alberto Pinheiro de Medeiros diretamente propõe a superação da própria concepção de História (que ele tinha) do curso. Ao desconsiderar João Wilson Mendes Melo como historiador e considerá-lo enquanto "escritor e poeta", ele se autoriza e valida, como membro do grupo, aquele que pode ser reconhecido como tal.[12]

---

[12] No site http://www.natalrentacar.com.br/textos/txthistoria.htm encontramos um brevíssimo resumo da história do Rio Grande do Norte elaborado por Alberto Pinheiro de Medeiros. No entanto, chama-nos atenção o fato de ele considerar o ex-professor e ex-colega João Wilson Mendes Melo poeta e escritor e não historiador. No tópico dedicado aos principais historiadores, foram lembrados Câmara Cascudo, Tarcísio Medeiros, Olavo de Medeiros Filho, Enélio Lima Petrovich, Marlene da Silva Mariz e Denise Mattos, sendo as duas últimas colegas de departamento do autor.

No livro *História do Rio Grande do Norte*, Luiz Eduardo Brandão Suassuna e Marlene da Silva Mariz[13] dedicaram um tópico às "letras norte-rio-grandenses". Entre os "nomes que são motivos de orgulho e que marcaram o cenário das letras, tanto na poesia como na prosa, com vasta produção literária contribuindo para o enriquecimento da cultura local" (Suassuna; Mariz, 2005:375), eles destacaram na prosa:

> João Wilson Mendes Melo, natural de Mossoró, *advogado, professor universitário, estudioso da pesquisa histórica e colaborador das páginas literárias da nossa Imprensa* [...] Diretor da Revista da Academia Norte-rio-grandense de Letras, ocupa a cadeira nº 25 da mesma [Suassuna; Mariz; 2005:382-383, grifos nossos].

Luiz Eduardo Brandão Suassuna e Marlene da Silva Mariz — assim como Alberto Pinheiro de Medeiros — foram alunos de João Wilson e, posteriormente, seus colegas de profissão. No entanto, para eles, ser formado e dividir espaço no mesmo ambiente profissional, desempenhando as mesmas funções, não seriam critérios suficientes para garantir a ele "igualdade entre pares".

A primeira edição da revista *História UFRN*, publicada em 1987, constitui importante vestígio para questionarmos a primeira narrativa-memória, organizada para esse fim, sobre a genealogia do curso.

O Decreto nº 94.664, de 23.7.1987, instituía o ingresso na carreira de professor de nível superior unicamente por concurso público de títulos e provas. Os professores que ingressaram antes de 1987 o fizeram por meio de indicação. Isso nos leva a supor que as alterações no corpo docente ameaçavam, em algum nível, uma unidade construída em torno dos primeiros professores e primeiros alunos que se tornaram professores. Some-se a isso o fato de que essa revista foi produzida no contexto de produção de um novo Projeto Político Pedagógico para o curso, e que no ano seguinte João Wilson Mendes Melo aposentar-se-ia.

---

[13] Nasceu em Natal. Fez graduação em História e especialização em Metodologia e Técnica da Pesquisa Histórica na UFRN. Mestre em História pela UFPE, onde apresentou trabalho sobre "A Revolução de 1930 no RN". Foi diretora do Arquivo Histórico do departamento cultural da SEEC/RN, supervisora de estágio de Pesquisa Histórica da América da UFRN, e coordenadora da pesquisa de levantamento de fontes para história do índio e do indigenismo no Rio Grande do Norte. Foi professora da UFRN e da Universidade Potiguar (UnP).

Um passado necessário para o curso de História da UFRN (2006): 50 anos?

A segunda narrativa-memória organizada para produzir uma memória para o curso de História seria o evento "50 anos de História", realizado em 2006. Dois importantes fatos antecederam as comemorações do cinquentenário: 1) a discussão de um novo PPP que norteasse as ações do corpo docente e discente entre 1998 e 2003, que resultou no documento de 2004 (Costa, 2010:15)[14] e 2) a criação do mestrado em História, o primeiro em terras potiguares, em 2005. Nesse evento, além de mesas-redondas com ex-professores e professores do corpo docente, foi produzido um DVD com materiais sobre a programação do evento e sobre a história do curso, dando destaque à produção de monografias, aos cursos de especialização criados entre 1988 e 2005 e às sete entrevistas realizadas com ex-alunos, ex-professores, professores em exercício do corpo docente e um funcionário do departamento. Participaram das entrevistas como ex-professores Alberto Pinheiro de Medeiros e João Wilson Mendes Melo; como professores em exercício do corpo docente, Francisca Aurinete Girão Barreto da Silva, Wicliffe de Andrade Costa, Maria Ferdinanda S. S. da Cruz e Marlene da Silva Mariz; e, como funcionário, Jorge Tavares Morais Filho.

Em 2006, não havia mais nos quadros do Departamento de História os professores que iniciaram os trabalhos no final dos anos 1950 e anos 1960. Diferente do que aconteceu em 1987, a geração de 2006, hegemonicamente, não guardava laços afetivos ou de experiências cotidianas com os *pais fundadores*. Oriundos de outras universidades, de outros estados da Federação e com outra formação, nossa principal hipótese é que a motivação da comemoração do cinquentenário tenha sido a de *produzir* um passado para o curso, haja vista a tentativa de 1987 não ter se consolidado. Além disso, a escassez de fontes organizadas e acessíveis motivou os alunos da disciplina de História Oral a realizar uma série de entrevistas com ex-alunos, ex-professores, professores e funcionários.

---

[14] O documento que vigia à época havia sido elaborado em 1988. No artigo "O Curso de História na UFRN: trinta anos de existência", Alberto Pinheiro de Medeiros, que participou das discussões que produziram esse PPP, encerra seu texto com um chamado à Coordenação do curso para que o implemente. Ver Medeiros, 1987.

Um passado necessário para o curso de História da UFRN (2018): 60 anos?

Em 2016, o curso de História da Universidade Federal do Rio Grande do Norte, campus Natal, completaria 60 anos de fundação. Criado pelo Decreto nº 49.573 de 18.12.1956, o curso teve suas aulas iniciadas em março do ano seguinte. Em 1958, com a incorporação da Faculdade de Filosofia, Ciências, Letras e Artes à UFRN, o curso de História seguiu o mesmo caminho. Em 1959, seu reconhecimento foi obtido através do Decreto Federal nº 46.868, de 16 de setembro. Em 1960, ano de federalização da Universidade, o curso, por consequência, foi federalizado.

Em 1987, houve a primeira tentativa de se organizar uma memória histórica desse passado. Como o leitor deve perceber, o marco de comemoração dos 30 anos ignorou o marco legislativo, optando como origem o início das aulas em 1957. Essa disputa temporal esteve relacionada à uma conjuntura especial que envolveu, principalmente, 1) a criação da revista *História UFRN*, 2) a aposentadoria de João Wilson Mendes Melo, o primeiro professor do curso e 3) a elaboração de um novo projeto político-pedagógico.

Em 2006, houve uma segunda tentativa de se (re)organizar a memória histórica do curso. Como o leitor percebeu, o marco comemorativo do cinquentenário tomou como referência temporal o Decreto-Lei de 1956 e não as primeiras aulas, como fora feito anteriormente. Essa (re)organização esteve inserida no contexto de implantação de 1) um novo projeto político-pedagógico, substituto do de 1988, e 2) a criação do primeiro mestrado em 2005.

Em dezembro de 2016, o Departamento de História instituiu a "Comissão de Coordenação de Ações dos 60 anos do curso de História", planejando ações para os anos de 2017 e 2018. Ou seja, se o cinquentenário obedeceu ao critério legal, com os 60 seria diferente. Pretendia-se, à época, estendê-los até o aniversário de fundação da universidade, em 2018. Deu-se início a um terceiro momento para se (re)organizar a memória histórica construída. O discurso da conferência de encerramento do evento que comemorou os 60 anos do curso de História em 2018, feito pelo prof. Magno Francisco de Jesus Santos, deu a tônica dessa memória que não se consolidou com um marco definitivo.

Em seu texto, ao apontar como se tornara membro da Comissão, o professor afirmou que

> No primeiro momento, relutei. Afinal, passei a fazer parte do curso somente há dois anos. Contudo, acabei acatando a sugestão, entendendo o desafio proposto, pois é

oportuno que nas *comemorações dos 60 anos* ocorra o encerramento das discussões com o docente recém-chegado [...] [Santos, 2018:1; grifos nossos].

Um pouco mais à frente no discurso, outra memória:

[...] Espero que nos próximos anos tenhamos novos discípulos de Clio, inquirindo o nosso passado, vasculhando nossos acervos, *desconstruindo mitos*, rompendo com as zonas de silêncio.
Em 2017, o curso de História da Universidade Federal do Rio Grande do Norte *completou 60 anos do início de suas atividades na formação docente* [Santos, 2018:1; grifos nossos].

Ao propor a desconstrução de mitos, no mesmo discurso o professor Santos reafirmou a memória do professor João Wilson Mendes Melo[15] e instituiu um novo marco: 2018, ano de comemoração de fundação da universidade.

As proposições iniciais eram de organização e acessibilidade de fontes já catalogadas no Arquivo Geral da UFRN,[16] junção e produção de fontes orais para sistematização por meio de um documentário,[17] realização de exposição para comemoração dos 30 anos do LABRE[18] e organização de

---

[15] O professor João Wilson seria homenageado com a outorga de título de Professor Emérito. Porém, em decorrência de problemas de saúde, não pôde comparecer à cerimônia.

[16] O projeto de pesquisa "O ensino superior de História no Brasil como objeto de pesquisa: historiografia e memória" vem sendo orientado por Margarida Maria Dias de Oliveira e desenvolvido por Wendell de Oliveira Souza desde 2015. Já foi possível catalogar 18 caixas no Arquivo Geral da UFRN, com uma documentação riquíssima, composta de: atas do Curso de História, diários de classe, projetos e materiais referentes a cursos e eventos e que cobrem o período entre 1980 a 2010. Estão previstos para o primeiro semestre de 2017 a higienização, organização e digitalização, pelo Laboratório de Imagem (LABIM) do Departamento de História. A seguir, o material será disponibilizado nos Sistemas da UFRN (SIGAA, SIPAC, SIGED) de acordo com a proveniência dos documentos.

[17] A chefia departamental, por meio da Portaria nº 006/2016-DEH, de 20.12.2016, designou os professores dr. Magno Francisco de Jesus Santos, dra. Maria da Conceição Guilherme Coelho e dra. Fátima Martins Lopes para comporem uma Comissão de Coordenação das Ações dos 60 anos do Curso de História. A produção de um documentário foi proposta e será encaminhada pelo dr. Raimundo Arrais a partir de imagens (fixas e em movimento), entrevistas que já foram produzidas nos momentos anteriores citados e que serão produzidas e sistematizadas ao longo de 2017.

[18] O Departamento de História conta com o funcionamento de cinco laboratórios: Laboratório de Restauração (LABRE), Laboratório de Arqueologia (LARQ), Laboratório de Imagens (LABIM), Laboratório de Experimentação em História Social (LEHS) e Memorial do PNLD. O LABRE

uma publicação.[19] Nota-se, portanto, a assunção de que não há, ainda, uma memória construída, ou, mais coerente com o que nos ensina a *operação historiográfica*, que as memórias construídas ainda não se consolidaram e necessitam de novos aportes para sua disseminação.

Apesar de as comemorações realçarem esses marcos fundadores — e por serem comemorações públicas, atraem maior visibilidade —, os Planos de Ação Departamental (PAD) elencam outros marcos significativos para a memória histórica do curso. Os PADs funcionam como documentação de interesse do corpo docente e funcional. Mas revelam interesses subjacentes à disputa pela memória histórica do curso. A tabela 1, a seguir, lista os marcos realçados na parte do documento intitulada *Breve histórico do curso*.

Tabela 1: Cronologia do curso de História da UFRN

Ano	Acontecimentos
1956	Criação do Curso de História pelo Decreto Federal nº 49.573.
1957	Início das aulas do Curso de História.
1959	Reconhecimento do curso pelo Decreto Federal nº 46.868.
1963	Faculdade de Filosofia de Natal é incorporada à Fundação José Augusto.
1968	Federalização da Faculdade de Filosofia de Natal, pelo Decreto-Lei nº 62.380.
1987	Comemoração do trigésimo aniversário de fundação do curso.
1988	Reformulação curricular, incluindo a licenciatura e o bacharelado em curso único.
2001	Nomeação de uma comissão para a reformulação curricular.
2004	Conclusão da reforma curricular.
2006	Comemoração do cinquentenário de fundação do curso.
2009	Fim do prazo para revisão da reforma curricular.

Fonte: Elaborada a partir dos Planos de Ação Departamental (2010-2012; 2013-2015; 2016-2018).

desenvolve trabalhos de conservação e restauração de acervos documentais: planeja, coordena e executa ações de 1) conservação preventiva, 2) conservação curativa, 3) conservação de acervos digitais, e 4) produção de papéis especiais aplicáveis à restauração de acervos documentais. Além disso, presta orientações técnicas a instituições públicas e privadas e acompanha as transferências, recolhimentos e doações de documentos das instituições ao Acervo do Departamento de História. Atualmente há 16 projetos em andamento no LABRE.

[19] A proposta inicial da publicação é, exatamente, trazer a miríade de experiências: laboratórios, projetos de organização de fontes, participação em organização de memoriais, produção historiográfica, projetos de ensino.

A falta de políticas de preservação documental interna trouxe à instituição consequências diretas e imediatas, como o desconhecimento significativo dessa memória histórica e desse passado e a carência de pesquisas que pudessem tomar o curso de História da UFRN como objeto de pesquisa. Tanto que o discurso de encerramento da cerimônia dos 60 anos do curso se voltou para a criação, preservação e organização de documentação e acervo para a pesquisa desse passado em disputa.

Essa situação nefasta, associada à hegemonia política dos cursos de História (graduação e pós-graduação) das universidades do eixo Rio de Janeiro-São Paulo, impôs uma prática que se naturalizou: conhece-se muito da experiência de criação da Universidade de São Paulo (USP) e da vinda de Fernand Braudel nos anos 1930, e nada de outras experiências, em outras temporalidades, inclusive locais e regionais.[20]

Este texto objetiva chamar atenção para esse contexto de disputas e silenciamentos, na expectativa de modificá-lo e convencer os leitores da urgência e da necessidade de se pensar as experiências dos mais de 600 cursos de História espalhados neste Brasil.

Referências

ANDRADE, Roberto César de. *Construindo discursos e compartilhando memórias*: a década de 70 e a formação de professores de História na Universidade Estadual de Londrina. Dissertação (Mestrado em Educação). Universidade Estadual de Londrina, Paraná, 2008.

BEZERRA, Francisco Chaves. Departamento de História: uma análise historiográfica — 1974-1998. In: *IX Encontro Estadual de Professores de História.* João Pessoa: Sal da Terra, 2000, p. 279-293.

______. *O ensino superior de História na Paraíba*: aspectos acadêmicos e institucionais (1952-1974). Dissertação (Mestrado em História). Núcleo de Pós-graduação em História da Universidade Federal da Paraíba, João Pessoa, 2007.

BITTENCOURT, Circe Maria Fernandes. *Ensino de História*: fundamentos e métodos. 4ª ed., São Paulo: Cortez, 2011.

[20] Não se deve confundir a crítica que fazemos a ressentimentos ou alimento para xenofobias intranacionais. Ao contrário, propomos a descentralização e des-hierarquização das experiências históricas que encobrem a genialidade e inventividade humanas.

BORGES, Simone Aparecida. *Os cursos de História da Universidade Católica de Goiás e da Universidade Federal de Goiás*: um olhar histórico. Dissertação (Mestrado em Educação). Universidade Federal de Goiás, Goiânia, 2006.

BOSI, Alfredo. O tempo e os tempos. In: NOVAES, Adauto. *Tempo e história.* São Paulo: Companhia das Letras: Secretaria Municipal de Cultura, 1992.

CAPELATO, Maria Helena Rolim; GLEZER, Raquel; FERLINI, Vera Lúcia Amaral. Escola uspiana de História. *Revista do Instituto de Estudos Avançados da USP*, São Paulo, EDUSP, n. 22, 1994, p. 349-358.

CARVALHO, Silvana Maura Batista de. *Os egressos da UEPG e o ensino de História*: a formação de professores. Dissertação (Mestrado em Educação). Setor de Educação, Universidade do Centro Oeste/Universidade Estadual de Campinas, Guarapuava, 1998.

______. *A formação do professor de História na Faculdade de Filosofia da Universidade Estadual de Ponta Grossa de 1950 a 1970*: propostas curriculares e memórias docentes. Tese (Doutorado em Educação). Universidade Federal do Paraná, Curitiba, 2010.

CERTEAU, Michel de. *A escrita da História.* 3ª ed., Rio de Janeiro: Forense, 2011.

CHESNEAUX, Jean. As quadrilhas do quadripartismo histórico. In: ____. *Devemos fazer tábula rasa do passado? Sobre a história e historiadores.* São Paulo: Ática, 1995, p. 92-99.

CIAMPI, Helenice. *A História pensada e ensinada*: da geração das certezas à geração das incertezas. São Paulo: EDUC, 2000.

COSTA, Aryana Lima. *O curso de História da UFRN e o projeto político-pedagógico de 2004*: discutindo a formação de um profissional. Monografia (Bacharelado em História). Universidade Federal do Rio Grande do Norte, Natal, 2007.

______. *A formação de profissionais de História*: o caso da UFRN (2004-2008). Dissertação (Mestrado em História). Universidade Federal da Paraíba, João Pessoa, 2010.

______. *De um curso d'água a outro*: memória e disciplinarização do saber histórico na formação dos primeiros professores no curso de História da USP. Tese (Doutorado em História). Universidade Federal do Rio de Janeiro, Rio de Janeiro, 2018.

FERREIRA, Marieta de Moraes. *A História como ofício*: a constituição de um campo disciplinar. Rio de Janeiro: FGV, 2013.

GERMANO, José Willington. *Estado militar e educação no Brasil*: 1964/1985. Um estudo sobre a política educacional. Tese (Doutorado em Educação), Universidade Estadual de Campinas, São Paulo, 1990.

HALBWACHS, Maurice. *A memória coletiva*. São Paulo: Vértice, 1990 (Presses Universitares, 1989).

LE GOFF, Jacques. *História e memória*. 5ª ed., Campinas: Editora da UNICAMP, 2003.

MEDEIROS, Alberto Pinheiro de. Nasce uma revista. *História UFRN*, Natal, v. 1, n. 1, p. 6, 1987.

______. O curso de História na UFRN: trinta anos de existência. *História — UFRN*, Natal, v. 1, n. 1, p. 17-21, nov. 1987.

MELO, João Wilson Mendes. *Um começo de história. História UFRN*. Natal, v. 1, n. 1, p. 7-8, 1987.

______. Depoimento. *Natal*: 50 anos de História. Entrevista concedida a Vital Nogueira de Souza [2006].

MESQUITA, Ilka Miglio de. *Formação de professores de História*: experiências, olhares e possibilidades (Minas Gerais, anos 80 e 90). Dissertação (Mestrado em Educação). Universidade Federal de Uberlândia, Minas Gerais, 2000.

NADAI, Elza. O ensino de História no segundo grau: problemas, deformações e perspectivas. *Atas do Encontro Nacional de Prática de Ensino*. V. II. São Paulo, FEUSP, 1983, p. 261-275.

______. A escola pública contemporânea: os currículos oficiais de História e o ensino temático. *Revista Brasileira de História*, São Paulo, v. 6, n. 11, p. 99-116, set. 1985-fev. 1986.

______. *O ginásio do Estado em São Paulo*: uma preocupação republicana (1889-1896). São Paulo: Faculdade de Educação, USP, 1987a (Estudos e Documentos, 26).

______. *Ideologia do progresso e ensino superior (São Paulo 1889-1934)*. São Paulo: Loyola, 1987b.

______. O ensino de História na América Latina: contrastes e confrontos. In: *Anais do Seminário "Perspectivas do Ensino de História"*. São Paulo, FEUSP, 1988, p. 109-114.

______. O ensino de História e a "pedagogia do cidadão". In: PINSKY, Jaime. *O ensino de História e a criação do fato*. 14ª ed., São Paulo: Contexto, 2011 [1988], p. 27-35.

______. O ensino de História no Brasil: trajetória e perspectiva. *Revista Brasileira de História*, São Paulo, v. 13, n. 25-26, p. 143-162, set. 1992-ago. 1993.

NASCIMENTO, Sérgio Bandeira do. *A formação de professores no Curso de História da Universidade Federal do Pará*: uma análise do projeto político-pedagógico. Dissertação (Mestrado em Educação). Universidade Federal do Pará, Belém, 2008.

OLIVEIRA, João Paulo Gama. *O Curso de Geografia e História da Faculdade Católica de Filosofia de Sergipe*: entre alunas, docentes e disciplinas — uma história. Monografia (Licenciatura em História). Departamento de História, Universidade Federal de Sergipe, São Cristóvão, 2008.

______. *Disciplinas, docentes e conteúdos*: itinerários da História na Faculdade Católica de Filosofia de Sergipe (1951-1962). Núcleo de Pós-Graduação em Educação. Dissertação (Mestrado em Educação). Universidade Federal de Sergipe, Aracaju, 2011.

OLIVEIRA, Margarida Maria Dias de. *O direito ao passado (uma discussão necessária à formação do profissional de História).* Tese (Doutorado em História). Programa de Pós-Graduação em História, Universidade Federal do Pernambuco, Recife, 2003.

______; FREITAS, Itamar. Formação do profissional de História na contemporaneidade. *Mouseion,* Canoas, n. 19, dez. 2014, p. 109-125.

PEREIRA, Ludmila Gama. *O historiador e o agente da História*: os embates políticos travados no curso de História da Faculdade Nacional de Filosofia da Universidade do Brasil (1959-1969). Dissertação (Mestrado em História). Programa de Pós-Graduação em História, Universidade Federal Fluminense, Niterói, 2010.

POLLAK, Michael. Memória, esquecimento, silêncio. *Estudos Históricos,* Rio de Janeiro, v. 2, n. 3, 1989, p. 3-15.

______. Memória e identidade social. *Estudos Históricos,* Rio de Janeiro, v. 5, n. 10, 1992, p. 200-212.

PORTO, Ana Luiza Araújo. *O curso de História na Universidade Federal de Alagoas — Dos primórdios a sua consolidação (1952-1979).* Dissertação (Mestrado em Educação). Universidade Federal de Alagoas, Maceió, 2009.

PROST, Antoine. *Doze lições sobre a História.* Belo Horizonte: Autêntica, 2012.

RASSI, Marcos Antônio Caixeta. *Uma canção inacabada*: formação de professores de História — A experiência da FEPAM (1970-2001). Dissertação (Mestrado em Educação). Universidade Federal de Uberlândia, Minas Gerais, 2006.

RICCI, Cláudia Sapag. *A formação do professor e o ensino de História*: espaços e dimensões de práticas educativas em Belo Horizonte de 1980-2003. (Tese.) Universidade de São Paulo, São Paulo, 2003.

RODRIGUES, Mara Cristina de Matos. *A institucionalização da formação superior em história*: o curso de Geografia e História da UPA/UFRGS, 1943 a 1950. Dissertação (Mestrado em História). Universidade Federal do Rio Grande do Sul, Porto Alegre, 2002.

ROIZ, Diogo da Silva. *A institucionalização do ensino universitário de História na Faculdade de Filosofia, Ciências e Letras da Universidade de São Paulo, 1934-1956*. Dissertação (Mestrado em História). Faculdade de Ciências Humanas e Sociais da Universidade Estadual Paulista "Júlio de Mesquita Filho", Franca, São Paulo, 2004.

SANTOS, Magno Francisco de Jesus. *Clio diante do espelho*: memórias docentes nos 60 anos do curso de História da UFRN. Natal, 2018. Não publicado.

SILVA, Célia Regina de Souza e Silva. *Faculdade Estadual de Filosofia, Ciências e Letras de Ponta Grossa/Universidade Estadual de Ponta Grossa*: 50 anos do curso de História. Dissertação (Mestrado em Educação). Universidade Estadual de Ponta Grossa, Paraná, 2002.

SILVA, Célia Santana. *Memórias em disputa*: o processo de interiorização dos cursos de licenciatura em História na Bahia (1980-2002). Tese (Doutorado em História). Universidade do Estado de Santa Catarina, Florianópolis, 2018.

SILVA, Norma Lúcia da. *Institucionalização do ensino superior de História e profissionalização docente no interior do Brasil — Araguaína, TO (1985-2002)*. Tese (Doutorado em História). Universidade Federal do Rio de Janeiro, Rio de Janeiro, 2011.

SUASSUNA, Luiz Eduardo Brandão; MARIZ, Marlene da Silva. *História do Rio Grande do Norte*. 2ª ed., Natal: Sebo Vermelho, 2005.

TIMBÓ, Isaíde Bandeira. *Memórias do ensino de História — Experiências vividas na licenciatura da FAFI/UECE (1966 a 1982)*: mitos, rótulos e contradições. Dissertação (Mestrado em História). Universidade Federal do Ceará, Fortaleza, 2004.

TITO, Roniglese Pereira de Carvalho. *A institucionalização do ensino superior de História em Porto Nacional, Tocantins (1963-2002)*. Tese (Doutorado em História). Universidade Federal do Rio de Janeiro, Rio de Janeiro, 2011.

VIDAL, Diana Gonçalves; FARIA FILHO, Luciano Mendes. História da educação no Brasil: a constituição histórica de um campo (1880-1970). *Revista Brasileira de História*, São Paulo, v. 23, n. 45, p. 37-70, 2003.

10

Profissionalização do magistério sul-mato-grossense: os cursos de história e estudos sociais (década de 1970)

Tiago Alinor Hoissa Benfica

Este texto propõe-se a discutir a formação de professores durante a década de 1970 nos cursos de História e de Estudos Sociais da extinta Universidade Estadual de Mato Grosso (UEMT), que deu lugar às atuais Universidade Federal de Mato Grosso do Sul (UFMS) e Universidade Federal da Grande Dourados (UFGD). As principais fontes utilizadas para a pesquisa foram documentos dos Arquivos Institucionais das unidades da UFMS e da UFGD e entrevistas orais com os professores que trabalharam na UEMT. A transcrição das entrevistas foi empreendida mediante limpeza fonética para a migração da informação oral para o formato escrito, sem deixar de valorizar a oralidade da narrativa coloquial.

A formação de professores para transmitir o conhecimento histórico nas escolas permitiu a emergência do campo histórico acadêmico no sul do antigo estado de Mato Grosso, atual Mato Grosso do Sul. Os interesses do campo dialogavam com as necessidades da escola primária e secundária e também inseriam demandas próprias à pesquisa histórica no ensino superior. Nesse sentido, a formação de professores foi realizada mediante a institucionalização de um campo de conhecimento no ensino superior cuja matriz disciplinar é a História. A categoria campo aqui se refere à construção e à manutenção de um "espaço de posições" e de disposições formalmente homólogas e imbricadas umas nas outras (Bourdieu, 2013). É um lugar de luta para determinar as condições e critérios de pertencimento dos clientes e concorrentes. O campo histórico é também lugar de concorrência em torno da verdade do mundo social e do mundo universitário.

Tanto em Mato Grosso quanto em Mato Grosso do Sul, a formação dos professores no ensino superior esteve concentrada nas universidades públicas. Essa história começou na década de 1960, quando foram criados institutos isolados de ensino superior; em seguida os institutos foram unificados na Universidade Federal de Mato Grosso (UFMT) ou na UEMT, movimento esse estimulado pela Reforma Universitária de 1968 no campo legislativo. Junto à sinalização política em âmbito nacional vieram recursos financeiros para a construção e manutenção das atividades dessas incipientes universidades. A esses dois elementos, quais sejam, a vontade e o financiamento dos projetos políticos educacionais, somava-se ainda outro: liderança institucional. Essa liderança poderia estar representada na figura de uma pessoa conhecedora dos sistemas educacionais, sobretudo dos sistemas de ensino primário e secundário, ou em uma figura política da localidade. De uma forma ou de outra, em questão estava a perspectiva da elevação cultural de uma população situada na periferia da nação, que necessitava reafirmar seus elementos identitários em pleno regime militar, e dinamizar a economia da região. Essa última era a meta dos grupos políticos, embora a ideia, também na esfera econômica, da abertura de postos de trabalho em uma escola de ensino superior deva ser levada em conta.

Ao longo deste trabalho são abordados aspectos gerais da criação das universidades públicas do antigo estado de Mato Grosso durante o regime militar; a formação de professores para lecionar conhecimentos de história nas escolas de 1º e 2º graus, nos cursos de licenciatura curta e de licenciatura plena; e o desenvolvimento da pesquisa histórica no atual Mato Grosso do Sul. As análises feitas vão ao encontro das interpretações que observam a institucionalização dos Estudos Sociais como parte de uma política de desqualificação da escola pública, tendo em vista os dados sobre o contexto do sistema educacional de Mato Grosso e novas contribuições das pesquisas sobre as políticas educacionais implantadas no período citado.

A criação das universidades e dos cursos de História e de Estudos Sociais

O estudioso da formação de professores numa perspectiva histórica nota que as políticas públicas para o ensino superior no estado de Mato Grosso fizeram-se presentes a partir do final da década de 1960. Na década seguinte, com a divisão do território e a criação do estado de Mato Grosso do Sul em 1977, as políticas para a formação de professores dos dois estados se desenvolveram mediante opções políticas e contextos um pouco diferentes. Na década de 1980, Mato Grosso do Sul contava com uma Universidade Federal *multicampi* distribuída em cinco cidades, incluída a capital Campo Grande. Em Mato Grosso, a UFMT concentrava-se, tal como a universidade sul-mato-grossense, na capital do estado, Cuiabá, e tinha apenas uma unidade no interior, na cidade de Rondonópolis. Em Cáceres, em 1978, um grupo de educadores, tendo em vista a demanda da região por professores habilitados na forma da lei, implantou uma instituição de ensino superior que iria se tornar a Universidade do Estado de Mato Grosso,[1] com o oferecimento dos cursos de Letras e de Estudos Sociais, licenciatura curta (Zattar, 2008). Portanto, na década de 1980, os dois "Mato Grossos" contavam com a proeminência das suas Universidades Federais; na década anterior, as universidades públicas em Mato Grosso dividiam-se entre a Universidade Federal, com a reitoria em Cuiabá, e a Universidade Estadual, com a reitoria em Campo Grande, além da iniciativa privada ligada à Igreja Católica.[2]

Os prédios da UFMT e da UEMT foram construídos basicamente durante o governo de Pedro Pedrossian[3] (1966-1971), com recursos estaduais. A Universidade Estadual foi criada em setembro de 1969 e a Universidade Federal em dezembro de 1970. As universidades eram um dos "elementos civilizadores"[4] no contexto do projeto desenvolvimentista do governo do estado, e a construção das cidades universitárias teve importante papel para vincular Mato Grosso ao contexto do "milagre econômico"[5] do regime militar.

[1] É importante não confundir a UEMT, extinta em 1979, com a UNEMAT, criada em 1993. A nomenclatura das duas universidades mato-grossenses é semelhante, pois a primeira é Universidade Estadual, e, a segunda, Universidade do Estado. Provavelmente, a nomenclatura da UNEMAT buscou não repetir o nome da sua antecessora no Estado.

[2] A Igreja Católica fez-se presente no ensino superior com a implantação do Instituto Pedagógico São Vicente, em Campo Grande, no ano de 1948, ao oferecer o curso de Filosofia para a formação de sacerdotes. Também foi oferecido o curso de Pedagogia. Na década de 1960, os padres salesianos começam as atividades da Faculdade Dom Aquino de Filosofia, Ciências e Letras, instituição que deu origem à Universidade Católica Dom Bosco.

[3] Pedro Pedrossian ainda criaria a Universidade Estadual de Mato Grosso do Sul (UEMS) no seu segundo mandato de governador do estado de Mato Grosso do Sul (1991-1994).

[4] Álbum especial do Governo de Pedro Pedrossian. *Mato Grosso, um salto no tempo*. Brasília, 1971.

[5] O crescimento econômico no regime militar é relativizado em uma conjuntura mais ampla: "entre 1948 e 1963, o crescimento médio do PIB foi de 6,3%. Entre 1964 e 1985, foi de 6,7%" (Napolitano, 2014:148). Em Mato Grosso, esses dois períodos foram de intensa expansão da fronteira agrícola: por volta da década de 1950, a implantação das Colônias Agrícolas de Dourados; no período próximo à divisão de Mato Grosso, em 1977, ocorreu a criação de cidades no norte do estado, na região da Amazônia mato-grossense, sobretudo por meio de colonizadoras privadas.

Até a divisão de Mato Grosso, a preocupação com a formação do professor para ministrar a disciplina de História esteve restrita à porção sul do estado, região do atual Mato Grosso do Sul. Quando houve a criação da UEMT, já estavam em funcionamento em Corumbá cursos de formação de professores que seriam incorporados à universidade. Havia também um projeto de habilitação do magistério em vias de implementação na cidade de Três Lagoas. Nessas duas cidades, a escola de ensino superior iniciou suas atividades com o oferecimento também do curso de História. O Instituto Superior de Pedagogia de Corumbá (ISPC)[6] iniciou as atividades em 1968, e o Instituto de Ciências e Letras de Três Lagoas (ICLT)[7] em 1970. Em 1971, os institutos passaram a se chamar, respectivamente, Centro Pedagógico de Corumbá (CPC) e Centro Pedagógico de Três Lagoas (CPL), após serem incorporados à UEMT, subordinada à Reitoria em Campo Grande. No projeto de criação da UEMT estava incluída a implantação de uma escola de ensino superior, o Centro Pedagógico de Dourados (CPD),[8] e, durante a tramitação da implantação da universidade, foi acrescentada mais uma escola, o Centro Pedagógico de Aquidauana (CPA)[9] — tanto o CPD como o CPA iniciaram suas atividades oferecendo os cursos de Estudos Sociais e de Letras, licenciatura curta. No contexto já próximo da divisão do estado, o campo histórico fez-se presente com os cursos de Estudos Sociais em Rondonópolis,[10] por meio da UEMT a partir de 1976, e em 1978, em Cáceres, em uma instituição municipal, o Instituto de Ensino Superior de Cáceres. Em Cuiabá, no ano de 1979, iniciaram-se as atividades do curso de História da UFMT. A área sob os auspícios da Universidade Estadual denominou suas unidades do "interior" Centros Pedagógicos, pois a quase totalidade dos cursos oferecidos era para a formação de professores.

Para o governo do estado, a implantação de duas universidades era a prova da preocupação do governo em investir no setor educacional, o que não poderia passar desapercebido da propaganda oficial. O governo de Pedro Pedrossian expôs com orgulho a aplicação de mais de 30% de sua receita em

[6] Atual Campus do Pantanal (CPAN), unidade da UFMS em Corumbá.

[7] Atual Campus de Três Lagoas (CPTL), unidade da UFMS em Três Lagoas.

[8] Atual Universidade Federal da Grande Dourados (UFGD).

[9] Atual Campus de Aquidauana (CPAq), unidade da UFMS em Aquidauana.

[10] O ensino superior em Rondonópolis começou com o Centro Pedagógico de Rondonópolis (CPR), unidade da UEMT. Atualmente, chama-se Campus Universitário de Rondonópolis (CUR), unidade da UFMT.

educação. A dimensão simbólica da educação enquanto campo de conversão em capital político[11] foi representada nas páginas da obra comemorativa *Mato Grosso, um salto no tempo*, como tendo a proporção das despesas financeiras com a educação. Além das universidades, escolas primárias e secundárias foram incluídas na política do último governador eleito pelo voto direto em Mato Grosso antes da divisão do estado. Uma vez criadas as universidades, autorizado o funcionamento dos cursos e encaminhada a contratação de funcionários, o papel de dinamização e de manutenção das atividades universitárias deslocava-se, em boa medida, dos agentes do poder político para os agentes institucionais, sobretudo para os professores, que construíam o próprio campo de conhecimento e a instituição.

Na UEMT, os antigos Centros Pedagógicos foram os abrigos institucionais do campo histórico, onde eram oferecidos os cursos de História e/ou de Estudos Sociais. Nos primeiros anos, o que dava à instituição o *status* de universidade era mais a sua estrutura burocrática. Para o desenvolvimento da pesquisa, os interesses dos professores, daqueles que se orientariam pelos cânones da pós-graduação, então recém-institucionalizada no Brasil, ficavam limitados aos parcos estímulos institucionais. Com o passar do tempo, melhores condições foram adquiridas mediante enfrentamentos na estrutura política da universidade. Essas relações começavam no próprio local, na figura dos coordenadores dos departamentos e dos diretores dos Centros Pedagógicos, que tinham contato mais próximo com a reitoria. Do alto da hierarquia da instituição, o reitor ainda se reportava ao governador do estado, este, o chanceler da UEMT, que era uma autarquia.

A criação dos cursos de formação de professores seguiu os passos da expansão do sistema educacional brasileiro. Refletida na educação de Mato Grosso, a expansão do sistema de ensino fez coexistirem os cursos de História e de

---

[11] Áureo Busetto, ao elaborar reflexão sobre a sociologia de Pierre Bourdieu acerca da escola, fez consideração em torno da temática da conversão de capital, frequentemente realizada em campos com disposições — *habitus* — semelhantes: "o agente que possui um considerável capital num campo poderá convertê-lo num outro tipo de capital em um outro campo, porém tal operação é mais fácil entre campos mais próximos e, mesmo assim, não há garantias prévias de sucesso na conversão" (Busetto, 2006:117). Na tese *História e universidade* (Benfica, 2016) são apresentados diversos exemplos do esforço de conversão do capital intelectual/historiográfico em capital político/institucional nas disputas para se estabelecer os princípios de diferenciação entre os personagens do campo histórico sul-mato-grossense e as formas de assegurar a manutenção por meio da dinamização do campo.

Estudos Sociais para a formação de professores. Neste trabalho, tal como na dissertação de Thiago Nascimento (2012) e na tese de Beatriz Santos (2009), não se considera que a licenciatura curta foi formulada como "um projeto premeditado de descaracterização da formação de professores de História e da área de Ciências Humanas" (Nascimento, 2012:56). Nascimento aponta que, em 1948, durante a restauração do governo democrático após o fim do Estado Novo, "o primeiro projeto de Lei de Diretrizes e Bases da Educação Nacional já previa a criação de cursos de duração reduzida para a formação de professores e especialistas em educação, 'a fim de minimizar a demanda em relação à oferta'" (Nascimento, 2012:109). Ou seja, os cursos de curta duração faziam parte de um projeto de Estado, e não de um governo específico.

A sistematização das políticas para a profissionalização do magistério brasileiro começou com a promulgação da Lei de Diretrizes e Bases (LDB) de 1961, a Lei nº 4.024, que sinalizava que a formação do professor para o ensino secundário deveria ser realizada no ensino superior, ou melhor, nas antigas Faculdades de Filosofia; quando isso não fosse possível, os professores deveriam habilitar-se nos exames de suficiência (Nascimento, 2012:71). Na maioria das escolas do país até então, o professor era geralmente um leigo, com bacharelado na área da saúde, direito, filosofia, ou possuía habilitação em nível de segundo grau no curso de magistério, ou ainda poderia ser um talento local mais ou menos autodidata.

O movimento de criação e expansão dos sistemas de ensino em Mato Grosso foi realizado mediante um emaranhado legislativo nas esferas federal e estadual. Em âmbito federal, após a primeira LDB, tem-se a Reforma Universitária — Lei nº 5.540/68 — e a reforma da LDB — Lei nº 5.692/71. Perpassando esse processo, estava a atuação do Conselho Federal de Educação, com pareceres que imprimiam uma moderna doutrina pedagógica por meio da qual se esperava orientar a educação em todos os níveis de ensino, seguidos de resoluções que normatizavam o sistema educacional. Em Mato Grosso, no ano de 1964, foi criado o Conselho Estadual de Educação (CEE-MT), que deu respaldo legal para a implantação do sistema de ensino superior. Este, entre outras funções, iria se responsabilizar pela mão de obra que atuaria nas escolas do estado já existentes e por suprir novas demandas que surgiriam com a expansão da rede escolar de 1º e 2º graus.

Promulgada em 1961 a LDB que criava o Conselho Federal de Educação (CFE), no ano seguinte os conselheiros propuseram os Estudos Sociais como disciplina optativa para o antigo ciclo colegial do 2º grau (Nascimento,

2012:74). Essa intenção se fortaleceu até se tornar política de Estado com a implantação dos Estudos Sociais no currículo do 1º grau, por meio da Lei nº 5.692/71, que buscava reformar e atualizar o sistema de ensino. No entanto, quando se tratava de criar um curso de licenciatura, não havia empecilho legal para se implantar o curso de História. Prova disso foi a implantação dos cursos de História em Corumbá, em 1968, e em Três Lagoas, em 1970, e ainda em Dourados, no ano de 1974. Mas a tendência à abertura de cursos que envolviam o campo histórico se alterou com os avanços das discussões no CFE, cujos discursos emanavam para suas sucursais estaduais.

O CEE-MT, atento à modernidade pedagógica trazida pelos pareceres do CFE, desaconselhou a criação dos cursos de História em Dourados e Aquidauana, no momento da criação dos Centros Pedagógicos. No projeto de criação do CPD, que buscou iniciar as atividades oferecendo os cursos de Letras, de História e de Geografia, listavam-se somente o nome de um professor de Geografia e outro de História para pleitear a instalação de dois cursos: um de Geografia e um de História. Com relação a esses cursos, o CEE-MT opinou: "poderiam eles ser fundidos no Curso de Estudos Sociais, de curta duração, para ampliação imediata do pessoal docente para o ciclo médio".[12] Ademais, o documento solicitava à Reitoria da UEMT que sugerisse ao CPD adotar a mesma estrutura curricular do CPA. Neste, foi estruturado um curso de Estudos Sociais por quem entendia do assunto, a professora Joana Neves, que havia trabalhado no Serviço de Ensino Vocacional do estado de São Paulo.

O CEE-MT afirmava em seus pareceres a necessidade do estado de professores habilitados na forma da lei, uma vez que a maioria dos professores era leiga. E, ao recomendar a criação dos Estudos Sociais, os conselheiros buscavam alinhar-se à modernidade pedagógica emanada pelo CFE e à política de racionalização dos recursos no ensino superior. Paralelamente, pesava a dificuldade de se contratar professores formados para lecionar nos Centros Pedagógicos, o que já havia sido experimentado em Corumbá no ISPC/CPC. Com isso, a criação de um curso "interdisciplinar", como foi o caso dos Estudos Sociais, facilitaria a arregimentação de professores, "por se tratar de escola nova".[13]

Se a ideia de gastar menos verbas do estado, com maior eficiência, atraía os gestores educacionais, o professor, por sua vez, trabalhava tendo em vista um *ethos* profissional. As estratégias para o recrutamento dos professores os

[12] Parecer nº 26-A. Cuiabá, 26 fev. 1971. Biblioteca do CEE-MT.

[13] Idem.

representavam como agentes modernizadores, pessoas de elevada cultura e difusoras da ciência, cuja atividade era importante e urgente para a região. A formação de professores visava a subsidiar a reprodução da mão de obra que espelhava a própria atuação.

Imbuídos desse ideal, e com distinta empolgação, estavam os fundadores do CPA diretamente afetados pelo fechamento dos Ginásios Vocacionais paulistas.[14] De modo geral, esse era o grupo de professores da UEMT mais experiente em educação, quando comparado aos docentes dos demais Centros Pedagógicos. No processo de fechamento dos Ginásios Vocacionais, Dóris Mendes Trindade, primeira diretora do CPA, convidou professores egressos do "Vocacional" para lecionarem em Aquidauana, no ensino superior. Aqueles que aceitaram o convite buscaram transplantar a metodologia do Serviço de Ensino Vocacional (SEV), conforme se verifica no relato da professora Joana Neves:

> Os principais aspectos dessa influência eram: a concepção de ensino como produção de conhecimento, trabalho de equipe (tanto para professores como para alunos) e daí a ideia de educação integral e integrada, avaliação contínua e diagnóstica, autoavaliação, bem como a aplicação de metodologias de ensino e de pesquisa inovadoras, agora na perspectiva das necessidades do ensino superior. Era do Vocacional, também, a ideia de integração da escola com a comunidade e, consequentemente, a consideração do LOCAL como referência para a formulação dos projetos e práticas educativas [Correspondência Eletrônica, Joana Neves, 2014].

A experiência obtida no SEV, local em que os Estudos Sociais representavam uma experiência pioneira bem-sucedida, foi o diferencial para configurar o currículo e as estratégias didáticas do curso de Estudos Sociais no CPA, como um projeto de educação delineado para a região. Essa experiência influenciou a metodologia de ensino, que valorizava a realidade local como ponto de partida para o ensino, e que percebia a necessidade da pesquisa como prática pedagógica. A pesquisa histórica era elemento fundamental para aproximar as atividades do curso de Estudos Sociais das pretensões do curso de História, o que possibilitou a convivência dos dois cursos na instituição.

---

[14] As aulas dos Ginásios Vocacionais começaram em 1962, e a experiência encerrou-se abruptamente em 1969, na esteira dos expurgos de funcionários públicos realizados após a publicação do Ato Institucional nº 5, de dezembro de 1968 (Neves, 2010). O encerramento dessa experiência educacional estimulou os professores a buscar alternativas profissionais.

A convivência da História com os Estudos Sociais

Conforme as informações dispostas até aqui, observou-se que os Centros Pedagógicos da UEMT foram criados para formar professores. Com a consolidação desses espaços, outros cursos economicamente mais valorizados seriam viabilizados pela instituição, e os Centros Pedagógicos passariam a se chamar Centros Universitários no final da década de 1970. Mas, no início da década, era preciso um esforço da Universidade para "sanar" os problemas da formação do professorado, sendo esta a principal função do campo histórico, presente tanto no curso de História quanto no de Estudos Sociais. Conforme narrativa de um dos pioneiros do CPA, o professor Arnaldo Begossi,

> foi feita uma pesquisa na comunidade para ver o que seria viável, e do que havia necessidade. A cidade tinha poucos professores formados. O que havia eram militares assumindo funções de magistério. Aí o militar ia embora, tinha que substituir, quer dizer, faltava de fato mão de obra nesse setor. Professor de Matemática, de Física, era terrível. Com a iniciação do Centro, a parte de Português praticamente foi sanada. Nossas ex-alunas foram assumindo não só salas de aulas como direções, e foi possível dar uma alavancagem para o ensino em Aquidauana. Estudos Sociais, porque permitia uma caracterização de dados numa linha histórica e numa linha espacial. Então a História e a Geografia foram os setores escolhidos. Posteriormente foram criados novos cursos e tal, mas efetivamente eram esses dois [Letras e Estudos Sociais] que tinham começado [Entrevista de Arnaldo Begossi, 2013].

A narrativa do professor Arnaldo Begossi destaca o papel da Universidade na formação de mão de obra para o mercado de trabalho da educação. Sua fala exemplifica o motivo da escolha da criação do curso de Estudos Sociais, sensível, sobretudo, às autoridades educacionais da década de 1970: para os membros do Conselho Estadual de Educação, que autorizavam o funcionamento dos cursos, sem serem formados na área para qual deliberavam, Estudos Sociais representava um curso "dois em um", composto pelos conhecimentos de Geografia e de História, e mais os de Ciências Sociais. Para o pensamento técnico educacional, recomendar a criação dos cursos de Estudos Sociais serviria ainda para evitar a "duplicação de meios para fins idênticos ou equivalentes".[15]

---

[15] Decreto-lei nº 53, Art. 1º, de 18 nov. 1966.

A falta de um projeto mais sistematizado para a abertura dos cursos também estava na criação dos cursos de História. Nas primeiras turmas dos cursos de História de Corumbá e de Três Lagoas, a estrutura curricular demonstra a improvisação no rol das disciplinas. A principal diferença desses cursos para os de Estudos Sociais da UEMT que seriam implantados em 1971 era a ampliação da carga horária para as disciplinas de História e a subtração das disciplinas de Geografia. Para a primeira turma de História do CPL, havia, por exemplo, as disciplinas de Introdução ao Estudo da História, Introdução à Psicologia, Introdução às Ciências Sociais e até mesmo Introdução às Ciências Biológicas (Benfica, 2016:158).

O oferecimento de disciplinas "introdutórias" foi a estratégia inicialmente utilizada para a posterior contratação dos professores das áreas "específicas", conforme a necessidade do curso. Foi também uma estratégia para fazer frente ao déficit de conhecimento que os alunos traziam do curso secundário. Ou seja, algumas disciplinas introdutórias tinham o efeito de suplência, e essas "Introduções" também apareceriam nas estruturas curriculares dos cursos de Estudos Sociais. Já as disciplinas de Prática de Ensino e Estágio Supervisionado eram oferecidas no último ano. Parece que elas eram reconhecidas como um apêndice das disciplinas profissionalizantes, oferecidas por professores formados em História ou em Pedagogia. As disciplinas profissionalizantes, no caso de História, eram: Antiga, Medieval, Moderna, Contemporânea, da América e do Brasil.

Naquele contexto, a carência de professores para os ensinos de 1º e 2º graus também se refletia no 3º grau. Para esse nível de ensino, a disponibilidade de professores formados na área a que pertencia a disciplina era limitada e interferia na configuração da estrutura curricular. No entanto, não era sempre que as portas da UEMT estavam abertas ao forasteiro.

Até a federalização da Universidade, a situação do campo histórico foi instável nas suas principais figuras: se faltavam professores para as escolas e para o ensino superior, faltavam também alunos para as universidades, uma vez que a taxa de escolarização da população era bastante reduzida. Chegava soar paradoxal a coexistência, nos cursos de História da UEMT, da dificuldade de se recrutar os quadros docentes e discentes com os cursos já em funcionamento. "Pegar a laço", professores e alunos, era a expressão utilizada no CPD, por exemplo, para ilustrar o período de consolidação do curso de História:

> Nós queríamos "pegar o aluno a laço". Independentemente da Universidade, nós íamos para as escolas fazer palestras [...]. Da mesma forma que nós íamos participar da Semana da Pátria, nós íamos fazer palestra para trazer alunos para o curso de História, falar da importância da História. Colocávamos, com nossa própria conta, colocávamos nos cinemas de Dourados, tinha uma questão inicial que era de propaganda. Enquanto esperava o horário do filme, tinha uma propaganda, o cinema ficava projetando propaganda. Então [...] nós inseríamos uma propagandazinha do curso de História tal tal tal [Entrevista de Wilson Biasotto, 2013].

Em todos os Centros Pedagógicos, talvez com exceção do de Corumbá, os dois primeiros anos dos cursos foram lembrados pelos docentes por terem um perfil diferenciado, positivamente, de alunos, que eram professores leigos. Os primeiros vestibulares agregavam alunos de uma "demanda reprimida": professores leigos da localidade e demais interessados que aguardavam a oportunidade de estudar. A partir da terceira turma, outro perfil de aluno entrava na Universidade, jovens egressos do ensino secundário, motivados ou não para os estudos superiores. Nesse segundo momento, a demanda pelo curso de História declinava, situação que ocasionou a suspensão do vestibular para os cursos de História da UEMT. Nos tempos de crise do curso, a evasão dos alunos do CPC chegou a ser explicada pela ausência de "motivação, tempo e recursos financeiros";[16] em outras palavras, faltavam aos alunos vontade, tempo e dinheiro para estudar História.

Nos Centros Pedagógicos da UEMT que ofereciam apenas o curso de História, os problemas de disponibilidade do corpo docente e do corpo discente foram parcialmente superados com a implantação do curso de Estudos Sociais. Para esse curso, dada a formação multidisciplinar dos professores, a arregimentação de docentes era facilitada. Para os alunos, a possibilidade de concluir um concurso superior em menos tempo era bastante atraente, pois permitia a ascensão social a muitos filhos de trabalhadores.

Naquele contexto, a Lei nº 5.692/71 criou uma reserva de mercado maior para o graduado em Estudos Sociais do que para o graduado em História. Para uma turma de 1º grau, ao professor formado em Estudos Sociais estavam reservadas quatro aulas de Estudos Sociais — duas de História e duas de Geografia — e ainda duas de Educação Moral e Cívica (EMC), ou seja,

---

[16] Ata nº 30 do Curso de História do CPC. Corumbá, 24 jun. 1974. Depósito [arquivo] do CPAN/UFMS.

uma carga horária maior que a que o licenciado em História poderia ter ao lecionar em uma turma de 1º grau, caso as disciplinas de História e Geografia se encontrassem independentes. Para o 2º grau, ainda restaria ao graduado em Estudos Sociais a disciplina de Organização Social e Política Brasileira (OSPB). Assim, para o professor escolar, os Estudos Sociais proporcionavam mais aulas em uma única escola. Contudo, em uma região com carência de professores, não se verifica uma disputa entre professores formados em História ou em Estudos Sociais: os dois tipos de licenciatura — a curta e a plena — foram bem recebidos nas escolas mato-grossenses.

No ensino superior, as disciplinas de Estudos de Problemas Brasileiros (EPB) e de Organização Social e Política Brasileira (OSPB) possibilitavam aos professores das Ciências Humanas transitarem nos demais cursos de graduação, e por meio delas poderiam discutir temáticas referentes à formação da sociedade brasileira, ou seja, os problemas brasileiros, e, de certa forma, driblar a censura do regime militar.

A única recusa quanto ao curso de Estudos Sociais que ganhou relevo foi identificada em Dourados, tendo um grupo de alunos, professores leigos, como protagonistas. Para os candidatos ao primeiro concurso vestibular do CPD, em 1971, havia sido inicialmente prometida a implantação dos cursos de Letras, de História e de Geografia. Mas o que começou a funcionar, além do curso de Letras, foi o de Estudos Sociais, com a promessa de que este se desdobraria nas licenciaturas plenas de Geografia e de História após um ano de aulas com as turmas unificadas, momento em que os cursos compartilhariam disciplinas básicas.[17] Quando a promessa da licenciatura plena mostrou-se nula, houve a evasão de alunos para estudar Geografia ou História em Campo Grande. Esses alunos contestadores diferenciavam-se dos demais colegas de curso e manifestavam certa inclinação ideológica à esquerda política. Alguns desses "alunos-professores" dispunham de uma distinção, antes mesmo da graduação: o diploma de habilitação em História, conferido pela Campanha de Aperfeiçoamento e Difusão do Ensino

---

[17] Nas palavras de Irene Rasslan: "Por enquanto [em 1971], a nossa cabeça, o que a gente estava esperando, o que foi prometido, é que os cursos [do CPD] seriam História e Geografia e Letras. E aí nós começamos o curso numa sala só, os alunos de Geografia e os de História. Por quê? A direção da escola nos explicou que o primeiro ano era básico, com disciplinas de Português, Inglês, a mesma Antropologia, mesma Sociologia, mesma Psicologia. Tudo bem, a gente entendeu isso, que ia fazer o básico" (Entrevista de Irene Rasslan; Sultan Rasslan, 2013).

Secundário (CADES).[18] Para eles, a licenciatura curta não representava um avanço na carreira, uma vez que o curso da CADES os habilitava ao ensino secundário "onde não houvesse licenciado na forma da lei".

A desistência em massa de alunos do CPD ocorreu em 1972, a partir do contato com as atividades do Projeto Bola de Neve, que foi um esforço da Secretaria de Educação de Mato Grosso para atualizar os professores sobre os objetivos da reforma educacional promovida pela Lei nº 5.692/71. Por meio do projeto, os discentes souberam da nova estrutura do ensino de 1º e 2º graus e do lugar reservado às licenciaturas curtas. Certamente essa desistência contribuiu para a criação do curso de História em Dourados em 1974, viabilizada no ano anterior.

O CPD foi o único Centro Pedagógico da UEMT que ofereceu concomitantemente nos vestibulares os cursos de Estudos Sociais e de História. Mas o regozijo com o curso de História não durou muito. No mesmo ano em que o curso foi reconhecido pelo CFE, em 1977, ele foi suspenso da lista de cursos oferecidos no vestibular, pois a quantidade de candidatos era inferior ao de vagas. Dessa forma, não houve novos alunos de História nos anos de 1978 e 1979. O curso de História voltou a ser oferecido em Dourados no ano de 1979, para a turma dos calouros de 1980, após a federalização da Universidade Estadual, que ocorreu no processo de criação do estado de Mato Grosso do Sul.

A suspensão do vestibular para o curso de História também ocorreu em Três Lagoas e em Corumbá. No CPC, o curso de História era o que recebia menor procura nos vestibulares, e por isso era ameaçado de ser fechado caso a situação permanecesse. Para a UEMT, havia uma fórmula simples que serve de indício para se pensar sobre a manutenção dos cursos. Essa fórmula considerava as variáveis *vagas* oferecidas nos vestibulares, quantidade de *ingressantes* e número de *formandos* no curso. Quanto maior a distância entre os valores das duas últimas variáveis e os da primeira, maior era a indicação de que o curso se encontrava em uma situação pouco confortável.

No CPC, o ano de 1975 foi marcado pela segunda expansão dos cursos: a implantação dos cursos de Ciências Contábeis, Administração, e as licenciaturas para a formação de professores do 1º grau. Com essa reestruturação, o curso de História deixou de ser oferecido no vestibular e se tornou uma

[18] A CADES foi criada em 1953 e implantada em 1956 pela Diretoria do Ensino Secundário, órgão ligado ao MEC, por meio das Inspetorias Seccionais, com o objetivo de habilitar professores sem formação específica e expandir o ensino secundário (Pinto, 2008:8).

modalidade de complementação, disponível aos concluintes e egressos do curso de Estudos Sociais. Desse modo, Estudos Sociais configurou-se quase como um curso propedêutico à habilitação plena de História. Essa licenciatura curta foi desativada somente com a criação do curso de Geografia, implantado em 1986.[19]

Em 1976, os professores do Departamento de Estudos Sociais de Corumbá já apresentavam as propostas para a reestruturação do curso de Estudos Sociais, "uma vez que a disposição do CPC é a de elevar o nível dos alunos". A proposta aumentava para dois anos e meio a duração do curso de Estudos Sociais e fixava em um ano e meio a licenciatura plena em História.[20]

O curso de complementação em História aproveitava os créditos das disciplinas oferecidas no curso de Estudos Sociais e era representado pelos professores como a etapa seguinte dos estudos para os alunos que se identificavam mais com o conhecimento histórico. Dessa forma, buscava-se fazer frente ao problema da falta de professores habilitados para lecionar Geografia no ensino de 1º grau e garantia-se a continuidade do campo histórico, pois os professores de História permaneceram praticamente com as mesmas disciplinas, divididas entre os dois cursos.

O caso do CPL é similar ao do CPC. Não se encontra mais a oferta do curso de História no vestibular de 1977, ano em que foi implantado o curso de Estudos Sociais. A criação de Estudos Sociais foi uma decisão interna do CPL, uma vez que a procura para os cursos de Geografia e de História havia diminuído sensivelmente após os primeiros anos de funcionamento, resultado também da concorrência realizada pelos cursos de licenciatura curta das faculdades da região do oeste paulista (Entrevista de Germano Molinari, 2013).

No CPL foi encontrada uma situação peculiar que visava a responder a demanda do mercado de trabalho docente do oeste paulista: oferecimento de cursos de complementação em Estudos Sociais de 1977 a 1980, voltados para professores com o diploma de História ou de Geografia. Ou seja, egressos dos cursos de Geografia e de História retornaram à Universidade para cursar Estudos Sociais. Segundo o professor Germano Molinari (Entrevista, 2013), foram formadas apenas três turmas de Estudos Sociais e foi oferecida a complementação em Estudos Sociais, licenciatura curta. Já para o mercado

---

[19] Boletim de serviço da UFMS, nº 5.027. Campo Grande, 12 abr. 2011.

[20] Ata nº 38 do curso de História do CPC. Corumbá, 3 dez. 1976. Depósito [arquivo] do CPAN/UFMS.

de trabalho do estado de Mato Grosso, dada a carência de professores, não havia a necessidade de o graduado em História ou em Geografia fazer o curso de complementação em Estudos Sociais: "Não houve esse tipo de problema. Até porque na época concursos eram raros. Tinha pouquíssimos professores concursados" (Entrevista de Gilberto Alves, 2015).

Dessa forma, a UEMT ofereceu duas modalidades de cursos de complementação: para os portadores do diploma de licenciatura plena e para os de licenciatura curta. Como já possuíam curso de ensino superior, os candidatos aos cursos de complementação não passavam pelo concurso vestibular. O aluno formado em História, licenciatura plena, que almejasse o diploma de Estudos Sociais, licenciatura curta, deveria cursar as disciplinas de Geografia, que eram oferecidas nos cursos de Estudos Sociais, além das disciplinas obrigatórias e das pedagógicas que não constavam em seu histórico escolar. O aluno diplomado em Estudos Sociais, licenciatura curta, mesmo que egresso de outra instituição, poderia escolher entre a complementação em História e a em Geografia. Caso escolhesse a complementação em História, iria "se aprofundar" nas disciplinas específicas de História, como, por exemplo, História Antiga II, História do Brasil III e IV. Ele deveria cursar também as disciplinas obrigatórias — como, por exemplo, Estudos de Problemas Brasileiros, Práticas Desportivas e Prática de Ensino e Estágio Supervisionado de História.

Em Aquidauana, o curso de História foi criado somente na década de 1980. Mas a licenciatura plena em História também se fez presente por meio da complementação. Em meados de 1972, o Centro Pedagógico de Aquidauana encaminhou ofício ao Centro Pedagógico de Dourados com a estrutura curricular do curso de Estudos Sociais e a do curso de complementação em História, o primeiro curso de complementação de 2º grau da UEMT, autorizado pelo CEE-MT, antes mesmo do reconhecimento do curso de Estudos Sociais pelo CFE. Em 1974, iniciaram-se os cursos de complementação para os egressos do curso de Estudos Sociais. Essa estratégia institucional trouxe problemas aos alunos quando passaram a solicitar o diploma da licenciatura plena, após a tentativa de reconhecimento do curso junto ao CFE, que apontou irregularidades.

A criação do curso de complementação em História no CPA foi também uma estratégia de enfrentamento das dificuldades institucionais do ensino: a insuficiência do curso de Estudos Sociais para a formação do professor História, quando se desejava incluir procedimentos da pesquisa histórica.

Isso promoveu iniciativas espontâneas para a promoção da pesquisa histórica em Aquidauana, por meio das disciplinas de História do Brasil no curso de complementação em História. Conforme relato da idealizadora do projeto, professora Joana Neves,

> O programa de História do Brasil em Estudos Sociais devia dar conta de tudo: Colônia, Império e República. Em Estudos Sociais, havia necessidade de ter uma visão geral do Brasil. Então, as duas disciplinas de História do Brasil, de Estudos Sociais, em uma eu dei Colônia e Império, e na outra dei República. [...] De uma certa forma, um rompimento com a imposição da cronologia. Não é porque é mais tempo de história que necessariamente requeira mais de estudo. [...] E eu avaliava que a República, por incluir a atualidade, seria mais complexa para a formação do professor [...]. Aí, quando criamos História do Brasil III e IV, para a complementação da plena, eu não ia repetir o que os alunos já tinham visto, nem mesmo aprofundar alguma coisa. Eu achei mais interessante tratar a história regional e local. No terceiro ano, em História do Brasil III, a disciplina chamava História do Brasil, e deve ter sido outro problema para o reconhecimento do Curso, porque era História do Brasil, e o programa era um estudo da história do Mato Grosso [Entrevista de Joana Neves, 2014].

Outra estratégia de ensino, realizada também nos cursos de Estudos Sociais, quando os professores estavam bem articulados institucionalmente, era a possibilidade de se empreender excursões para visitar locais com reconhecido patrimônio histórico e para coletar fontes da história de Mato Grosso. No CPA, essa inspiração vinha das experiências do "estudo do meio" dos Ginásios Vocacionais, cujas viagens eram articuladas pelos professores do núcleo de Estudos Sociais (Neves, 2010).

Portanto, o curso de Estudos Sociais teve espaço central na formação do professor de História durante a década de 1970, pois o curso de História não atraía clientela suficiente para assegurar sua manutenção. A autonomia do campo histórico dava-se nos projetos de pesquisa dos professores e nas atividades dos cursos de complementação em História. Dessa forma, os agentes do campo conseguiam "alongar" a licenciatura curta. Além dessas licenciaturas, ainda houve o esforço da Secretaria de Educação do Estado de Mato Grosso para habilitar professores leigos em cidades ainda mais no interior do Estado, onde foram oferecidas as licenciaturas curtas parceladas.

Após a implantação dos Centros Pedagógicos e a formação das primeiras turmas, os docentes envolveram-se nas atividades dos cursos de licenciatura curta parcelada.[21] Esses cursos foram subsidiados pelo governo federal, por meio dos recursos do Salário Educação (Entrevista de Gilberto Alves, 2015). Aos alunos era assegurada a gratuidade das "apostilas" para as aulas, o que estava previsto no montante das verbas,[22] estratégia utilizada para enfrentar a pouca disponibilidade de livros. Os professores da área de História inseriram-se nesse projeto, sobretudo no que diz respeito aos cursos de Estudos Sociais.

Os cursos dos "campus avançados", locais em que os cursos parcelados eram oferecidos, foram direcionados aos professores leigos: "só podia fazer vestibular e fazer os cursos concentrados de férias nos campus avançados aqueles professores que eram vinculados à rede pública. E aí houve quem contestasse isso [...], que não podia fazer reservas de vagas" (Entrevista de Joana Neves, 2014).

Segundo a professora Joana Neves, a carga horária dos cursos parcelados do CPA era idêntica à dos cursos da sede do Centro Pedagógico. A documentação acessada indica que havia diferença na carga horária dos mesmos,[23] a qual pode ter sido equalizada à medida que os professores adquiriam mais experiência administrativa nesses cursos. Conforme a legislação, poderia haver uma carga horária diferenciada, o que se verifica no texto do processo de *Reconhecimento do Curso de Licenciatura de 1º Grau em Estudos Sociais* do CPL, quando a comissão de avaliação que fez o reconhecimento do curso teceu elogios à programação da carga horária, maior do que o

> mínimo de 1.200 horas preconizadas pela Resolução C.F.E. 8/72 carga horária essa que embora legalmente instituída é, segundo nossa opinião, notoriamente insuficiente para preparar professores de 1º grau, sendo admitidos apenas para regiões carentes do país, sob forma de licenciatura curta parcelada, oferecidas em caráter emergencial em períodos de férias.[24]

---

[21] As licenciaturas curtas parceladas fizeram-se presentes em diversas cidades do Estado, como em Ponta Porã, Glória de Dourados, Jardim, Aparecida do Taboado, Nortelândia, Barra do Garças, Paranaíba, Coxim, Rondonópolis, Naviraí e Nova Andradina. A maior parte das cidades que tiveram as licenciaturas curtas parceladas da UEMT é referenciada pela Revista *Brasil Universitário*, publicada em 1978. Outros nomes de cidades foram encontrados nos arquivos [depósitos] institucionais das Universidades Federais em Dourados, Aquidauana, Três Lagoas e Corumbá.

[22] Resolução nº 1/76. Sub-Reitor do Planejamento da UEMT Edgard Zardo. Campo Grande, 21 dez. 1976.

[23] Ata nº 10/74. Aquidauana, 22 nov. 1974, p. 1 e 2.

[24] *Reconhecimento do Curso de Licenciatura de 1º Grau em Estudos Sociais*. MEC/CFE. 1978. Documento pertencente à Coleção Memória Universitária. Seção Universidade Federal de Mato Grosso do Sul. Núcleo de Documentação Histórica "Honório de Souza Carneiro". UFMS/Três Lagoas.

Os professores que participaram dos cursos de licenciatura curta parcelada eram convidados pelo diretor do Centro Pedagógico. Não há registro de recusa dos professores, já que os cursos parcelados eram oferecidos durante os períodos de férias do ano letivo e oportunizavam remuneração extra aos docentes. Estes também se sentiam participantes de um projeto para a melhoria da educação nacional, ainda mais em uma região com grande quantidade de analfabetos. Não obstante, o deslocamento de docentes para outras cidades possibilitava o acesso a diferentes formas de consumo, ambientes de socialização e reconhecimento identitário.

Para que os "cursos concentrados" fossem produtivos, alunos e professores tinham de se portar de modo especial. Os alunos deveriam demonstrar autonomia disciplinar em relação aos estudos, e os professores deveriam pensar uma didática diferenciada:

> Agora, é verdade que o curso concentrado exigia uma espécie de diversificação pedagógica para não cansar demais o aluno, direto. Por exemplo, se o professor inventasse de dar seis aulas expositivas, não ia ter quem aguentasse. Então, o curso concentrado nas férias exigia uma diversificação pedagógica. Por exemplo, nos cursos de férias, eu usava muito teatro, assim, dramatização. As turmas gostavam de fazer, e como os cursos eram concentrados, uma parte em julho, uma parte em janeiro, eu estabelecia um roteiro de estudos e pesquisa ao longo do semestre. Por exemplo, se o curso tinha começado em julho, quando chegava em janeiro, eles me traziam um material já pronto, de estudos, de leituras, que fazia o curso render [Entrevista de Joana Neves, 2014].

Os "cursos parcelados" podiam também alcançar um bom rendimento quando professores e alunos conseguiam estabelecer um pacto de compromisso e afetividade. Uma vez que os trabalhos acadêmicos estavam bem encaminhados, abria-se espaço para a sociabilidade entre os participantes. Com relação à qualidade alcançada por esses cursos, o professor Gilberto Alves foi mais comedido em sua avaliação:

> de início a gente tinha até um pouco de clareza, por exemplo, a biblioteca. [...] A única forma que a gente viu era fazer reprodução de textos e levar essas coisas. Coisa absurda até do ponto de vista dos direitos autorais hoje. [...] Mas havia um problema sério nesse esquema de execução, porque você ia lá, por exemplo, uma semana, uma disciplina, os caras tinham que ler e discutir isso aí. Então era um dispêndio violento para a leitura do material e pouco tempo para você discutir. [...] Nós nunca

> fizemos uma avaliação da execução das licenciaturas parceladas, e a gente tinha "n" sugestões no sentido de mudar até mesmo alguns procedimentos [Entrevista de Gilberto Alves, 2015].

Segundo Gilberto Alves, os certificados dos cursos parcelados eram emitidos pelo Centro Pedagógico que os oferecia, como se o aluno tivesse participado de um curso regular da instituição. Mesmo com a demora para a emissão dos certificados, os professores recém-formados conseguiam a elevação salarial no Mato Grosso.

Conforme visto até aqui, os cursos de Estudos Sociais representavam o espaço central que sustentou o campo histórico. A partir da licenciatura curta, podia-se dar um passo adiante com a complementação em História, que resultava na licenciatura plena, ou, caso se possa pensar dessa forma, um passo para trás, a licenciatura curta parcelada, uma licenciatura ainda mais enxugada. Esta última não deixava de ser uma opção política entre, de um lado, a viabilidade de uma formação aligeirada dos professores, ou a ausência de professores formados no ensino superior para vastas regiões. Nesse contexto, podia-se alongar ou encurtar a formação dos professores a partir dos cursos de Estudos Sociais.

Durante a construção do campo histórico, nem só de ensinar vivia o professor. Alguns deles mergulharam na pesquisa histórica, trazendo para a UEMT/UFMS os cânones de uma historiografia que nascia com a implantação do sistema de pós-graduação no Brasil.

O desenvolvimento da pesquisa histórica

Nos Centros Pedagógicos em que o campo histórico mais se expandiu, as atividades de ensino, por si mesmas, não eram suficientes para animar o espírito do corpo docente. Além da interação entre alunos e professores em sala de aula, o envolvimento com a metodologia da pesquisa apresentava-se como uma espécie de atividade prática no ensino da história, elemento este de reconhecimento e distinção entre os docentes.

No Centro Pedagógico de Aquidauana, a criação da "Seção de Obras Raras" da Biblioteca, em 1972, sinaliza a existência da boa interação entre alunos e professores e a preocupação com a pesquisa. A montagem do acervo bibliográfico e documental das "Obras Raras" proveio das estratégias didáticas que inseriam a pesquisa como método de ensino, aliado ao interesse ou afinidade dos alunos pelo tema a ser estudado, normalmente ligado a algum aspecto da história local ou regional. Essas atividades foram mais eficazes com as primeiras turmas, quando os alunos, já com certa experiência em sala de aula, estavam mais dispostos a aderir às ideias de seus mestres. A "Seção de Obras Raras" do CPA foi o primeiro "laboratório" para a pesquisa histórica criado na UEMT pelos professores e alunos vinculados ao curso de Estudos Sociais, embora essa iniciativa, com o tempo, se tenha desvanecido.

No sul do Mato Grosso, as demandas do ensino universitário davam atenção especial à "realidade do aluno", o que de certa forma contribuiu para o desenvolvimento da historiografia sul-mato-grossense. A necessidade aparentemente óbvia de se conhecer a "realidade" local para a produção e a reprodução do conhecimento histórico estimulou as investigações dos professores. Desse modo, o envolvimento de alunos com o curso de História ou de Estudos Sociais, mesmo que fosse de uma pequena parcela do corpo discente, incentivava a dinamização das aulas e das demais atividades dos professores, o que resultava numa melhor qualificação dos próprios agentes do campo histórico.

A disposição de enfrentar os problemas de conteúdo histórico no ensino levava os professores a adquirir livros e a redigir pequenos textos, tentando minimizar o problema da exiguidade de obras disponíveis nas bibliotecas dos Centros Pedagógicos e da carência de recursos tecnológicos. A prática de produzir textos, realizada, por exemplo, por Valmir Corrêa — que seria o primeiro doutor em História da UEMT/UFMS — proporcionava-lhe esboços para artigos que se materializavam em pequenos ensaios paulatinamente publicados, inicialmente, na revista do CPC, a revista *Dimensão*.[25]

A percepção das carências com relação ao conteúdo da História nos cursos de graduação estimulou os professores à pesquisa, o que acabava conferindo maior qualidade às próprias aulas. A atividade de pesquisa gerava uma rede de contatos entre intelectuais e demais agentes institucionais, o que ampliava a visibilidade da Universidade e empoderava, de certo modo, o historiador em sua identidade profissional, com reflexões e ações em prol do seu campo de trabalho. Durante o amadurecimento dos projetos de pesquisa, que não

---

[25] Os Centros Pedagógicos da UEMT criaram, cada um a seu modo, uma revista para a divulgação dos trabalhos dos docentes. A revista com maior quantidade de números publicados e com melhor qualidade acadêmica foi a *Dimensão*, do CPC, seguida da *Textos*, do CPD, da *Pantaneira*, do CPA, e da *Veredas*, do CPL.

deixavam de ser uma estratégia de empoderamento de capital intelectual e político para os docentes, nascia a História Regional no sul do antigo Mato Grosso, estimulada por questionamentos referentes à identidade regional:

> Então precisa fazer alguma coisa, não sei se pode usar esse termo: olhar do sertão para o litoral. Então, aí, bem mais tarde, quando eu escrevi, quando eu comecei a dar aula de História Regional, e não tinha livro, não tinha nada, o que eu fiz: eu escrevi um pequeno texto, dava um pequeno texto, copiava um trecho de um livro antigo, ou de uma obra de referência, um documento, e depois perguntas e uma bibliografia geral, e levava o meu material em sala de aula. O pessoal começou a ficar muito curioso, muito interessado nessa história regional, nesse aspecto, porque não tinha. Os alunos começaram a ter o gosto, o que deu origem à *História e historiografia*.[26] Mas o primeiro foi feito mimeografado, que eu espalhava, eu mimeografava e dava para os alunos, e eles foram encartando, depois eu fiz uma capa e dei uma capa que era em *silk screen*. [...] Foi uma coisa que eles desconheciam. E também uma forma de estudar diferente. Porque eu dava, e outra coisa, [...] eu não falava de Mato Grosso, eu falava de Brasil [Entrevista de Valmir Corrêa; Lúcia Corrêa, 2011].

As iniciativas de pesquisas mais robustas levavam os professores a se dirigirem aos programas de pós-graduação, e a USP foi a instituição mais procurada pelos professores da UEMT. Para isso, o clamado apoio institucional para o

---

[26] A obra (Corrêa e Corrêa, 1985) é composta por 11 unidades e foi produzida com o intuito de "criar nos cursos de História da ex-Universidade Estadual de Mato Grosso a disciplina História Regional" (p. 3). Antes de serem compilados em uma obra, inicialmente os textos de Valmir constituíam subsídios para as aulas de História do Brasil. Segundo os autores, "a repercussão da primeira publicação, apesar da pequena tiragem, extrapolou os limites do CPC-UEMT e transformou-se em subsídio para os professores da rede escolar de Corumbá, levando-nos a preparar uma segunda edição (1981)" (p. 3). A obra é formada por um *texto* escrito pelos autores, por uma *orientação bibliográfica* que serve como um guia para o aprofundamento de estudo, e por outro *texto para discussão,* formado por trechos de obras de autores clássicos como, por exemplo, Afonso Taunay, ou por documentos de época. Com essa estratégia, o estudante entrava em contato com um texto "científico" sintético e com textos escritos por eruditos ou por contemporâneos do momento tratado. Valmir e Lúcia procuravam estimular a crítica às fontes e demonstrar a existência de diferentes estilos historiográficos, incitando o método do ofício do historiador. Na referida obra, os autores não se propuseram a dar um roteiro de como explorar os textos, muito menos uma lista de questões para se aplicar aos alunos. Essa opção vinha ao encontro da proposta do grupo de *Diagnóstico e avaliação dos cursos de História no Brasil*, que havia constatado o seguinte problema nos cursos de História: "os futuros profissionais do magistério não estão sendo instrumentados para criar suas próprias técnicas e utilizar os recursos de que dispõem" (BRASIL, 1986:29-30).

desenvolvimento das pesquisas dos docentes dependeu das relações de poder existentes nos Centros Pedagógicos. No CPL não foi encontrada menção a uma política de incentivo à pós-graduação durante a UEMT. Já o CPA e o CPC eram os Centros Pedagógicos mais bem articulados, cujos diretores eram respeitados pelo Reitor, embora as condições para a promoção da pesquisa fossem deficitárias. Na década de 1970, ao menos seis professores de Corumbá, Aquidauana e Dourados fizeram seus trabalhos de dissertação de mestrado, mas a maioria obteria o título no início da década seguinte. Do corpo docente de Aquidauana e de Corumbá surgiram as primeiras dissertações com temas sobre a história regional. Em Aquidauana, os primeiros passos da pesquisa histórica são verificados na preocupação em oferecer condições institucionais para a pesquisa e nos planos de ensino do curso de complementação em História, sobretudo os da professora Joana Neves, que enfatizavam a história de Mato Grosso e a história do município.

Com os estudos na pós-graduação *stricto sensu*, os professores se especializaram nas suas áreas de estudo. Antes disso, os professores eram polivalentes, lecionavam as disciplinas que estavam disponíveis nos cursos de Estudos Sociais e de História. Dessa forma, durante o desenvolvimento das pesquisas de mestrado e de doutorado dos docentes, foi possível abrir caminho para a institucionalização da pesquisa na UEMT/UFMS.

De professores "dadores de aulas", polivalentes, os docentes se encaminharam para a pesquisa histórica. Assumindo a identidade de pesquisadores, não estava em jogo apenas o próprio crescimento intelectual, mas também a distinção simbólica proporcionada pela titulação acadêmica, que dava *status* diferenciado aos agentes do campo histórico, o que poderia ser convertido em capital político para investidas institucionais. Dessa forma, a pesquisa extrapolava fins "científicos", transformando-se em capital político para interesses de grupos instalados dentro da instituição, sobretudo para reivindicar poder de mando, quando as regras do campo e da esfera institucional ainda se encontravam em processo de configuração.

Analisar a experiência dos cursos de Estudos Sociais e de História que estiveram em atividade no atual estado de Mato Grosso do Sul não se restringe a discutir a questão da qualidade de dois modelos de formação de professores. Os dois cursos fizeram parte do mesmo espaço de disputa intelectual e política pelo poder emanado do discurso, tendo em vista os mecanismos que controlavam o estímulo para a reprodução do campo (formação de profissionais) e para sua produção, mais voltada para a pesquisa em História Regional. O espaço relacional dos protagonistas do campo concentrava-se nos aspectos do ensino, da pesquisa e da gestão institucional. Durante a fase de estabilização do campo histórico aqui discutido, os discursos emanados desses agentes traziam como estandarte o discurso da valorização da ciência pela pesquisa, o que não deixava de ser uma tentativa de disfarçar a disputa pelo poder e reconhecimento dentro de um campo cujos princípios de diferenciação e de hierarquização são centrais para se identificar o *habitus* docente (Bourdieu, 2009).

Considerações finais

O estudo da formação de professores durante a década de 1970, objeto também de uma História Regional, insere-se no movimento de expansão do sistema de ensino em nível nacional. Paralelamente à formação de professores para o 1º e 2º graus, desenvolvia-se a formação dos professores do ensino superior, cujo destaque estava nos programas de pós-graduação. A formação do professor de História envolvia, basicamente, as demandas do mercado de trabalho das escolas, estruturada pelo sistema de ensino, e, com mais chances de liberdade acadêmica, a expansão do campo da História, fortalecido com a pós-graduação, implantada na mesma década. Nesse pêndulo, foi institucionalizado o campo histórico no atual Mato Grosso do Sul. Portanto, a formação de professores escolares e universitários realizou-se concomitantemente na UEMT.

A trajetória dos cursos de Estudos Sociais no antigo Mato Grosso iniciou-se em 1971 — depois da criação dos primeiros cursos de História no Estado —, quando a Reitoria da UEMT e o Conselho Estadual de Educação de Mato Grosso, sintonizados às mudanças trazidas pela Reforma Universitária para a formação de professores, incentivaram a abertura dos cursos de licenciatura curta nas novas escolas de ensino superior, criadas em Dourados e em Aquidauana. Alguns anos depois, pressionados pela baixa procura pelos cursos de História, os professores do CPC implantaram, em 1975, o curso de Estudos Sociais. No ano seguinte, seria a vez de o CPL criar o curso de Estudos Sociais. Devido à baixa procura pelo curso de História do CPD, este deixou de ser oferecido nos vestibulares para as turmas de 1978 e 1979. Durante o período de oscilação da área de História, ocorreu o oferecimento dos cursos de complementação em História nos Centros Pedagógicos para egressos do curso de Estudos Sociais, e, no CPL, ofereceu-se também o curso de complementação em Estudos Sociais para graduados em História ou em Geografia.

No concurso vestibular de 1980, os cursos de Estudos Sociais estavam presentes nos quatro Centros Universitários da UFMS, implantada em 1979 devido à criação de Mato Grosso do Sul e à extinção da UEMT. Naquele ano, o curso de História era oferecido nas unidades da UFMS de Dourados e de Três Lagoas.[27] Em 1986, os cursos de Estudos Sociais foram extintos na UFMS.

Em Dourados e Aquidauana, o curso de Estudos Sociais, oferecido na modalidade de licenciatura curta, foi gestado no momento "criacional" da Universidade, meses antes da publicação da Lei nº 5.692/71. Em Três Lagoas e Corumbá, cidades onde primeiramente foi oferecido o curso de História, o curso de Estudos Sociais foi criado como condição para a manutenção do campo histórico e para assegurar o emprego dos seus professores. Naquele contexto, seria forçoso dizer que os Estudos Sociais descaracterizavam a área de História, pois o campo histórico no sul de Mato Grosso encontrava-se em sua primeira fase de configuração.

No antigo Mato Grosso, os Estudos Sociais contribuíram positivamente para a caracterização do campo histórico, seja no ensino superior, seja na escola de 1º e 2º graus. No ensino de 1º grau, a implantação dos Estudos Sociais refletiu a política de estado que tomava para si a incumbência de formar seus professores e acabou, inicialmente, instituindo uma concorrência no mercado de trabalho educacional mato-grossense, não entre a licenciatura curta e a licenciatura plena, mas entre os professores leigos ou graduados fora da área que englobava o campo histórico.

Para os professores que lecionaram nos cursos de Estudos Sociais e de História, o curso de licenciatura curta é visto com restrições, a não ser quando se trata de ele ter sido a porta de entrada do docente na Universidade. A preferência dos professores pelos cursos que lecionaram sempre é apontada em direção aos cursos da própria área de formação, tendo em vista as chances de maior aprofundamento dos conteúdos da área.[28] Do outro lado da mesa dos professores, os alunos procuravam mais os cursos de Estudos Sociais do que os cursos de História.

---

[27] Ofício Curricular nº 376/79, da Comissão de Vestibular ao Diretor do CEUA. Campo Grande, 20 nov. 1979. Arquivo da Biblioteca do CPAQ/UFMS.

[28] Uma explicação apressada, generalizada em nível de Brasil, sugere ter havido uma política sistemática do governo militar para, de um lado, desativar os cursos de História, *naturalmente* políticos e críticos, e, de outro, abrir cursos de Estudos Sociais, orientados ideologicamente para os objetivos do regime militar e acríticos. Porém não foi essa a constatação desta pesquisa.

No momento em que os professores entrevistados expressavam lembranças das suas atividades no curso de Estudos Sociais, seus discursos valorizavam a própria atuação e alguns mostraram até mesmo uma adesão à proposta das licenciaturas curtas. Afinal, estavam no início da carreira, ao menos no ensino superior, o que já lhes proporcionava um *status* docente diferenciado. A estrutura do campo educacional também permitia manobras para ampliar a atuação dos professores ao expandir o espaço ocupado pelo campo histórico, o que se verifica no caso das licenciaturas curtas parceladas e no oferecimento dos cursos de complementação em História, a licenciatura plena.

Os posicionamentos contrários aos cursos de Estudos Sociais se intensificaram na década de 1980, quando a crítica a eles dirigida passou a ser uma bandeira de luta da ANPUH, no momento em que o CFE assinalou a possibilidade de fechar os cursos de História para concentrar os recursos nos cursos de Estudos Sociais, na tentativa de transformar os cursos de curta duração na modalidade de licenciatura plena. Nesse contexto, disputas teóricas e políticas marcaram a desinstitucionalização dos Estudos Sociais. A defesa do campo disciplinar da História articulava a necessidade da pesquisa histórica para criticar, em parte, o discurso pedagogizante dos formuladores dos Estudos Sociais (Santos, 2009). As críticas dividiam-se entre uma concepção filosófica da educação e as políticas que institucionalizaram a disciplina, percebida como autoritária pela comunidade acadêmica de pesquisadores, sobretudo. Tratou-se também de um discurso corporativista que visava a garantir o mercado de trabalho para os graduados em História.

Para o desenvolvimento da pesquisa histórica, os professores primeiramente precisavam estar empregados. Após essa condição, os agentes mais dinâmicos produziam pequenos trabalhos, realizavam pesquisa empírica, mas com pouco tempo para dedicação. Com as condições de trabalho mais adequadas, os agentes iriam se dispor mais para as atividades de pesquisa e de extensão. De início, o financiamento para a pesquisa não era o elemento decisivo para iniciar esses projetos, mas sim o professor possuir tempo, ou seja, ser pago para pesquisar, pensar e se articular na instituição. Isso poderia ser feito em um curso de Estudos Sociais ou em um curso de História. Nesse último, os professores sentiam-se mais a vontade para falar sobre métodos e resultados de suas pesquisas e para estimular seus alunos a fazer pesquisa. Mas a viabilidade material para o incentivo à pesquisa estava nas condições de trabalho, no apoio institucional, viabilizado pelas estratégias de poder dos agentes e pela sociabilidade construída dentro da Universidade e entre os outros pares do campo.

Para finalizar, observa-se que os debates sobre a convivência dos cursos de História e de Estudos Sociais merecem diferenciar, de um lado, os esforços do regime militar para reprimir pensamentos e atitudes de oposição ao regime, e, de outro, o discurso pedagógico modernizador trazido pela Lei nº 5.692/71 e a atuação dos atores que estiveram em cena. Muitas visões acerca dos Estudos Sociais estão influenciadas pela luta ideológica característica do período, o que dificulta entender a particularidade da história da educação brasileira durante a década de 1970, momento de grande expansão do sistema de ensino no Brasil e, em particular, na região Centro-Oeste.

Referências

BENFICA, Tiago Alinor Hoissa. *História e Universidade*: a institucionalização do campo histórico na Universidade Estadual de Mato Grosso/Universidade Federal de Mato Grosso do Sul (1968-1990). 2016. 377 f. Tese (Doutorado em História). Universidade Federal da Grande Dourados, Dourados.

BOURDIEU, Pierre. *A economia das trocas simbólicas*. Introdução, organização e seleção Sergio Miceli. São Paulo: Perspectiva, 2009.

______. *Homo academicus*. Trad. Ione Ribeiro Valle, Nilton Valle. 2ª ed., Florianópolis: Ed. UFSC, 2013.

BRASIL. *Diagnóstico e avaliação dos cursos de História no Brasil*. Brasília: Imprensa Universitária, mai. 1986.

BUSETTO, Áureo. A sociologia de Pierre Bourdieu e sua análise sobre a escola. In: CARVALHO, Alonso B. de; SILVA, Wilton Carlos Lima da (orgs.). *Sociologia e educação*: leituras e interpretações. São Paulo: Avercamp, 2006.

CORRÊA, Valmir Batista; CORRÊA, Lúcia Salsa. *História e historiografia de uma região*. Corumbá, 1985, s.n.t.

JUSTINIANO, Leonides. Universidade Estadual de Mato Grosso: fatos legais e fatos reais. Excerto de *Brasil Universitário*. A Universidade Estadual de Mato Grosso e o desenvolvimento. São Paulo, ano 35, nº 97, 1978.

NAPOLITANO, Marcos. *1964*: História do Regime Militar Brasileiro. São Paulo: Contexto, 2014.

NASCIMENTO, Thiago Rodrigues. *Licenciatura curta em Estudos Sociais no Brasil*: sua trajetória na Faculdade de Formação de Professores de São Gonçalo/RJ (1973-1987). 2012. 232f. Dissertação (Mestrado em História Social). Universidade do Estado do Rio de Janeiro, São Gonçalo.

NEVES, Joana. *O ensino público vocacional em São Paulo*: renovação educacional como desafio político (1961-1970). 2010. 340f. Tese (Doutorado em História). Universidade de São Paulo, São Paulo.

PINTO, Diana Couto. Campanha de Aperfeiçoamento e Difusão do Ensino Secundário: uma trajetória bem-sucedida? In: MENDONÇA, Ana Walesca; XAVIER, Libânea Nacif (orgs.). *Por uma política de formação do magistério nacional*: o Inep/MEC dos anos 50/60. Brasília: INEP, 2008.

SANTOS, Beatriz Boclin Marques dos. *O currículo da disciplina escolar História no Colégio Pedro II — a década de 70 — entre a tradição acadêmica e a tradição pedagógica*: a História e os Estudos Sociais. 2009. 293 f. Tese (Doutorado em Educação). Instituto de Educação, UFRJ, Rio de Janeiro.

ZATTAR, Neuza Benedita da Silva. *Do IESC à UNEMAT*: uma história plural 1979-2008. Cáceres: Ed. Unemat, 2008.

Entrevistas

Arnaldo Begossi (áudio digital). Produção: Tiago Alinor Hoissa Benfica. Cidade: Aquidauana, MS. 15 jul. 2013. 1h24min.

Germano Molinari Filho (áudio digital). Produção: Tiago Alinor Hoissa Benfica. Cidade: Três Lagoas, MS. 25 nov. 2013. 2h.

Gilberto Luiz Alves. (áudio digital). Produção: Tiago Alinor Hoissa Benfica. Cidade: Campo Grande, MS. 3 jul. 2015. 1h43min.

Irene Rasslan; Sultan Rasslan (áudio digital). Produção: Tiago Alinor Hoissa Benfica. Cidade: Dourados, MS. 24 abr. 2013. 2h58min.

Joana Neves (áudio digital). Produção: Tiago Alinor Hoissa Benfica. Cidade: Aquidauana, MS. 14 out. 2014. 2h33min.

Valmir Batista Corrêa; Lúcia Salsa Corrêa (áudio digital). Produção: Tiago Alinor Hoissa Benfica; Eudes Fernando Leite. Cidade: Campo Grande, MS. 23 set. 2011. 2h16min.

Wilson Valentim Biasotto (áudio digital). Produção: Tiago Alinor Hoissa Benfica. Cidade: Dourados, MS. 17 abr. 2013. 1h33min.

Sobre os autores

Alessandra Soares Santos é doutora em história pela Universidade Federal de Minas Gerais (2013). Realizou estágio pós-doutoral em história na Universidade Federal do Rio de Janeiro (2020). Professora de história no Centro Pedagógico da UFMG. Atua nas áreas de história da historiografia brasileira, história da educação e história do ensino de história.

Aryana Lima Costa é doutora em história pela Universidade Federal do Rio de Janeiro (2018), mestre pela Universidade Federal da Paraíba (2010) e é graduada em História pela Universidade Federal do Rio Grande do Norte (2007). Atualmente é professora da Universidade do Estado do Rio Grande do Norte.

Bruno Flávio Lontra Fagundes é pós-doutor em história, doutor em história pela UFMG, atualmente é professor adjunto da Universidade Estadual do Paraná (Unespar). Seu trabalho de pós-doutorado foi desenvolvido no campo dos cursos de história, com o tema da história do curso de história da Universidade Federal do Paraná.

Leonardo Faria Cazes é jornalista, mestre e doutorando em história (UFF). Desenvolve pesquisas sobre a história da Universidade do Estado do Rio de Janeiro (Uerj) com foco nas interações entre intelectuais e militares durante a ditadura civil-militar brasileira.

Lidiane Soares Rodrigues é pesquisadora e professora do curso de ciências sociais da Universidade Federal de São Carlos (UFSCar). Doutorou-se em História na Universidade de São Paulo e realizou seu pós-doutorado em sociologia na mesma instituição e na Echole des Hautes Études en Sciences Sociales (EHESS/Paris).

Mara Cristina de Matos Rodrigues é mestre e doutora em história pela UFRGS e tem pós-doutorado em história pela UFF. É professora associada do Departamento de História, do Mestrado Profissional em Ensino de História (PROFHISTÓRIA) e da pós-graduação em História da UFGRS. É membro da Sociedade Brasileira de Teoria e História da Historiografia (SBTHH), do GT de ensino de história da ANPUH/RS e do Laboratório de Estudos sobre os Usos Políticos do Passado (LUPPA) da UFRGS.

Margarida Maria Dias de Oliveira é professora titular do Departamento de História da UFRN, pesquisadora do campo do ensino de História, co-organizadora do Dicionário do Ensino de História.

Marieta de Moraes Ferreira é doutora em história pela Universidade Federal Fluminense (1991) e pós-doutora pela École des Hautes en Sciences Sociales (1997) e pela Universidade de São Paulo (2011). Professora titular do Instituto de História da UFRJ, foi coordenadora nacional do Mestrado Profissional em Ensino de História – PROFHISTÓRIA. Atualmente é coordenadora do programa FGV Ensino Médio.

Patricia Aranha é pesquisadora do Hayden White Research Center for Narrative Modes, na Universidade Adam Mickiewicz, integra o projeto de pesquisa: Core Concepts of Historical Thinking" (CORE). Fez estágio de pós-doutorado em história na Faculdade de Filosofia, Letras e Ciências Humanas da Universidade de São Paulo. É doutora em história pelo Programa de Pós-graduação em História Social da Universidade Federal do Rio de Janeiro (2017).

Tiago Alinor Benfica possui graduação (2007), mestrado (2011) e doutorado (2016) em história pela UFGD. Realizou estágio de pós-doutorado em educação pela UEMS (2018). Pesquisador nas áreas de ensino de história e história da educação. Possui experiências nos sistemas de ensino básico (níveis fundamental e médio) e no ensino superior. Atualmente é professor na Secretaria de Estado de Educação (Seduc-MT).

Wendell de Oliveira Souza é graduado em história, professor da rede básica em Natal (RN), foi bolsista Pibic nos projetos intitulados "O ensino superior de história no Brasil: o caso da UFRN (1958-2015)" e "O ensino superior de história no Brasil como objeto de pesquisa: historiografia e memória".